U0516865

助推

NUDGE

THE FINAL EDITION

终极版

[美] 理查德·塞勒　[美] 卡斯·桑斯坦——著
RICHARD H. THALER　CASS R. SUNSTEIN

姜智勇——译

中信出版集团 | 北京

图书在版编目（CIP）数据

助推：终极版 /（美）理查德·塞勒 ，（美）卡斯·
桑斯坦著；姜智勇译 . -- 北京：中信出版社 , 2023.7（2025.1 重印 ）
书名原文：Nudge: The Final Edition
ISBN 978-7-5217-5643-2

Ⅰ . ①助… Ⅱ . ①理… ②卡… ③姜… Ⅲ . ①经济学
－通俗读物 Ⅳ . ① F0-49

中国国家版本馆 CIP 数据核字（2023）第 085210 号

助推（终极版）
著者： ［美］理查德·塞勒 ［美］卡斯·桑斯坦
译者： 姜智勇
出版发行：中信出版集团股份有限公司
（北京市朝阳区东三环北路 27 号嘉铭中心 邮编 100020）
承印者： 嘉业印刷（天津）有限公司

开本：880mm×1230mm 1/32 印张：13.5 字数：256 千字
版次：2023 年 7 月第 1 版 印次：2025 年 1 月第 5 次印刷
京权图字：01-2008-4260 书号：ISBN 978-7-5217-5643-2
定价：79.00 元

本书所获赞誉

从根本上改变我的世界观的几本书之一。

——史蒂芬·列维特,《魔鬼经济学》合著者

绝对精彩……《助推》绝对不只是轻轻推动你,它会带你飞起来。

——丹尼尔·吉尔伯特,《哈佛幸福课》作者

《助推》是我大约 20 年来读过的最重要的一本书。无论对公共事务的哪一方面感兴趣,你都应该好好读读这本书;无论对人类自由的哪一方面感兴趣,你都应该好好读读这本书;如果你有志于推进人类福祉,那就更应该读读它。如果你对以上话题统统不感兴趣,那就去读些别的好了。

——巴里·施瓦茨,《美国展望》(The American Prospect) 杂志

引人入胜、内容丰富，透彻得赏心悦目。

——唐纳德·诺曼，《设计心理学》作者

精彩的著作：它比任何一本重要的书都有趣——它真的又重要又有趣。

——罗杰·格温斯坦，《赌金者》作者

拯救地球、拯救自我。坚持善行的人们、政策制定者们，这本书是写给你们的。

——《新闻周刊》

读来倍感享受……桑斯坦和塞勒极富说服力。

—— Slate 杂志

《助推》帮助我们理解自身的弱点，并且提出了克服这些弱点的精明建议。

——《纽约观察者报》

趣味盎然……这本书既令人愉快，又深含教益。

——《巴伦周刊》

令人愉悦、发人深省、文笔极佳……强烈推荐。

——《选择》杂志

堪称二十一世纪的《穷查理宝典》……兼具该书睿智、妙趣和可亲可近的风格。

——《法律与政治评论》杂志

《助推》一书充满了绝佳的洞察力。

——《金融时报》

助　推

　　2017 年，由于对行为经济学领域的贡献，理查德·塞勒获得诺贝尔经济学奖。他是芝加哥大学布斯商学院查尔斯·沃尔格林行为科学和经济学杰出教授、美国国家科学院及美国艺术与科学院院士。2015 年，塞勒当选美国经济学会会长。他笔耕不辍，在重要期刊上发表论文，还出版了《"错误"的行为》《赢家的诅咒》等作品。

　　卡斯·桑斯坦是哈佛大学法学院罗伯特·沃姆斯利讲席校级教授，也是哈佛法学院行为经济学与公共政策项目的创始人兼主任。桑斯坦是目前美国（也许是全世界）被引用次数最多的法学教授。2009 年至 2012 年，他在奥巴马政府担任白宫信息与监管事务办公室主任一职，2020 年至 2021 年，桑斯坦在世界卫生组织担任行为洞察与医疗技术顾问委员会主席。他曾在美国国会委员会做证，并参与过多国制宪及法律改革活动。桑斯坦发表过多篇论文，撰写过多部著作，包括《信息超载》（*Too Much Information*），以及与丹尼尔·卡尼曼及奥利维耶·西博尼合著作品《噪声》等。2018 年，桑斯坦荣获霍尔贝格奖。该奖每年颁发一次，主要表彰在艺术、人文、社会科学、法律及技术等领域做出突出研究贡献的学者。

献给弗朗斯，你让生活里的一切变得更美好。

—— 塞勒

献给萨曼莎，你懂得什么最重要。

—— 桑斯坦

目　录

终极版序

第一版《助推》是在 2008 年春天问世的。在我们撰写那本书时，塞勒买了他的第一部苹果手机，桑斯坦买了他的第一部黑莓手机。我们在芝加哥大学的前同事贝拉克·奥巴马刚刚步入他作为美国参议员的第一个任期——他决心挑战希拉里·克林顿，争取民主党总统候选人资格。参议员乔·拜登也做了同样的决定，结果不大成功。房地产开发商、真人秀大佬唐纳德·特朗普盛赞希拉里·克林顿，说她"太优秀了"，一定能"成为一位杰出的美国总统"。[1] 与此同时，一场金融海啸正蓄势待发。那一年，泰勒·斯威夫特只有 19 岁（尚未获得格莱美奖）。

这些年来发生的事情可真不少，人们给了《助推》始终如一的兴趣和厚爱，所以我们并没有过多地考虑修订它。那么问题来了，为什么现在又推出修订版呢？要知道，就像我们在书中谈到的那样，现状偏好（也叫安于现状偏差）的力量是非常强大的。

唤醒我们的是一件很不起眼的小事——这也暗合了本书见微知著的精神主旨。本书在美国和英国的平装版合同到期了，需要续签新合同。编辑问我们，要不要增加一章新内容，或者做一些别的改动。我们的第一反应是，直接说不。说真的，塞勒是出了名的懒虫。想让他应允一件事往往要花上好长一段时间。有这个工夫，桑斯坦都能写一本新书了。除此之外，我们对这本书非常满意，为什么还要花费力气去糟蹋好东西呢？

不过我们还是从书房里大海捞针般找到了本书。自从新冠病毒感染疫情暴发以来，家里的书房就变成了居家办公场所，我们整天都要闷在那里。我们随意翻了一下，发现第一章里当时我们津津乐道的时髦玩意儿居然是 iPod（苹果公司的一款音乐播放器）。老天爷！这本书是不是和 iPod 一样，有点儿过时了？我们当时还用了整整一章讨论同性婚姻问题，并为它提出了绝佳的解决办法（我们现在仍然觉得这个办法很好）。在那之后，很多政府找到了这个问题的解决办法。而我们怎么也没想到，这个办法居然在政治上变成了现实：它们通过了新法律，批准了这种婚姻的合法性。那么好吧，本书也许真的应该拾掇一下了。

这件事就是这么发生的，那时已经是 2020 年的夏天了。

人生在世这么多年，我们却从未经历过那样的夏天。我们决定先翻翻原始手稿，看看哪里可以做些改动。塞勒翻箱倒柜地找到了一个 Word 文档。那个曾经被我们称为国际版的文档（姑且称得上）很有用。假如没有这个文档，我们无论如何都不会从头写起的，更不会有这个最终版本了，所以它真的很有用。那时我们才发现自己掉坑里了。按理说，我们都是研究人类决策偏差的专家，但这并不代表我们对这些偏差免疫！事实恰好相反。

我们也不知道这个坑到底有没有正式名字，但是每个人都不会对它感到陌生。我们姑且称其为"既然都开始了"偏误吧。我们经常能在家庭装修时看到这种偏误的身影。家里的厨房用了 20 年，拖拖拉拉又过去好几年，这家人终于决定动工改造一下。最初的清单包括新的电器和厨柜，但是装修一定会损坏地板，所以最好连地板一起换了。哦，等等，只要把那堵墙往外扩一点点，就能开一扇新的窗子出来，可以直接看到外面的露台。等会儿，做饭时往露台看什么……这种现象在军队里被称为"任务蠕变"。在这里，我们承认自己犯了"修订版本蠕变"的过错。本来说好了当年夏天把修订好的版本交给编辑，结果一直拖到了 11 月底。

还是拿家庭装修打比方。虽然我们的动作很慢，但是这里呈现的绝对**不是**一间彻底重装的新厨房。这个版本和第一个版本看上去非常相似。所有的墙体都没动，建筑面积也没有一丝一毫的扩大。我们只是换掉了一批老旧的、沾满尘灰的电器，用上了崭新的设备。

具体来说，本书前四章未做太大改动。这四章奠定了我们整个方法论的基本框架，包括"自由意志家长制"在内——好像只有我们两位提出者喜欢这个名词。我们更新了这几章的案例和参考文献，但是基调保持未变。如果拿唱片来举例，这部分算是"重制版"——其实我们也不知道重制是什么意思。读过第一版的朋友们可以快速浏览。不过，就算是老读者，也会在后面的章节里读到许多新的问题，甚至可能遇到新的惊喜。

接下来，我们通过全新的篇章论述了两个重要问题。我们把第一个问题称为"精明披露"。它的主旨是，政府应该在重要信息披露的方式上迈出更大的步子，就算再怎么不思进取，至少也应该迈入 20 世纪。在食品包装上列出所有的原料成分，这当然很有用，尤其是对那些眼神儿特别好的人来说。但是，既然桑斯坦对贝类严重过敏，难道他就不会上网搜一搜，某种食物是不是包含贝类制品？毕竟互联网早已算不上什么前沿科技了。"精明披露"的广泛应用会让在线决策工具变成现实。我们把这些工具统称为"选择引擎"。它能让很多工作变得简单轻松，就像跟着导航找到一家新开的餐馆一样容易。

我们还新辟一章来讨论"胡推"（sludge）问题。它是一种令人生厌的东西，它会让我们的明智选择变得难上加难（你会发现，"胡推"无处不在）。精明披露的运用是降低"胡推"的一种办法。同样，我们也可以把填好的申报单发给每个人，人们只要轻点一下就可以完成报税。我们还可以通过这样的方式大幅缩短填表时间，更方便地取得执照、许可、签证、医保和财政资助，也可以很轻松地完成单位的差旅报销。每个组织都应该立志发现并消灭毫无必要的"胡推"。

本书的部分内容发生了大量实质性的变化，我们希望向读者展现更多全新的观点。"胡推"是这个版本才有的新概念，几种"选择架构"概念也是如此。它们包括"个性化预设"、"谐趣"和"陈列"等等。这些概念会在论述财务决策的章节中发挥巨大的作用。我们还扩大了气候变化和环境保护的篇幅。新版本既强调了"选择架构"的局限性（剧透：仅凭助推是无法解决问题的），又突出了助推能够帮助我们成功完成任务的多种方式。这里的任务指的是需要调动一切可能的工具的那种项目。哦，对了，我们还谈到了新冠病毒感染。

在新版本中，我们重新审视了第一版谈到的一些问题。过去的这些年让我们有机会评判一些政策的得失，其中一个很好的例子就是瑞典（在 2000 年）实施的全国养老金储蓄计划。这个计划的参与者可以自由选择投资组合。我们在第一版中讨论过这个计划的设计。如今 20 多年过去了，我们从中看到了助推可以持续多么长久（剧透：有些助推可以天长地久）。另外，我们还重写了关于器官捐献的一章，主要是因为，大家都觉得我们支持的那项政策实际上我们是不赞同的。第一版推出时，我们用自己觉得非常平实的语言论述了这项政策，后来又在平装版里更清楚地说了一遍。但是，人们似乎还是不大明白，所以，这次我们决定再试试。假如你读得进去本书，并且读到了这里，请注意：我们不支持"推定同意"（presumed consent）。欢迎直接跳到那一章看看为什么，我们无比真切地信奉选择自由。

重新编写的部分还包括如何帮助消费者做出更好的决策、管好自己的钱财。人们积累了惊人的信用卡负债。其实只要简单几步就可以降低这些巨大亏空的管理成本，但是很多人就是没有做到。消费者还在抵押贷款、保险和医保计划等方面做出了糟糕透顶的选择。你我都有可能从这些方面省下很多很多钱。更重要的是，我们希望自己对这些问题的讨论能启发更多的人，希望人们在本书未及论述的诸多方面了解更多情况，让自己的行为更加有据可依，做出更多的策略改变。需要强调的是，我们这里讨论的概念和方法完全适用于私营领域。企业应当清楚地意识到，它们的员工、用户还有竞争对手都是人，应当据此设计自身的战略和策略。如何做到这一点，我们会提出很多具体的想法。

我们还要强调指出本书没有做什么，这一点同样重要。我们不想给读者补课，把近年来关于"助推"的最新活动、改革、研究，还有它们的重要进步一股脑儿呈现在这里。全球很多政府都在发挥助推的力量，而且常常带来积极的效果；私营领域更是充满了无与伦比的创造力，与之相关的学术研究突飞猛进。想把这些进步说清楚、讲明白，恐怕要另写一部新书才行。实际上，很多人已经写出了这样的著作，其中甚至包括桑斯坦。他和别人合编了一套四卷本的论文集。这部论文集阐述的正是这个话题（桑斯坦觉得编辑一套关于助推的四卷本论文集是件乐事，而塞勒宁愿从1 000万倒数到1）。

我们还谈到了针对助推的反对意见。实际上，我们用了整整一章来谈论它，但我们对批评意见的回应并没有做到系统化。我们希望本书能让新的读者感到更新鲜、更趣味盎然，没那么多故纸味。我们甚至希望那些回过头来读它的老朋友也有同样的感受——就像两位作者在过去几个月里做的那样。

最后还要说明一下，为什么我们把这个版本称为"终极版"。行为经济学者最早研究的课题之一是自我控制问题。人为什么会不断地做傻事（那些连自己都觉得傻的事，那些事前事后看起来都傻得冒泡的事）？这些事包括信用卡账单欠费、微胖、说什么都不戒烟等等。为了应对这些问题，人们常用的一种办法就是"赌咒策略"。这种办法可以彻底断绝某些充满诱惑力（但极其不明智）的选择。比如有些赌博成瘾的人主动要求赌场把自己的名字放进黑名单。也就是说，使用"终极版"字样就是我们的"赌咒策略"，目的是防止自己再次修订这本书。我们非常喜爱这本书，甚至写得有些上瘾，不过我们要在这里郑重宣布，将来不可能再有《助推》的"续篇"了，而且我们中的一个人真的信了。

理查德·塞勒

卡斯·桑斯坦

2021 年 1 月

前　言

从食堂讲起

假设你有一位朋友，名叫卡罗琳。她是一家市办学校大型食品供应系统的主管，管理着几百所学校的餐饮服务。每天有几十万个孩子在她管理的食堂里就餐。卡罗琳接受过正规的营养学教育（她在州立大学获得了营养学硕士学位），而且她充满创造力，不喜欢循规蹈矩地思考问题。

有一天晚上，卡罗琳和她的朋友亚当喝酒聊天。亚当是一位喜欢统计学的管理咨询专家，一直为连锁超市服务。酒过三巡，他们想到了一个有趣的点子。他们想在学校食堂里做一个实验：保持菜单不变，只是改变食物的摆放和展示方式，会不会影响孩子们的选择？于是，卡罗琳联络了几十家学校食堂的主管，提出了详细的摆放要求。有些学校把甜品摆在了最前面，有的摆在最后，还有的单独摆成一排。每种食物被摆在不同的位置上，而且每家食堂都不相同。有的学校把炸薯条放在视线高度上，有的学校在最显眼的位置上摆放的则是胡萝卜条。

亚当设计过超市的楼层平面图，所以他强烈地相信，他们的食堂实验一定会产生非常显著的结果。他猜对了，仅靠改变食堂菜品的摆放方式，卡罗琳就可以明显增加或者减少很多种食物的消耗量。这次实验给她上了至关重要的一课：情境的微小改变能够极大地影响学生，同样也可以极大地影响成年人。而且这样的影响既可以用来为善，也可以用来作恶。比如，卡罗琳现在知道，她可以用这样的方式来增加健康食物的消耗，同时减少非健康食物的消耗。

卡罗琳的合作伙伴足有几百所学校，她还招募了一支由研究生志愿者组成的团队，专门搜集和分析相关数据。她清楚地意识到，自己拥有非常可观的力量，足以影响孩子们每天吃什么。这个新发现的巨大力量让她陷入了沉思，一时不知自己应该拿它做些什么。下面是朋友和同事给她的建议。他们平常都很认真，当然偶尔也喜欢恶作剧一下：

- 全面考虑所有因素。食物的摆放要以学生利益最大化为目的。
- 随机摆放食物。
- 通过摆放，尽可能让孩子们按照自己的想法选择同样的食物。

- 哪家供应商给的回扣最高，就让哪家食物的销量最高。

- 一句话——利润最大化。

第一个选择显然是很吸引人的，但它似乎带有倾向性，甚至有点儿独断专行的家长作风。不过其他的选择更糟糕！第二项选择是随机摆放食物。可能有人认为它比较中立，原则性比较强，甚至不偏不倚。但是随机摆放在食堂里是行不通的。从方便的角度来说，沙拉酱就应该放在沙拉而不是甜点旁边。不仅如此，如果学校之间的食品配送是随机的，那就意味着有些学校孩子们的饮食不如其他学校的那么健康。这是我们想要的结果吗？如果卡罗琳能改善大多数孩子的饮食，让一部分孩子变得更健康，她会选择这种不偏不倚的做法吗？

第三个选择似乎是避免倾向性的有益尝试：尽可能地效仿孩子们自主选择的方式。这样也许真的算是一种中立的选择，也许卡罗琳应该不加分辨地按照就餐人的想法摆放食物（至少可以在高年级学生就餐的食堂里这样处理）。但是，只要稍加思考，我们就会发现，这很难实现。卡罗琳和亚当的实验告诉我们，孩子们对食物的选择取决于食物的摆放方式。那么，孩子们"真正的喜好"是什么？我们说，卡罗琳应当让孩子们按照自己的想法"自主选择"，这里的"自主选择"究竟该如何选择？一家食堂不可能不去组织和管理食物。就算把思考对象从孩子换成大人，这里的很多思考也是适用的。

如果卡罗琳是个腐败分子，第四个选择会让她无法自拔。对食物摆放方式的人为操纵会成为她操弄权柄、谋取私利的有力工具。但是，卡罗琳是位诚实正直的管理者，她对这样的选择从来都不屑一顾（并非每个人都能做到如此自律，唉！）。第五项选择和第二项、第三项选择一样，它们都有一定的吸引力。如果卡罗琳认为最好的餐厅就是最赚钱的餐厅，那么它的吸引力会更大。但是，如果利润最大化的前提条件是损害孩子们的健康，尤其是考虑到她管理的是学校食堂，卡罗琳真的会这么做吗？

我们把卡罗琳这样的人称为"选择架构者"。这些架构者的主要职责是组织人们赖以做出决策的具体情境。虽然卡罗琳是我们想象出来的虚构人物，但是我们能在现实生活中发现很多选择架构者，而且大多数人并没有意识到这一点。包括那些真的在管理餐厅和食堂的人。假如你是一名医生，在向患者讲述各种可行的疗法时，你就是一名选择架构者；假如你设计了某种表格或网站，帮助新入职的员工在多种员工福利中做出选择，你就是一名选择架构者；假如你负责设计选票，帮助人们选择候选人，你就是一名选择架构者；假如你负责设计一家药店或杂货店，你也是一名选择架构者（而且你会遇到很多卡罗琳遇到的问题）；假如你为人父母，向自己的儿子或女儿介绍各种可能的教育选择，你就是一名选择架构者；假如你是一名销售员，你也是一名选择架构者（而且你很清楚这一点）。

"选择架构"和传统意义上的建筑形式存在很多共通之处。其中最重要的一点在于，二者都不存在所谓的"中立"设计。以一座办公楼的设计为例。设计师会收到各种各样的要求——要有一座大堂，要有 120 间办公室和 13 间大小不同的会议室，要有一间大会场，足够容纳公司里的所有人，诸如此类。这座大楼一定坐落于某个特定的地点。其他的限制条件数以百计，有些是法律方面的，有些是审美的需要，还有些出自实用的考虑。而设计师最终交工的大楼一定是实实在在的——有门窗，有楼梯，还有走廊。合格的设计师都很清楚，看上去不经意的决定，比如洗手间的位置，实际上都会微妙地影响大楼使用者之间的互动。在每次往返洗手间的路上，人们有可能偶遇自己的同事（包括自己喜欢遇见的和不愿遇见的）。一座好的建筑不仅是吸引人的，还是"好用的"。

我们会看到，微不足道的细节可能会对人们的行为造成重大影响。我们必须假定一切都是有用的，这是一条特别有用的经验。在很多情况下，只要把人们的注意力集中在某个特定的方向上，这些微小细节的力量就会显现出来。说到这个原理，阿姆斯特丹史基浦机场的男厕所算是个绝妙的例子。这座机场的管理者一度在男厕所每个小便池里都蚀刻了一只黑色的苍蝇图案。如此看来，一定是有些男士在解手时不大注意准头，造成了一些污秽的场面。不过，一旦找到了靶子，他们就会集中注意力，准头自然就提高了。这个想法的提出者阿德·基博姆表示，苍蝇的设计带来了神奇的效果："准头提高了！如果一位男士在解手时看见了一只苍蝇，一定会瞄准它。"基博姆是一位经济学家，也是史基浦机场扩建项目的负责人。根据他的说法，在小便池里蚀刻苍蝇这一做法减少了80%的"旁逸斜出"——这是一项我们无从验证的数据。但是我们可以欣喜地向读者汇报，自从本书第一版讲述了这个事例之后，我们在全世界越来越多的机场里见到了这样的苍蝇。是的，谢谢，我们听说过可得性启发法，并且会在下文谈到它。

无事不重要这一观点既会让人们变得麻木无力，也能让人们充满力量。优秀的架构者深知，虽然他们建不出完美的大楼，但是可以做出设计上的选择，创造有益的效果。比如，咖啡机的摆放位置会影响办公室里的互动。政策制定者往往有很多"画苍蝇"的机会，比如在信用卡账单的显眼位置明确标示：持卡人可能因逾期还款或者过度使用而承担罚金。新冠病毒感染疫情期间，在等待进入超市的通道上画线，可以使人们保持社交距离。就像建筑师必定要为一座大楼画出图纸一样，像卡罗琳这样的选择架构者也必须为食堂的午餐选择某种具体的摆放方式。她可以通过这样的做法影响人们吃什么。这就是我们说的助推。[①]

自由意志家长制

总的来说，如果你认为卡罗琳应当利用手中的机会，助推孩子们选择更有益的食物，也就是第一个选项，欢迎你加入我们的阵营：自由意志家长制俱乐部。我们清楚地知道，很多读者不会立刻喜欢上这个表达方式。因为无论是"自由意志"，还是"家长制"，都有些让人望而生厌。流行文化和政治为这两个概念塑造的刻板形象让它们不堪重负，也让很多人对它们心存鄙夷。更糟糕的是，这两个概念似乎是相互矛盾的！为什么要把两个遭人唾弃、自相矛盾的概念结合在一起？我们的想法是，只要理解得当，这两个概念其实蕴藏着很多很好的含义——而且它们合在一起的吸引力远远大于单独出现的时候。这两个概念的问题在于，它们被教条主义者牢牢垄断了。

———————————

① 请注意，不要把这里的"助推"（nudge）与"牢骚鬼"（noodge）混为一谈。威廉·萨菲尔曾在《纽约时报杂志》（2000 年 10 月 8 日）的《谈语言》栏目里为我们分辨过这两个词语。来自意第绪语的"noodge"是"一个名词，用来指'害虫、令人恼火的碎嘴子、没完没了的牢骚鬼'……而'nudge'是动词，指的是'轻轻地推动他人或者轻触他人两肋，尤其指用自己的肘部施加该动作'。因此，用这种方式'助推'是为了'提示、提醒或者柔和地警示他人'。它和'牢骚鬼'絮絮叨叨的、让人火冒三丈的嘟囔完全不是一回事"。"nudge"的发音与"judge"押韵，而"noodge"中的"oo"发音与"book"中的"oo"发音相同。

分析我们提出的策略。"自由意志"的一面在于，大多数情况下，只要没有损害他人，它总会直截了当地主张人应当自行其是，做自己想做的事——拒绝自己不喜欢的安排，如果他们希望如此。借用米尔顿·弗里德曼生前的话来说，自由意志家长制呼吁人们"自由选择"。我们力图设计的政策都是为了保持或提高人们选择的自由。我们之所以使用"自由意志"来修正"家长制"，就是为了保有自由。我们说保有自由，真的就是保有自由。推行自由意志家长制的人希望让人更轻松地各行其道；他们不想让行使自由的人们背负沉重的包袱。（需要强调指出的是，在有人侵害他人的情况下，选择自由显然不再是一种好想法——但是，即使在这种情况下，助推也可以发挥重要作用。我们会在下文详细阐述这一点。还需要指出的是，如果人们做出了糟糕透顶的选择，因此危及未来的自己，那么仅靠助推是不够的。我们也会在下文谈到这一点。）

家长制的一面主要体现在这样一种提法上：为了让人们的生活变得更长久、健康和幸福，选择架构者会努力影响人们的行为。这样的做法是正当合理的。换句话说，我们提倡政府和私营机构运用自觉的努力把人们的选择引到正确的方向上去，让人们生活得更好。我们很清楚，为了确定"家长制"的定义，探究它存在的利弊，很多人——包括很多哲学家——投入了大量的精力。我们提倡的家长制原则是为了影响人们的选择，它的作用方式会让做出选择的人生活得更加优裕——**最终**

的判断是由选择者做出的。它是手段上的家长制，而不是目的上的家长制，这些原则旨在帮助人们实现自己选择的目标。

几十年的行为科学研究告诉我们，人们常常会在科学实验中做出糟糕的决策。在现实生活中，人们的失误就更多了。这就进一步印证了甲壳虫乐队那句著名的歌词，我们都"时不时需要朋友拉一把"。简言之，我们的目标是帮助人们做出更好的选择。什么样的选择？人们在全身心投入、拥有完备的信息和无限认知能力，能完全地自我控制的情况下做出的选择。（这并不代表人们不可以偶尔享受生活，很晚才回家，吃上一顿大餐。俗话说得好："现在就享受生活吧，生活没有彩排。"）

自由意志家长制属于一种相对温柔、软性、非粗暴干涉的家长制，因为各项选择是非封闭的、无阻隔的，所以不会形成显著的负担。假如人们就是想吸烟、吃大量的糖果、选择不合时宜的医保方案，或者不肯为退休生活存钱，自由意志家长制不会强迫他们改变——更不会让事情变得难上加难。话虽如此，我们推荐的方法毕竟属于家长制。这是因为，在关键情况下，公共和私营领域里的选择架构者要做的不仅仅是关注或者落实人们预期的选择。恰恰相反，他们应当努力把人们带入正确的方向，让人们的生活变得更好。一句话，他们要"助推"。

我们所说的"助推"涵盖了选择架构的方方面面。这一架构通过可预见的方式改变人们的行为，同时不会禁止任何选择，也不会显著改变人们的经济激励因素。要做到纯粹地助推，必须保证人们对相关干预的回避是轻松且廉价的。助推不是税收、罚款、补贴或者强制命令。把水果放在人们眼前算是助推，禁止食用垃圾食品肯定不算。

我们推荐的很多政策都可以用在（或者已经用在了）私营领域——无论有没有政府的助推。比如，在本书讨论的很多案例中，私营单位都属于重要的选择架构者。我们认为，在涉及医保和养老计划的领域里，雇主可以给员工提供有用得多的助推（比如合理的默认规则、信息的清晰呈现和有用的提示等等）。既想赢利又想为善的私营企业可以开展环保方面的助推，帮助降低空气污染和温室气体的排放，并且从中受益。反过来说，企业当然也可能利用这里讨论的概念，用不正当的方式提高销售收入。企业可能会把"胡推"强加于人。我们始终致力于降低公共领域和私营领域里的"胡推"，详见第 7 章。

经济人与普通人：为什么助推是有用的

驳斥家长制的人常常会说，人们大可以很好地做出选择，就算他们做得不够好，也至少不比旁人做得差（尤其是在旁人恰好是一位政府工作人员的时候）。无论有没有学习过经济学，很多人至少模糊地接触过"经济人"的概念——我们每个人都能准确无误地选择这个概念，并用它来思考，它符合经济学家对人的通常描述。

把经济学教材拿过来读一读，你会发现，经济人会像爱因斯坦一样思考。他们的记忆力足以和谷歌的云端存储媲美，他们的意志力堪比圣雄甘地。真的是这样。但是我们熟悉的伙计们可不是这样的。活生生的人是什么样的？没有计算器就会被长除法难住；有时会忘记配偶的生日；除夕夜喝太多酒，大年初一早上会头疼欲裂。他们不是经济人（Homo economicus），他们只是现代智人（Homo sapiens）。接下来我会用"经济人"来称呼前者，它是我们想象出来的虚构物种，用"普通人"来称呼后者——当然，它是真实的物种。

以肥胖为例。美国的成人肥胖率已经超过 40%；70% 以上的美国成年人要么肥胖[1]、要么体重超标[2]。全球体重超标的成年人有 10 亿人，肥胖的有 3 亿人。日本、韩国和一些非洲国家的肥胖率较低，不到 6%；东萨摩亚的肥胖率最高，超过了 75%。[3] 世界卫生组织的资料显示，1980 年至今，北美、英国、东欧、中东、太平洋诸岛、澳大利亚和中国部分地区的肥胖率增长了 3 倍。数之不尽的证据表明，肥胖会增加罹患心脏病和糖尿病的风险，导致人们过早死亡。如果每个人都在可能的范围内选择对自己最有利的饮食，或者通过助推达到更适宜的饮食，那就太好了。

理智的人当然会在意食物的口味，而不仅仅关注健康，因为美味本身就是人生乐趣的一大源泉。我们并不是说，每个体重超标的人行为必然是不理智的，但是，如果有人告诉我们，每个人或者绝大多数人都在选择最理想的饮食方案，我们也一定不会相信。这样的情形同样适用于很多其他与风险有关的人类行为，比如吸烟和饮酒等。仅仅在美国，烟酒每年引发的过早死亡就有几十万例。无论是饮食、吸烟还是饮酒，我们都不能说人们现在的选择一定是保护自身福祉的最有利方式（这样说算是很客气的）。实际上，很多吸烟者、酗酒者和饮食过量者非常愿意求助于第三方帮助他们做出更好的决定，并且愿意为此付钱。

这些发现成了新兴的选择科学相关结论的有益补充。后者涵盖了过去半个多世纪以来范围广阔的大量研究。虽然这个领域的很多初期研究主要集中在实验室里，但也有大量的、正在飞速增长的研究来自对现实行为的钻研，还包括对自然情境下做出的选择的档案研究以及随机对照实验，等等。这些研究对人们做出的很多判断和决定的正确性与明智性提出了严肃的拷问。想要成为合格的"经济人"，人们用不着未卜先知地做出完美的预测（那需要无所不知），但必须做出不偏不倚、毫无偏见的预测。也就是说，你的预测可以是错的，但是不能一而再、再而三地错在可以预知的方向上。普通人与经济人不同，普通人的错误是可以预料的。"计划谬误"就是个好例子。它是一种对完成任务所需时间抱有不切实际的乐观态度的系统化趋势。只要和承包商打过交道，你就会发现，所有的工作都比你想象的时间更长，即使你知道什么是计划谬误。①

数以千计的研究证实，人类的预测充满了缺陷和偏差。人类的决策同样让我们不敢恭维。仅举一个上文提过的例子就够了：现状偏好。它就是故步自封的华丽马甲。由于各种各样的原因——我们会在下文详细探讨这些原因，人们会有一种强烈的倾向性，喜欢维持现状或者保持默认设定。比如，你新买了一部智能手机，可以选择自定义一系列设置，包括屏保、来电铃声、响铃多少次后转入语音信箱等等。手机厂商会为它们事先设置一个选项，也就是出厂默认设置。研究表明，无论默认设置是什么，很多人都会让它们一直保持不变，即使事关重大，即使其中的利害关系远远大于有人给你打电话时手机发出什么样的铃声。

默认选项的例子太多了。我们会因此发现，默认的力量是相当强大的。如果私营企业或政府官员倾向于某一类结果，把它设置为默认选项，就可以极大地影响人们的选择。只要简单地把默认设置从"选择加入"变成"选择退出"，通常就可以提高 25% 的参与率，有时甚至能提高更多。我们会谈到，仅仅通过设置默认选项，或者采用类似的、看起来微不足道的菜单变更手段，就可以极大地影响最终的结果，从提高人们的储蓄率，到应对气候变化，从改善医保体系到减少贫困，等等。与

---

① 了解"计划谬误"并不代表不会犯这种错误。本书的完成时间就比我们的预计时间长得多。

此同时，我们也会谈到，在有些重要的情形下，人们会行使选择自由，拒绝默认选项。比如，当对某件事的态度特别坚决时，人们就会冲破惯性的力量和暗示的圈套（人们通常的感受是，默认选项就是人们暗示和推荐的选择）。改变默认选项可以成为一种非常有用的助推，但它显然不是万能的答案，不可能解决所有问题。

恰当的默认选项通常能带来很大的影响，这些影响只是助推的奇妙力量的一种例证。根据我们对助推的定义，它包括能够明显改变人类行为的干预——这些干预通常会被经济人忽略。通常只有激励才能让经济人做出反应。如果政府对糖果征税，经济人就会少买糖果，但是，"无关紧要"的因素，如各种选项按照什么样的顺序排列，不会对经济人产生影响。普通人也会对激励做出反应，但是他们同样会对助推产生反应。[①]我们可以恰当地使用激励和助推，提高人们改善自身生活的能力，帮助解决很多社会重大问题。我们完全可以在坚守每个人选择自由的情况下做到这一点。

---

① 细心的读者会发现，激励可能表现为不同形式。假如逐步提高人们的认知努力，例如把水果放在人们眼前，把糖果放在比较隐蔽的地方，人们也许会说，选择糖果的"成本"提高了。从某种意义上说，我们的某些助推就是要提高认知成本或情绪成本（而不是实际成本），并改变这个意义上的激励水平。只有在成本很低的情况下，助推才成为助推，才算得上自由意志家长制。

一种错误假设和两种错误概念

很多拥护选择自由的人会摒弃任何形式的家长制。他们希望政府能让公民自主选择。源于这一思维方式的典型政策建议，把尽可能多的选择交给大众，由人们自己选出对自己最有利的一种（把政府的干预或助推降到最低）。这种思维方式的美妙之处在于，它为很多复杂问题带来了一种极尽简单的答案：选择最大化——到此为止！

很多领域都在推行这种政策，从教育到医保，再到退休储蓄计划，等等。有些领域甚至把"选择最大化"奉为百试不爽的真谛。有的时候，唯一能够取代这一"真谛"的也许是一种被挪揄为"一刀切"的政府强制命令。赞成"选择最大化"的人们并没有意识到，他们拥护的政策与一刀切的强令之间存在巨大的空间。他们反对家长制，或者他们自以为反对家长制，所以对助推充满了疑虑。在我们看来，这种疑虑来自一种错误假设和两种错误概念。

一种错误假设是，几乎所有人在几乎所有情况下，总是会做出对自己最有利的选择；人们做出的选择至少要好于别人为他们做出的选择。我们认为这个假设是不成立的，它实际上是明显错误的。事实上，我们认为，只要认真思考，不会有人认为这个假设真的可信。

假设一位围棋新手和一位老手对弈。我们不难预料新手会输，而且完全因为他在棋着儿的选择上逊于对手——只要稍加提点，这些选择本来可以很轻易被提高。在很多情况下，消费者都是新手，他们面对的和打交道的场景里盘踞着以此为生的销售老手，准备向他们兜售各色物品。从一个更广泛的视角看，人们的选择到底是好是坏？这是一个体验问题，不同领域的人给出的回答可能不尽相同。一般来说，在拥有丰富经验、完备信息和迅捷反馈的情况下，人们做出的选择都会很好——这就像在口味相近的冰激凌之间做出选择一样。人们知道自己喜欢哪一种口味——是巧克力、香草、可可还是别的什么。

如果欠缺相关经验、信息不够完整，或者反馈很少很慢，人们做出的选择就会逊色很多，比如选择养老方案、治疗方案或投资方案等等。假如让你从 50 种不同的保险方案中做出选择，而且每种方案的特点都五花八门，那么，外界的些许帮助也许能帮上大忙。只要人们做出的选择不尽完美，选择架构上的些许变化就可能让他们的生活变得更好（好或不好，这只能由人们自己来判定，而不能由官员来判定）。下文还会谈到，我们不仅有可能通过选择架构的设计让人们生活得更好，而且在很多情况下，做到这一点简直易如反掌。

第一个错误概念是：我们可以避免对他人的选择造成影响。有些组织或机构**必须**做出选择，而这些选择必然会影响一部分人的行为。这样的情况数不胜数。在这些情况下，朝着某些方向的助推是不可避免的，而这些助推势必影响人们的选择。也就是说，选择架构必然存在，它是不可避免的。仍以卡罗琳的食堂为例，来自选择架构者的种种设计要素广泛影响着食客的选择。没有一家网站或商店是完全没有设计的。当然，有些助推确实可能是无意的，比如用人单位可能选择发月薪，也可能发双周薪，而且这些单位根本无意于任何形式的助推。但是，如果发现双周薪更有利于人们节省开销，它们想必会大吃一惊。这是因为，在双周薪制度下，人们每年有两个月可以领到3份工资，而很多账单仍旧是一个月只付一次。

私营组织和政府机构当然可以谋求这样或那样的中立，这一点是毫无疑问的——比如，它们可以随机选择，或者找到绝大多数人想要的。但是，无意的助推同样可能产生重大的影响，而且，在有些情况下，这些形式的中立可能毫无吸引力，我们会见到很多这样的例子。选择架构者当然也可以坚持主动选择，比如提出类似这样的要求：如果有人想当公务员，就要明确地选定自己更加偏爱的医保方案。但是主动选择本身也是一种选择架构，而且并不是每个人都喜欢这样的选择，尤其是在选项繁多、很难决断的情况下。假如你来到一家法国餐厅，服务员推来的小车上装满了奶酪，看上去足有几百种。请问你选哪一款？这时候，如果服务员能为你推荐一下，那可就帮了大忙。不要总是要求人们做选择，很多人并不总是喜欢做选择。如果强迫人们做出选择，他们可能会不太高兴。

有些人可能会区别对待。他们乐意接受这样的看法，但是仅限于私营机构。他们极力反对政府这样做，反对政府为了提高人们的生活水平而对人们的选择施加影响。这些人不信任政府，在他们看来，政府要么能力不足，要么善意不够。他们害怕民选官员和行政人员昏庸颟顸，害怕他们把自身利益摆在首位，害怕他们对私人团体狭隘的私利关心过多。我们也有这样的担心。我们尤其强烈地同意，政府真的可能犯错，存在偏见，手伸得太长，而且有时还很严重。这也是我们比较偏爱助推，而不是命令、规定和禁令（有人危害他人的情况除外）的原因。但是，政府和食堂一样（本来很多食堂就是政府开的），它们都必须有一个起点，一个不是这种就是那种的起点。这是不可避免的。需要强调的是，它们每一天都在这么干。这是通过它们制定的政策来实现的，而且它的方式会不可避免地影响一部分人的选择和结果。就这一点来说，反对助推的立场在逻辑上是不可能站得住脚的——没有起点，一切从何谈起？

第二个错误概念是，家长制总是会涉及强制胁迫。在食堂的例子里，食物的摆放方式并没有强迫任何人采用任何一种规定的饮食，但是卡罗琳以及和她处境相似的人，可以从一种家长制的角度做出具体的摆放选择。这就是我们谈论的那种家长制。请问，在小学食堂里，把水果和沙拉摆在甜食的前面，让孩子们多吃些蔬果，少吃些巧克力蛋糕，会有人反对这样做吗？如果消费人群换成中学生，甚至换成成年人，这两个问题在本质上有什么不同吗？这侵犯你的自由权吗？即便GPS（全球定位系统）听上去可能有些家长制的味道，但它也是在努力告诉你如何到达你想去的地方。请问，GPS侵犯你的自由权了吗？我们认为，就算对选择自由权的铁杆拥护者来说，只要没有涉及强制胁迫，有些类型的家长制就应该被接受。

如何秉持这个基本路线？我们会针对多个不同的领域提出具体的建议。这些领域五花八门，包括储蓄、医疗、消费者保护、器官捐献、气候变化和保险等等。我们认为，在选择不受限制的大前提下，出现不合时宜的设计（甚至包括腐坏堕落的设计）的风险会降低。选择的自由就是对糟糕的选择架构最好的防范。

实践中的选择架构

选择架构者可以设计用户友好的情境，帮助人们极大地改善自己的生活。很多企业就是这样在市场上获得最大成功的。选择架构有时是非常清晰可见的，消费者和员工都能领会它带来的价值。iPhone（苹果手机）之所以在经济上获得巨大的成功，部分原因就在于它优雅的设计风格。不过，最重要的还是因为使用者发现，这台设备能帮助他们轻松地得到自己想要的。选择架构有时会被人们忽略，这个时候，有人如果给予它一定的重视，往往会获益匪浅。

我们来思考一个美国职场中的例子（如果你生活在别的国家，请同情我们5秒钟）。美国大多数的雇主都会为员工提供一系列的福利，包括人寿保险、医疗保险、养老储蓄计划等等。每年的暮秋定为开放登记期，员工可以在这段时间里对上一年的选择做一次修改，而且必须在线上完成。他们通常会收到一包邮寄来的材料，这些材料会说明各种选择的具体内容、如何登录系统、如何提交选择等等。员工还会因此收到各种各样的提醒。

员工都是人，有的人会忘记登录，所以要为他们确定好默认选项——毕竟员工每天都很忙，有时难免心神涣散，甚至有些人被工作压得透不过气来。通常的默认选项有两种：要么保持上一年的选择不变，要么清除之前的所有选择，回到"原点"。简单起见，可以称它们为"保持现状"选项和"归零"选项。那么问题来了：选择架构者应当在二者之间做出何种选择呢？

推崇自由意志家长制的人会先问一问。他们会先找一些思虑周全、信息完备的员工，问问他们实际上想要什么，再决定选择什么样的默认选项。虽然这样的原则并不总能形成明确的选择，但它显然好过随机确定默认选项，也好过一刀切地把"保持现状"或者"归零"定为默认选择。比如，很有可能大多数员工不希望取消自己已有的医疗保险（这种保险的补贴非常高）。因此，医疗保险的默认选项似乎应该定为"保持现状"（保持上一年度的选择不变），它要比"归零"的默认选项（回归到没有医疗保险的原点）好得多。

对比一下员工的灵活支出账户（我们认为，这是一种美国独有的残酷"福利"）。员工可以每个月向这个账户里存钱，用来支付某些类型的支出（例如保险不管的医疗费用或者子女抚养费用等）。说它残酷，是因为这个账户里的钱必须在次年3月31日之前使用，否则就会被清空。但是每一年的预期开支也许和次年非常不同（比如医疗费用，如果某一年家里添丁进口，这项费用就会上升；再比如子女抚养费用，孩子入学那一年，这项费用可能会下降）。在这样的情况下，"归零"的默认选项可能比"保持现状"更合理。

这并不是一个假想的问题。前段时间，塞勒和他单位（芝加哥大学）里的三位领导开会，讨论类似的问题。那天恰巧是开放注册期的最后一天。塞勒指出了这个巧合，并且不无揶揄地问那三位领导是否记得登录系统，调整自己的福利待遇。第一位有些羞赧地说，他本想当天晚些时候做这件事。他还感谢了塞勒的提醒。第二位承认自己忘了。第三位说，他希望他老婆记得这事！然后他们又回到会议的正题上。他们要为一项听起来特别不招人喜欢的计划——"补充工资扣减计划"——确定默认选项（这项计划的名字起得太糟糕了，实际上它是一项避税储蓄计划）。当时的默认选择是"归零"。塞勒召集了这次会议。他想说服校领导，把默认选择改为"与去年相同"。校领导在会议现场表现出的疏忽大意让这件事的必要性变得格外明显，他们立即批准了这一改变。我们可以非常肯定地说，这可以让许许多多的大学员工过上更加舒适惬意的退休生活。

这个例子说明了优秀选择架构的一些原则。做出选择的都是普通人，所以设计者应该让人们的生活尽可能地轻松愉快。要给人们发送提醒（但不要太多！），尽可能把那些头脑迷糊的人需要承担的成本降到最低——就算我们和他们自己使出浑身解数，还是会有很多人迷迷糊糊。我们会看到，这些原则（以及很多别的原则）既适用于私营领域，也适用于公共领域。而且现在做的还远远不够，还有广阔的空间等着我们去开发。大型企业和政府部门，请注意记笔记（大学和小型企业也要记）。

新的道路

谈到私营机构里的助推，我们要讲的有很多。不过，自由意志家长制有很多最重要的应用是属于政府组织的。我们会提出很多公共政策和法律方面的具体建议。一开始撰写此书时，我们希望这些建议能让各个党派都感兴趣。实际上，我们相信，自由意志家长制推崇的政策能同时得到保守主义者和自由主义者的支持。结果比我们的预料好得多，事实证明，我们的看法是对的，这真让人喜出望外。

在英国，前首相、保守党领袖戴维·卡梅伦积极支持助推理论，成立了世界上第一个专门的助推团队。它的官方名称是"行为洞察小组"，但是人们常称它为"助推小组"。[①] 在美国，前总统、民主党人、自由主义者贝拉克·奥巴马同样支持它的基本思想。在他的指示下，美国很多政府机构完成了数量众多的助推。他还成立了自己的助推部门（原名"社会与行为科学小组"，后称"评估科学办公室"）。美国国际开发署有各式各样的项目接受了行为科学及其见解的指导。自从本书第一版上市以来，全球各国的很多政府，都吸收了本书或类似的思想，让自己的计划项目变得更有用、更高效。数量众多的国家成立了不同类型的行为洞察团队和助推部门，包括澳大利亚、新西兰、德国、加拿大、芬兰、新加坡、荷兰、法国、日本、印度、卡塔尔和沙特阿拉伯等。世界银行、联合国和欧盟委员会也做了大量的相关工作。2020年，世界卫生组织发起了"行为洞察计划"，聚焦多项公共卫生问题，包括流行病、疫苗接种和年轻人群的风险承担问题等。

尽管当前世界似乎存在分裂，但是我们依然相信，自由意志家长制能够跨越党派，为更简单地解决各种问题奠定更有

---

① 这个团队如今依然存在，它现在属于"社会目的公司"，归英国政府、内部员工和一家名叫 Nesta 的慈善组织共同所有。这个团队在全球 30 多个国家拥有 200 多名员工。

希望的基础。更好的政府往往需要更少的强制手段和更多的选择自由。行政法规和禁令自有其应有的作用（行为科学可以帮助我们更好地识别它们），但是，如果能用激励和助推取代规定和禁令，政府就可以变得更敏捷、更中立。所以，我们要非常明确地提出：本书不是在提倡更多的官僚主义，更不是鼓吹政府要发挥更大的作用。我们的目标是争取更好的治理。简言之，自由意志家长制是不偏不倚的。人与人之间的差异当然是巨大的，尽管如此，我们仍然希望，政治信念决然不同的人也许愿意在柔和助推的帮助下更多地做到融会贯通，和而不同。

第一部分

普通人与经济人

第 1 章
偏差与谬误

请观察（如果你愿意）图 1.1 中的两张桌子：

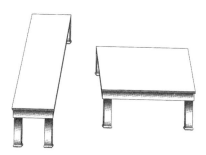

图 1.1　两张桌子［引自罗杰·谢泼德（1990），有改动］

假如你正在思考哪张桌子更适合放在客厅里当咖啡桌，你会怎样描述它们的外形？猜一猜每张桌子的长宽比各是多少。目测就够了。

可能你和大多数人一样，认为左边的桌子明显比右边的长得多，也窄得多。多数人目测的结果是，左边桌子的长宽比是3：1，右边的是1.5：1。好的，现在请用尺子量一下。你会发现，两张桌子的长宽比例其实是一模一样的。可能你要反复量上好几遍才会相信，但这个例子要说明的道理就是，"眼见不一定为实"（塞勒和桑斯坦中午经常在固定的地方吃饭。有一天中午，塞勒拿出这张图给桑斯坦看，桑斯坦抄起手边的筷子量了起来）。

我们能从这个例子里得出什么结论？如果你看到左边的桌子比右边的更长更窄，证明你是个正常人。你身上没有什么不对的（嗯，至少这项测试无法证明你有什么不对的）。尽管如此，你在这里得到的判断仍然存在偏差，而且这一点是可以预料的。根本没有人会认为右边的桌子更窄！你不只是看错了，而且可能信心满满地认为自己是对的。这张图还可以派上大用场。下次出去玩儿的时候一定要带上它，比如去酒吧时，万一遇到喜欢打赌的人，说不定你还能赢些酒钱。

再仔细看一下图1.2，两个形状看起来相同还是不同？只要是个正常人，你就应该看得出它们是一模一样的。是的，它们本来就是一模一样的。它们就是图1.1那两张桌子的桌面，不过是去掉了桌腿、调整了角度。正是桌腿和角度让我们产生了错觉，误以为图1.1中的两张桌子不一样。所以，这些干扰因素一旦被去除，我们的视觉系统就会恢复到平常的、准确的、令人愉快的状态。[①] 这两幅图抓住了一种关键认识，这种

---

① 桌子图里的一个门道在于，竖线看上去比横线要长。同样的道理，（美国的）圣路易斯拱门看上去似乎高度大于宽度。实际上，它的高度和宽度是完全相等的。

认识是行为经济学者从心理学家那里借用来的。通常情况下，一个心智运转正常的人能一眼认出多年不见的熟人，听得懂母语里最复杂微妙的弦外之音，还能一口气跑下一段楼梯而不摔倒。有人能讲 12 门语言，有人能让最炫酷的计算机变得更强大，还有人创造了相对论。但是，就算是爱因斯坦、比尔·盖茨和乔布斯，可能也会被这两张桌子骗到。这并不是说作为人类我们有什么地方不对劲，但是它确实说明了一点：如果能系统领会常人在什么样的情况下会出现什么样的失误，我们对人类行为的理解就能得到提升。对人类视觉系统的了解帮助心理学家和艺术家罗杰·谢泼德画出了这两张愚人耳目的桌子。[1]

图 1.2　两张桌子的桌面［引用自罗杰·谢泼德（1990），有改动］

从这两张桌子讲起，本章会从几个方面详细说明人类的判断和决策为什么会与基于最优模型做出的预测大相径庭。不过，在开始论述之前，特别强调一点，我们并不是说，人是不可理喻的。我们不会用那么于事无补、不厚道的字眼。我们当然更不认为人是愚不可及的。这里要说的重点在于：生活是严酷的，而我们都会犯错。人非圣贤，孰能无过。假如在每次逛超市时都要选择最优的购物组合，我们可能要永远住在那里。事实正好相反，我们会选择合理的近路，我们会在自己饿得吃光购物车里的所有食物之前回到家。我们都是平常人。

经验法则

我们都会在日常生活中使用经验法则，这些法则既方便又实用。这些法则包罗万象，汤姆·帕克在他 1983 年引人入胜的著作《经验法则》（*Rules of Thumb*）中很好地说明了这种迷人的多样性。为了编写这本书，帕克请自己的朋友发给他很多经验法则的实例。这些例子包括"一颗鸵鸟蛋足够 24 个人吃上一顿早午餐"，"10 个人待在一个正常大小的房间里，室温每小时会上升 1 摄氏度"。还有一个例子："如果一所大学举办晚宴派对，并向经济系发出了邀请，那么，为了不破坏席间对话的良好氛围，该系来宾的比例不能超过总人数的 25%。"最后这个例子我们稍后还得好好聊聊。

虽然经验法则可能非常有用，但它们的使用也可能造成系统性偏差。几十年前，心理学家丹尼尔·卡尼曼和阿莫斯·特沃斯基首先提出了这一认识——他们是我心中的英雄。这一认识改变了心理学家（并最终改变了经济学者、律师、政策制定者和其他很多人）对人类思维的认识。卡尼曼和特沃斯基的早期著作给出了三种常见的经验法则，或者叫启发法，以及与每种法则相对应的偏差。这三种经验法则分别是"锚定"、"可得性"和"代表性"。他们的研究项目就是人们所知的"启发法与偏差"研究法。这种方法的研究对象是人类做出的判断。这种方法启发了所有的行为经济学者，它对本书的帮助尤其巨大。

锚定启发法

假如有人要求我们猜测密尔沃基的人口。在撰写本书第一版时，两位作者都生活在芝加哥。密尔沃基位于芝加哥以北，大约两个小时的车程。我们当时都对这座城市知之甚少，但我们都觉得它应该是威斯康星州最大的城市。那么，我们该从何猜起呢？一种比较好的办法是从我们已知的信息出发，比如，我们知道芝加哥的人口大约是300万。我们还知道密尔沃基拥有自己的职业棒球队和篮球队，所以应该是座大城市，但是肯定没有芝加哥大。那好，嗯，它总该有芝加哥的三分之一大吧，就猜100万人吧。再假设，我们向一位来自威斯康星州格林贝的女士提出同样的问题。假设她也不知道答案，但是她知道格林贝大约有10万人口。密尔沃基可比格林贝大多了，让我猜猜看，至少也得是其3倍吧——密尔沃基大约有30万人！

这个过程被称为"锚定与调整"。你会把"锚"作为自己的起点，在这个例子中，它指的是你知道的人口；然后，你会朝着自己认为正确的方向做出调整。事情进展到这里，一切都还好。偏差之所以会出现，是因为调整通常是不足的。这个例子并不是孤立的，过去的实验一再出现类似的问题。来自芝加哥的人们往往会做出过高的估计（因为他们的"锚点"比较高）；而来自格林贝的人们通常会做出过低的估计（因为他们的"锚点"比较低）。密尔沃基当时有 59 万人。

悄悄潜入我们决策过程中的"锚"还有很多，有些明显错得更离谱。你可以自己尝试一下这个例子。请默想自己手机号码的最后 3 位数字，如果方便，可以把它们写下来。接下来，你觉得匈人王阿提拉是什么时间劫掠欧洲的？它发生在你写下的时间之前还是之后？你最有把握的猜测是什么？即使你对欧洲史知之甚少，你的知识也足够让你清楚地知道：无论那个阿什么拉在什么时候对欧洲做了些什么，那个日期和你的手机号码都不可能有半点儿关系。即使如此，在对学生开展这项实验时，锚点较高的同学（而不是锚点较低的同学）给出的答案也比实际日期足足晚了 300 多年（正确答案是公元 452 年）。

锚点甚至有可能影响人们对自己当下生活的看法。在一次实验中，人们请参加实验的大学生回答两个问题：（1）你有多幸福？（2）你多久没约会了？如果这两个问题是按照这个顺序提出的，二者之间并不存在太大的相关性（0.11）。但是，如果把它们的顺序颠倒一下，先问约会的事儿，二者之间的相关性就会立刻跳升到 0.62。非常明显，在约会问题的促动下，学生是在"约会启发"的作用下回答幸福问题的。他们可能会想："老天爷，我都想不起自己上次约会是哪一年了！我可真够惨的。"如果把实验对象从大学生变成夫妻，约会变成性行为，得到的结果非常相似。[2]

在本书的论述中，锚点发挥着助推的作用。给出租车司机小费就是个例子。一开始，出租车司机不愿意刷信用卡结账，因为信用卡公司会分走交易额的 3% 左右。不过那些早早装上刷卡机的司机惊喜地发现，他们收到的小费变多了！其中一部分原因就来自锚定效应。当乘客刷卡结账时，他们会看到关于小费的选项。如下所示：

15%

20%

25%

输入自定义金额

请注意，结算屏幕上给出了预先计算好的金额，而且它的起步比例更高。这是在助推人们多给小费（在犹疑不决时，人们通常会选择中间的选项——在这个例子里，中间选项是20%。要知道，之前在没有任何干预的情况下，人们通常只付15% 的小费）。"输入自定义金额"这个选项就是个摆设，结算页面只有在行程结束时才会出现，这时候，车里的乘客想出去，车外的乘客想进来，而输入自定义金额不仅需要算数，还需要多操作几个步骤。相比之下，点击一个现成的按钮容易多了！

即便如此，对出租车司机来说，怎样设置默认选项才是最有利的，也大有门道。行为经济学家卡里姆·哈加格为此精心设计了一项研究。哈加格设法对比了两家出租车公司的小费收入情况：其中一家的默认小费选项为15%、20%和25%；另一家则是20%、25%和30%。总的来说，后一组默认选项提高了小费的平均水平，明显增加了司机的小费收入。但是，有意思的是，这也让部分乘客受到了刺激，干脆选择不付小费。有些乘客明显被夸张的默认选项吓退了，他们连一毛钱的小费也不肯给。[3] 这与一种被称为"逆反"的行为现象有关：如果发现自己被人呼来喝去，人们可能会大为恼火——你叫我往东，我偏朝西去（温柔的支使也是支使）。

话说回来，有证据表明，在正当合理的范围内，人们要的越多，得到的往往就越多。哈加格强调的重点在于，由于第二组出租车司机设置了较高的默认小费选项，所以他们一年下来的收入增加了不少。起诉大型企业的律师有时会赢下金额达到天文数字的官司，部分原因是他们成功地把陪审团的"锚点"设在了动辄几百万美元（例如企业的年收入）的高点上。聪明的谈判专家常常能帮助自己的客户达成令人惊喜的交易。他们的做法很简单：刚一上来就开出极高的价码，结果对方迫不及待地按照这个天价的一半敲定了交易，还觉得自己占了大便宜。但也不要忽视了逆反心理，如果太过贪婪，最后很可能竹篮打水一场空。

可得性启发法

快问快答：在美国所有的枪击致死案中，是谋杀多还是自杀多？

在回答这类问题时，多数人会用到"可得性启发法"。人们会查询脑中浮现的现成例证，以此评判风险的可能程度。由于新闻媒体对谋杀案的报道更多，所以它们比自杀案更"现成"。这让人们更容易相信——错误地相信，枪击致死的谋杀案多于自杀案（实际上，涉枪自杀案件大约是谋杀案件的两倍多）。人们可以从中得到一条重要教训：在购买枪支时，人们常认为它们能保护自己的家人，但是，更大的可能是，这样会提高家庭成员用它自杀的可能性。

易接触性和鲜明性与可得性关系密切，它们同样发挥着重要作用。假如亲历过地震，你就会比那些只在双周杂志上读过地震新闻的人更容易相信地震或洪水的威胁。因此，形象的、易于想象的死因（如龙卷风）常常会被过分夸大地预估；相反，没那么形象逼真的死因（如哮喘发作）会遭到低估，即使后者的发生率远远高于前者（在这个例子里，后者的发生率是前者的 20 倍）。也是这个缘故，最近发生的事件通常会比先前发生的事件更多地影响我们的行为和畏惧心理。

可得性启发法可以帮助我们解释很多与风险有关的行为。这些行为既包括政府的预先防御决策，也包括个人未雨绸缪的决策。人们是否会购买自然灾害保险？这会在很大程度上受到人们近期经历的影响。[4]一场洪水过后，新的洪水保险总是会迎来销售高峰——不过这样的情况并不持久，洪水保险的销售会随之稳步下降，因为再鲜明的记忆也会慢慢褪色。无论洪灾的实际发生风险如何，经历过洪灾的人总是更有可能为自己购买洪水保险。[5]

对风险的估计一旦发生偏差，就会执着地影响我们对危机的绸缪与应对，影响我们的业务选择和政治进程。如果科技股表现强劲，人们很有可能买入，即使这时它已经变成非常糟糕的投资选择。人们可能会高估某些风险，例如核电站事故，那是因为新闻媒体对切尔诺贝利和福岛事故的报道无人不知。人们还会低估某些风险，例如中风，因为它们不会得到媒体的关注。这样的错误认知可能影响公共政策，因为有些政府会在配置资源时选择迎合人们的畏惧心理，而不是应对最有可能发生的危险。

面对可得性偏差的影响，如果我们能把人们的判断朝着真实可能的方向轻轻助推，那么，无论是个人决策还是政府决策，都可能得到改善和提高。想要提醒人们更多地防范某种潜在的危害，一种很好的办法是举例说明有关的问题和事件；想要提振人们的信心，一种很好的办法是给出类似的情况，在这些情况里，政通人和，百废俱兴。

代表性启发法

在最早的三种启发法中，第三种有个笨拙的名字：代表性。我们可以把它理解为"相似性启发法"。它说的是，如果判断 A 属于 B 类的可能性，我们会先问自己，A 与 B 的模样或模式究竟有多像（也就是说，A 在多大程度上"代表"了 B）。它和我们之前讨论的两种启发法一样，人们之所以用它，是因为它往往管用。套路有时是对的！

再次强调，在相似性与频率发生背离时，偏差就会悄无声息地潜入。要说明这些偏差，最为人熟知的例子莫过于琳达的故事——她是一个虚构人物。在一次实验中，受试者听到了如下描述："琳达今年 31 岁，单身，她是个心直口快的人，而且非常聪明。琳达学习的专业是哲学。在校期间，她非常关心社会歧视与公平问题，还参加过反核示威活动。"接下来，受试者会收到 8 个选项，都是琳达未来可能的模样。受试者要为这 8 个选项排序，根据是它们发生概率的大小。其中最关键的两个选项是"银行出纳员"和"在女权运动中表现活跃的银行出纳员"。

结果大多数人认为琳达更有可能成为"在女权运动中表现活跃的银行出纳员",而不是一个简简单单的"银行出纳员"。[6]

很明显,这犯了逻辑上的错误。从逻辑上来说,任何两件事同时成真的可能性都不可能大于其中一件事成真的可能性。琳达成为银行出纳员的可能性必然大于她成为女权主义银行出纳员的可能性,因为无论什么权主义的银行出纳员都是银行出纳员。是代表性启发法造成了这样的错误。正如斯蒂芬·杰伊·古尔德观察到的:"我知道(正确答案是什么),但是我脑子里好像有个小矮人急得上蹿下跳。他对我大喊着:'但是她不可能是一名普通的出纳员,读读题好吗!'"[7]代表性启发法和可得性启发法一样,它们常常是有用的,但是也有可能引发重大的谬误。

乐观与过度自信

塞勒有一门管理决策课。每年开课之前,学生们都要到课程网站上填写匿名调查表。其中一个问题是"请预估自己这门课的成绩可能处于哪个十分位区间"。学生们可以查看排在前10%、前11%~20%等各个区间的情况,以此类推。由于这是MBA(工商管理硕士)课堂,所以他们应该能清楚地意识到,无论具体分布如何,全班一定有一半人的分数在前50%,另一半在后50%,而且,全班只有10%的人最终能够排进前10%。

结果，这项调查的结果显示，班里的学生对自己的成绩表现出了不切实际的高度乐观。全班只有不到5%的人认为，自己的成绩会排在中位线以下（即后50%），一半以上的人认为自己能排进前20%。认为自己能排进前11%~20%的人最多。就像事先商量好的一样。在我们看来，最有可能解释这一现象的原因是谦虚——他们真心认为自己能进前10%，但是他们太谦虚了，不好意思说出口，所以姑且选择了第二个10%区段。

说到对自己能力的过度自信，MBA学生并不孤单。"中等偏上效应"的影响无处不在。有些研究表明，90%的司机认为自己的驾驶技术高于平均水平。几乎每个人都觉得自己比平常人更有幽默感，包括那些面容呆板、不苟言笑的人在内（他们从来不笑，是因为只有他们才懂得什么是真正好笑的！）。这一点同样适用于教授群体！一项研究发现，在大型高等院校里，大约有94%的教授相信自己的水平高于平均线。如果把所有类型院校的教授都算在内，这样的过度自信更是不言而喻了[8]（你说得没错，我们承认自己也有这个毛病）。

即使事关重大，人们也会不切实际地过度乐观。美国40%~50%的婚姻以离婚告终，而且绝大多数人都知道这个数字（更精确的数字很难搞清楚）。但是我们发现，在婚礼前后，几乎所有的夫妇都认为自己离婚的可能性为零——就连二婚的人都这么认为！[9]［塞缪尔·约翰逊曾经打趣说，二婚"就是（美好的）愿望战胜了（沉痛的）教训"。］类似的道理还适用于创办新企业的创业者。要知道，创业的失败率最低也有 50%。一项针对创业者（主要是小本生意的创业者，例如皮包公司、餐馆和美容美发店等）的调查提出了这样两个问题：（1）总体而言，做生意的成功率有多高？（2）贵公司的成功率有多高？结果最多的答案是 50%（第一个问题）和 90%（第二个问题）。还有很多人在第二个问题上回答 100%。[10]

不切实际的乐观可以解释很多个人风险行为，当涉及生活和健康时尤其如此。在展望未来时，学生们通常会认为自己在各方面的风险都远远小于同学，比如遭到解雇、发生心脏病或罹患癌症、刚结婚没几年就离婚或染上酒瘾等。年龄稍长的人会低估自己遭遇车祸或者患上重病的可能性。吸烟者都明白这么做在统计意义上的风险，甚至还会夸大这种风险，但是大多数吸烟者认为自己患上肺癌和心脏病的风险比别人低。彩票店老板那么赚钱，部分原因来自买彩票的人不切实际的乐观。[11]

不切实际的乐观是人类生活中无处不在的一大特征，它可以用来描述大多数社会范畴里的大多数人。如果高估了自己对疾病的免疫能力，人们就不可能采取恰当的预防行为。在 2020年和 2021 年新冠病毒感染疫情蔓延时，有些人在个人风险方面过度乐观，因此没有采取戴口罩等预防措施。助推同样可以帮助这些不可救药的盲目乐观者，让他们受益。实际上，我们已经提出一种可能性：拿一件糟糕的事提醒一下，人们可能就不会那么盲目乐观了。

得与失

人都是患得患失的。用专业的话来说，人都倾向于"损失规避"。大致来说，折损某物的可能性造成的痛苦感要比获得同一事物带来的幸福感强一倍。我们是怎么知道的？

有这样一个简单的实验。[12] 一个班里一半的学生每人得到一个马克杯，上面刻有母校的校徽。另一半的学生没有杯子，但是他们要仔细端详同桌的杯子。接下来，有杯子的要把它们卖给没杯子的，没杯子的要去有杯子的手里买。而且他们在做这件事时必须这样问："在每次报出价格时，请说明你是否愿意（卖你的杯子/买杯子）。"结果显示，有杯子的学生放弃杯子的出价大约是没杯子的学生希望获得杯子出价的两倍。这个实验做了几十次，用去了几千个马克杯，结果几乎总是一模一样。如果你有一个马克杯，你就不想放弃它。但是如果你没有，也不会急于买上一个。也就是说，人们通常不会为事物赋予具体的价值，它只在买卖时才有意义。

我们也可以通过打赌来衡量"损失规避"。假如我邀请你赌一把抛硬币，正面朝上，你赢 X 美元，背面朝上，你输 100 美元。请问，X 等于多少你才愿意赌？很多人的答案都在 200 美元左右。这说明，赢得 200 美元的可能性才够抵消输掉

100 美元的可能性。

损失规避会带来惰性，也就是希望保持现有一切的强烈愿望。如果你不愿放弃手中的事物是因为不想蒙受损失，那么你会拒绝本来可以进行的交易。另一项实验显示，一个班一半的学生收到马克杯（怎么又是马克杯），另外一半人手一大块巧克力。杯子和巧克力的价值相当。预测试显示，学生们既有可能选择杯子，也有可能选择巧克力。然而，当他们得到这些物品之后，在请他们自愿交换时，无论是用杯子换巧克力，还是用巧克力换杯子，结果都是只有十分之一的人选择交换。

损失规避与公共政策的关系极为密切。假如不想鼓励人们使用塑料购物袋，那么我们应当为自带环保袋的人发放小额奖金，还是请使用塑料袋的人支付同样的金额？证据显示，前一种方法完全没用，但是后一种方法效果很好，它极大地降低了塑料袋的使用量。人们不愿意损失钱财，就算是微不足道的小钱也不愿意损失 [13]（环保主义者朋友，请拿出小本儿记一下）。

现状偏好

人往往容易安于现状，这里的原因有很多。其中一项是损失规避，放不下是正常的，因为放下是令人痛苦的。但是这种现象的原因是多重的。威廉·塞缪尔森和理查德·泽克豪泽把这种行为称为现状偏好，它会出现在很多种情况下。[14] 大多数老师都知道，就算班里没有座位表，学生们也喜欢选择同样的座位。就算关系重大，现状偏好也会发生，而且它可能会耗费人们很多钱财。

举例来说，大多数人一开始会为自己的退休储存计划选择一种资产配置方案，然后就彻底忘了它。20世纪80年代末的一项研究考察了一种养老金计划。很多美国的大学教授都参加了这项计划。结果显示，终其一生，教授们对资产配置做出更改的中位数是——你可能不敢相信自己的眼睛——零！[15] 也就是说，在整个职业生涯里，一半以上的参与者根本没有更改过定期缴款方式。也许更能说明问题的是，很多人是在年轻时参与这项计划的，结果直到婚后多年，他们的受益人还是单身时填写的人——他们的母亲！我们会看到，投资行为中的惰性依然广泛存在于瑞典（见第9章）。

现状偏好很容易遭到利用。下面是一件真事：多年前，美国运通给桑斯坦发来了一封热情洋溢的信，告诉他可以任选5种杂志，免费赠阅3个月。① 多么划算的买卖！免费订阅太值了，就算平时不太看杂志，桑斯坦还是欣然选择了接受。但是他当时没有发现，如果他不主动取消订阅，3个月后会自动续订，而且他的账户会按照杂志的市场价格自动扣费。10年

---

① 年轻的读者朋友，杂志是一种每周印发的刊物。它会通过邮寄形式送到订阅者手上。杂志的主要特点是图片精美、资讯过时。

过去了，他就这样一直订阅着这些他从来不看，甚至厌弃的杂志，它们堆满了桑斯坦的房间。他总是说要退订，却迟迟没有抽出时间来。直到开始撰写本书的第一版时，他才终于取消了订阅。

造成现状偏好的原因之一是注意力涣散。很多人会掉进这样一种陷阱，我们称它为"'哦，管它呢'启发法"。最好的例子莫过于人们在无节制地刷剧时表现出的"延滞效应"。在大多数的流媒体平台上，如果你什么操作都不做，一集电视剧结束之后就会自动播放下一集。在这种时候，大多数观看者都会（在心里默默地）说"哦，管它呢"，然后接着看下去。就这样，本想睡前看一会儿，结果变成了熬夜刷剧。如果每一集的结尾都扣人心弦、悬念迭起，这样的情况就会更多见。桑斯坦绝对不是杂志自动续订的唯一受害者，如今，这样的做法早已蔓延到几乎每一种在线服务中了。那些主管发行的人很清楚，如果要求人们主动续订杂志，销量就会比较少；相反，如果设置为自动续订，而且人们只有打电话才能取消续订，那么续订的可能性会大大增加（我们在第7章讨论"胡推"时还会谈到这一点）。损失规避和漫不经心的选择结合在一起，就形成了一种重要的原因，它可以解释为什么一种选择一旦成为默认选项，往往会（但并不总是会）吸引大部分市场份额。默认选项因此成了强有力的助推方式。出于这个及其他原因，我们会在本书里经常谈到这一点。

措辞

假如有人患上严重的心脏病，医生建议他做手术——一台漫长而艰辛的手术。患者必然会问手术的存活率。医生回答："手术 5 年后，100 个患者有 90 个健在。"这位患者会怎么做？医生的话听上去让人心安，患者可能会踏踏实实地选择做手术。

但是，如果医生的措辞换个模样呢？假如医生说："手术 5 年后，100 个患者有 10 个死亡。"如果你和大多数人一样，那么你一定会觉得医生是在警告你，你很可能选择不做手术。人们会本能地琢磨："挂了的人真不少，我可不要成为其中的一个！"很多实验都表明，人们对"100 个患者有 90 个健在"和"100 个患者有 10 个死亡"做出了极为不同的反应——虽然这两种表述的内容完全一样。即使是专家，也会受到措辞的影响。如果听到类似"100 个患者有 90 个健在"而不是"100 个患者有 10 个死亡"的表述，医生更有可能向患者推荐这种手术。[16]

措辞在很多地方都是非常重要的。20 世纪 70 年代，信用卡刚开始成为流行的支付方式，零售商想为信用卡用户和现金用户设置不同的价格。为了阻止这样的事发生，信用卡公司颁布了规定，禁止零售商这么做。结果国会出台了法案，准备禁止信用卡公司颁布这样的规定。眼看着这项法案即将通过，信用卡公司的游说团队转变了方向，把重点放在措辞上。他们提出，如果一家零售企业在价格上对现金结算和信用卡结算区别对待，那就应当把信用卡结算价设为"正常"价格（也就是默认选项），把现金结算价设为折扣价，而不是反过来，把现金结算价说成是正常价格，把信用卡结算价说成是加价。

如此看来，信用卡公司从直觉上很好地理解了心理学家常说的框架效应。它说的是，人们的选择部分取决于问题的表述方式。这一点对政府公共政策非常重要。如今，节约能源得到了应有的广泛重视，请思考下面两种宣传口号：（1）采用节能方式，每年你可以节省 350 美元；（2）如果不采用节能方式，每年你会损失 350 美元。有证据表明，第二种宣传口号从损失的角度立论，可能比第一种宣传口号有效得多。如果政府想鼓励人们节约能源，第二种表述似乎是更加有力的助推方式。

和现状偏好一样，框架效应也会在人们时常漫不经心、被动消极的决策中变得更加昭彰。有没有人在面临决定时尝试重新表述，确定它会不会带来不一样的答案？没人愿意给自己添这份麻烦。人们不会去检查一致性，一个原因可能是，我们不知道拿矛盾如何是好。这说明，措辞可以成为强有力的助推，必须谨慎细心地加以选择。

我们如何思考：两种系统

我们在本章描述的各种偏差并不适用于每个人，而且它们在每个人身上的作用方式也不尽相同，这一点毋庸多言。确实，大多数人都过度自信、过分乐观，但并非每个人都如此。实际上，我们有一位好朋友，他的性格特点恰好与此相反——他从未满怀信心过，他总是在担心些什么，或者在同时担心很多事情。这位老兄就是丹尼尔·卡尼曼。两位作者有幸，都曾与他合著过论文或专著。上个星期看上去还很美的一篇论文或一个章节，这个星期突然就读不下去了，这种事情经常发生在他身上。卡尼曼总是不断地重新思考所有的事情，这一点尤其明显地体现在他的著作里。

这种特质让他在 2002 年获得诺贝尔经济学奖时做出了不同寻常的举动。获奖者要在斯德哥尔摩待上一个星期，还要做一次报告。大多数人选择与获奖作品有关的主题，用浅显易懂的语言给一群门外汉大概讲一讲。卡尼曼去了斯德哥尔摩，也做了报告。但他的报告独辟蹊径，充满了他的独特风格。他从一个全新的视角重新审视了自己与阿莫斯·特沃斯基（如果特沃斯基还在世，他会和卡尼曼分享诺贝尔奖奖金）的研究成果。他使用的认知心理学概念之前从未在他的研究中出现过。从宣布获奖到举办庆典，中间只有短短两个月的时间——而且是紧张忙乱的两个月。只有卡尼曼才会在这样的两个月里完全彻底地重新思考自己的已有著述。后来，卡尼曼的再思考经过了加工和扩充，成了畅销书《思考，快与慢》。

书名巧妙地道出了它的主旨思想。我们会在本章的剩余部分借用这一思想。大脑的运行可以想象成两个组成部分或者两套系统的结合。一套凭借直觉，速度较快；另一套依靠反思，速度慢一些。卡尼曼参照了心理学文献，并用其中的术语把这两套系统命名为"系统1"和"系统2"。本书两位作者中的一位老是记不住哪个更快（是系统1）。为了方便读者阅读，我们更喜欢在它们的名字里体现出快慢。所以干脆就叫它们"自动系统"和"反思系统"吧。

这一框架的使用有助于我们理解有关人类思想的一大谜团。为什么我们会在有些事情上独出机杼，却在另外一些事情上毫无头绪？贝多芬在失聪之后写出了冠绝古今的《第九交响曲》，这真是令人拍案叫绝的壮举。但是他经常拿错家门钥匙，这可能会让一些人惊诧不已。贝多芬究竟是天才还是笨蛋？答案是二者兼而有之。

卡尼曼依靠的心理学家和神经学家对大脑运行机制的描述相当一致。他们都认为，大脑能够帮助人们理顺看似矛盾的事物，让它们说得通。这种方式涉及两种思考类型的分野（见表1.1）。[17]

表 1.1　两套认知系统

自动系统	反思系统
不受控的	受控的
不需要人为	需要人为
联想式的	演绎式的
速度快	速度慢
无意的	自觉的
纯熟的	遵循规则的

下面这个故事可以说明两套系统是如何发挥作用的。桑斯坦有个 9 岁的儿子，名叫德克兰。这个孩子对玩具商店毫无抵抗力。明明知道新买的玩具只要一两天就玩腻了，可是无论父子俩什么时候经过玩具店，德克兰都会嚷嚷着要进去买点儿什么。桑斯坦很自然地给孩子简单普及了两套系统的知识：推着你走进玩具店的是系统 1，其实你的系统 2 清楚地知道，你的玩具早就够了。几个星期过去了，德克兰经过玩具店时一言不发，三过其门而不入，桑斯坦以为这个难题解决了。结果有一天，孩子特别认真地看着他问道："爸爸，我长系统 2 了吗？"

德克兰现在明白了，"自动系统"是直觉式的，而且它的速度特别快。这套系统根本不需要依靠我们平时常说的那种"思考"。比如，无意间有一颗棒球朝你飞过来，你会躲开它；飞机遭遇气流时你会紧张；看到一只可爱的小狗你会微笑。这些都是你的自动系统在发挥作用。虽然这里涉及复杂的神经科学问题，但是脑科学家可以肯定地告诉我们，自动系统的活动与人脑中最古老的一部分关系密切，蜥蜴的大脑中也有这么一部分（小狗也有）。[18]

"反思系统"则精妙得多，而且它是自觉的。如果有人问我们："411 乘以 317 等于多少？"我们就会用到这一系统。在确定一条路线，到达一个自己不熟悉的地方时，或者在决定报考法学院还是商学院时，大多数人也会用到这一系统。在我们撰写本书时，我们（在大多数时间里）用的也是这套反思系统。不过，有时在我们根本没有想到它时，比如洗澡或散步，有些想法也会不经意地冒出来。它们很有可能来自"自动系统"。（顺便提一句，许多选民在投票时很大程度上似乎依赖于自动系统。[19] 所以，如果某位候选人给人的第一印象很糟糕，或者他想通过复杂的论辩和数据的展示来赢得选举，那么他的麻烦大了。）[①][20]

对全世界的大多数人来说，听到摄氏温度时的反应来自"自动系统"，而听到华氏温度时的反应来自"反思系统"；对美国人来说，二者需要颠倒一下位置。人们在说母语时用的是自动系统，在努力使用一门外语时依靠的通常是反思系统。真

---

① 我们可以通过一种方法预测国会选举的结果，并且达到令人生畏的准确程度。这种方法很简单：拿候选人的照片给人们看，让他们说说谁看上去更有能力。我们用这种方法请学生预测选举结果，虽然他们并不知道候选人是何方神圣，但是他们的判断居然有 2/3 是对的！

正熟悉两门语言意味着两种语言的使用都依靠自动系统。棋道高手的直觉反应堪称绝妙，那是因为自动系统在帮助他们迅速评估复杂局面，同时实现了惊人的准确度和异乎寻常的速度。

为了理解这一切，我们可以把自动系统看作你的直觉反应，把反思系统看作你的有意识思考。直觉感受也可能是准确的，但是，如果过多地依赖自动系统，我们就会很容易犯错。自动系统会对我们说"飞机抖得厉害，我活不成了"，反思系统反驳说"坠机是极其罕见的！"；自动系统说"坏了，那只大狗要咬我"，反思系统说"大多数的狗是很温顺的"。还有，自动系统一开始不知道如何准确踢球，或远距离投篮。但是要注意一点，如果勤加练习，运动员可以绕开反思系统，直接依靠自动系统——达到这个程度的优秀运动员都知道，多想无益，"相信直觉"反而可能表现更好，或者也可以说，"做就是了"。

通过大量的重复，自动系统是可以训练开发的，但是这样的训练需要投入大量的时间和精力。青少年开车容易出事儿，一个原因是他们的自动系统还没有得到足够的锻炼，而使用反思系统需要较长的时间。桑斯坦特别希望德克兰能在考下驾照之前长出发育良好的反思系统。

请尝试下面的小测试。它可以帮助我们了解直觉思维是怎样发挥作用的。测试一共有3道题。每回答一道题，请写下脑中出现的第一个答案，然后停下来回头想想。

- 一支球拍和一粒球一共 1.1 美元。已知球拍比球贵 1 美元，问球多少钱？

- 你和两个人赛跑。当接近终点时，你超过了第二名。请问你是第几名？

- 刘波的妈妈有 4 个孩子。老大叫丽春、老二叫丽夏、老三叫丽秋，请问老四叫什么？

你的直觉给出了什么答案？大多数人的答案是：10 美分、第一和丽冬。这些答案都是错的。只要稍加思考，你就能想明白。如果球是 10 美分，已知球拍比球贵 1 美元，那么球拍就是 1.1 美元，它们加起来就是 1.2 美元，而不是题中给定的 1.1 美元。稍微动脑想一下最初答案（10 美分）的人都不可能这样作答，但是沙恩·弗雷德里克的研究发现，最普遍的答案是 10 美分，即使是聪明伶俐的大学生给出的答案也不例外。[21]

正确答案是 5 美分、第二名和刘波。我知道你知道，至少你的反思系统是知道的，如果你肯稍微动用它一下。经济人的重要决策里从不缺少反思系统的作用（只要时间允许）。但是人们有时会因大脑中的蜥蜴脑给出的答案而脱口而出，不肯询问一下反思系统（即使时间允许）。如果你喜欢看电视，可以想想《星际迷航》里的斯波克。他最为人熟知的特征就是反思系统永远在线。（柯克船长："斯波克先生，您堪比一台完美的计算机。"斯波克："过奖了，船长。"）相比之下，霍默·辛普森好像总是把反思系统落在家里。（有一次，霍默去买枪，店员告诉他，必须等上 5 天才能拿到枪，这是规定。霍默说："什么？要等 5 天？那会儿我早冷静下来了！"）

本书的一大目标是帮助霍默们找到办法，让这个世界变得更轻松、更安全（当然也为了我们每个人心中藏着的那个霍默）。假如可以更多地依赖自动系统而不陷入大麻烦，我们的生活就会变得更轻松、更美好、更长久。换句话说，让我们一起为"霍默星人"（理性经济人）设计政策。

该当如何？

人非圣贤，所以总是容易犯错。这一章的目的是对这种易错性做出检讨。此刻，我们脑海中浮现的画面是忙碌的芸芸众生，他们不仅要努力应对这个复杂的世界，而且根本没时间深入思考自己做过的每一个选择。我们都会采用合理的经验法则。它们通常是管用的，但有时也会把我们带入歧途，尤其是在比较困难或陌生的时候。由于人们都很忙碌，注意力有限，所以常常会对问题照单全收，人们通常不会过多地去想，换一种表述方式答案会不会有所不同。不揣冒昧地说，我们认为，人都是"可助推的"。即使是在面对人生中最重要的决定时，人们的选择也是可以被影响的。而这种影响的作用是标准经济框架无从预测的。为了说明这一点，这里再举一个例子。

芝加哥的湖滨大道是全世界风景最美的城市干道之一。它依傍密歇根湖岸而建。那里是芝加哥城区的东界，只要开车经过那里，芝加哥壮美的天际线就可以尽收眼底。这条公路上有一段连续的 S 形转弯，非常危险。在很长一段时间里，很多司机因为没有留意减速标志（25 英里①/ 小时）而冲出了路面。为了解决这个问题，市政当局采用了一个独树一帜的办法，鼓励司机把速度降下来。

一开进危险转弯区域，人们首先看到的是路面上的限速标志，然后是路面上连续不断的白色横条。这些横条上没有任何信息（车辆碾轧过它们时，驾驶者能感觉得到，但它们并不是减速带），它们在为驾驶者提供视觉信号。在刚开始出现的地方，横条是均匀分布的，当驾驶者接近转弯的最危险路段时，横条会变得越来越密集。这会让驾驶者感觉自己的速度正在变快（见图 1.3）。人在这时的自然反应就是减速。我们每次驶过这个熟悉的路段时，都会感到这些线条在对我们说话，温柔地敦促我们在进入弯道最危险处之前踩着刹车。我们就是这样被助推的。

---

① 1 英里 ≈1.61 千米。——编者注

图 1.3　芝加哥湖滨大道（感谢芝加哥当局供图）

第2章
抵制诱惑

　　早在塞勒读研究生的时候，有一次他请朋友（都是经济学者，当时大家都很年轻）到家里吃晚饭。开饭之前，他拿出了一大碗腰果，让大家一边喝饮料一边先垫垫肚子。没过几分钟，大家就发现那碗腰果快被吃光了，如果这样下去，客人们就不会有太多胃口享用即将上桌的美味了。塞勒果断地拿走了那碗腰果（他还没忘往自己嘴里塞上几个），把它藏到了厨房里，让客人们找不到它。

　　等他回到客厅，大家都很感激他，说幸亏他拿走了那碗腰果。他们的谈话立即转到了理论问题上：面前的一大碗腰果被拿走了，面对这样的事实，人们怎么会不怒反喜呢？（现在你总该明白，为什么出席晚宴的经济学者不能超过25%了吧？那条经验法则蕴藏着大智慧。）经济学（和日常生活）中有这样一条基本原理：选择变多了并不是坏事，因为你总归可以不选它们。在塞勒拿走那碗腰果之前，客人们的选择是吃腰果，或者不吃——现在他们没有选择了。在经济人的国度里，这并不是什么值得高兴的事，对他们来说，这没什么值得高兴的，甚至有些荒谬！

为了更好地理解这个例子，我们来想想客人的偏好随着时间的推移而变化的情况。7∶15，就在塞勒拿走腰果之前，客人们共有 3 个选择：A. 吃上几个腰果；B. 把腰果吃光；C. 停止吃腰果。排在第一位的选择是适可而止地吃上几个腰果，紧随其后的选择是停止吃腰果。最差的选择排在最后：把腰果吃光。因为这样会坏了吃晚饭的胃口。也就是说，选择的优先级顺序应该是 A > C > B。但是到了 7∶30，假如腰果没被拿走，客人们就会吃光它，也就是选择了排在最后的 B 选项。为什么人们会在短短 15 分钟里改变主意呢？或者，我们真的能说客人改变主意了吗？

用经济学的话语来说，客人表现出的行为是"动态不一致的"。人们一开始偏向 A 多于偏向 B，但是后来他们选择了 B，而不是 A。我们可以在很多地方见到动态不一致的情况。星期六的早上，人们可能会说，待会儿我要出去跑步。然而，下午到了，他们可能还窝在沙发里看橄榄球赛，或者无休止地刷上整整一季的新剧。

如何理解这样的行为？这里涉及两种因素：诱惑和不在意。至少从亚当夏娃的时代开始，人类就明白诱惑这个概念了，但是，为了理解助推的价值所在，我们还要多解释几句。

在说某个事物"很诱人"时，我们表达的究竟是什么意思？

美国联邦最高法院前大法官波特·斯图尔特说过一句非常有名的话，他说自己虽然无法准确定义什么是色情作品，但是"我一看到它就能认出来"。同样的道理，诱惑也是认出容易定义难，而且诱惑是个特别因人而异的东西。塞勒是个红酒控，一瓶难得一见的红酒摆在面前，如果不让他品尝一口，他是绝对不肯走的。桑斯坦不喜欢这种东西，他喜欢喝健怡可口可乐——大量的健怡可口可乐。在我们看来，说到诱惑，最重要的事实在于，它带给人们的兴奋感是随着时间的推移而变化的。

简单起见，我们姑且只考虑两个端点：炽热和冷静。萨莉饿急了，饭菜诱人的香味从厨房里飘过来。我们可以说，这时的萨莉处于炽热状态。星期二，萨莉在凭空想象星期六晚上吃点儿什么。这时她处于冷静状态。星期六下午到了，萨莉发现星期二计划的一盘沙拉好像不太够，可能需要一份比萨补充一下。处于炽热状态的人们想要更多东西，我们就可以说它是"诱人的"。但这并不代表冷静状态下做出的决定总是更好的。比如，有的时候，在尝试新鲜事物时，只有炽热状态才能帮助我们克服恐惧。甜品有时候实在太美味了，我们可以大吃一顿，第二天好好运动一下。有时候我们不妨坠入爱河。但是，处于炽热状态的人常常会惹出很多麻烦来。这一点我们都很清楚。

很多人都意识到诱惑的存在，并且采取措施克服它。说到这一点，最经典的例子莫过于尤利西斯。他面对的是海妖塞壬和她们令人无法抗拒的歌声。趁着自己还处于冷静状态，尤利西斯让所有船员用蜡把耳朵封起来，这样他们就听不到海妖要命的歌声了。他还让船员把自己绑在了桅杆上，这样一来，他既能听到海妖的美妙歌声，又不会向诱惑屈膝投降。这样他就不会把船开近海妖，让自己进入炽热状态了。

塞勒拿走了腰果，尤利西斯把自己绑在桅杆上——这属于"承诺策略"的例子（小提醒：说真的，我们把本书称为"终极版"的做法也是一种承诺策略）。如果陷入诱惑的风险是可以预料的，去除诱惑也是做得到的，承诺策略就能够发挥很好的作用。但是，很多时候我们无法准确预知即将发生的自我控制问题，因为我们往往会低估诱惑唤起的兴奋感。行为经济学家乔治·勒文施泰因把它称为"情绪温差"。这个概念极大地影响了我们对这个问题的思考。勒文施泰因最重要的发现是，即使意识到自己的行为会在兴奋时有所不同，人们也会低估这种效果的力量。冷静时的我们无法充分体会到在兴奋之情"的影响下"，我们的欲望和行为会发生多么巨大的改变。因此，我们的行为说明，关于具体情境对我们的选择会产生怎样的影响，我们的认识可能还很浅薄。

卢克正在减肥，但他答应出席一个商务晚宴。卢克的计划是只喝一杯鸡尾酒，不碰甜品。他觉得这很容易办到。但是请客的人点了一瓶红酒，服务员推来了一小车甜点，然后他所有的计划都落空了。还有珍妮特，她打算在促销季去百货商场逛逛，买些真正用得上的打折商品。结果她买回了一堆鞋子。它们可能没什么明显的用场，但是看上去漂亮极了，而且穿上去只是有一点点脚疼（但是打三折）。类似的问题也会影响吸烟者、饮酒者、运动强迫症患者和买包"治愈"症患者。

自我控制问题也可以这样解释，想象一下，每个人都有两个同时存在的自己：一个是富有远见的"计划者"，另一个是只看眼前的"行动者"。你可以把计划者视为自己的反思系统在说话，或者他就是附体在你身上的斯波克；把行动者看作自动系统的影响结果，或者每个人心里藏着的那个霍默·辛普森。为了长远福祉，计划者一直在努力奋斗着，但他不得不应付行动者的感受、捣乱和强烈的意图。而行动者往往对诱惑毫无抵抗力，动不动就兴奋。神经经济学研究发现的证据与这种自我控制的双系统概念是一致的。大脑的一部分会受到诱惑，同时，其他部分会准备就绪，会对我们的应对方式做出评估，帮助我们抵制诱惑。[1]大脑的这两个部分有时会陷入激烈的冲突——非要一决雌雄不可。（我们无意在这里与神经经济学唱对台戏，人脑非常复杂。）

自我控制策略

认识到了（至少部分认识到了）自身的弱点，我们有时就可以采取办法从外界寻找帮助。比如，我们会列出清单，帮助自己记住要在超市买些什么（包括不买什么）；我们买来闹钟，帮助自己在早上按时起床；我们会请朋友们阻止我们吃甜品，或者强化我们戒烟的努力。我们买来的汽车里充满了各种助推方式，它们会在危险的情况下提醒我们。在这些情况下，我们的计划者会通过行动控制行动者的做法，通常是借助改变行动者面对的激励做到的。

不幸的是，控制行动者的缰绳可不是那么容易挽住的（想象一下，你能控制霍默·辛普森吗），就算计划者使出浑身解数，也可能徒劳无功。闹钟（即使是手机闹铃）就是个足以说明问题的例子。乐观的计划者上好了早晨 6：15 的闹钟，排满了第二天的日程，可是赖床不起的行动者关掉了闹钟，足足睡到了 9：00。这可能会引发计划者和行动者之间的激烈斗争。于是，有些计划者会把闹钟搁在房间的另一边，这样至少能让行动者爬起来、走过去，才能把它关掉。可是只要行动者一爬回床上，一切就会前功尽弃。幸运的是，勤劳的企业人有时会助计划者一臂之力。

落跑闹钟（Clocky）就是个好例子（见图 2.1）。它是一款"如果你不从床上爬起来，它就会逃跑并且藏起来狂叫的闹钟"。有了落跑闹钟，计划者可以设置小睡时长，允许行动者再眯上几分钟。时间一到，它就会从床头柜上跳下去，一边发出恼人的声音，一边满屋子乱跑。关掉这个讨厌玩意儿的唯一办法就是爬下床找到它。等到那个时候，就算睡得再昏沉的行动者也早已睡意全消了。[①]

落跑闹钟™

产品介绍

Clocky®（专利申请中）是一款特别的闹钟。如果你不按时起床，它会逃跑并把自己藏起来。闹铃响起时，如果你按下了小睡键，它就会从床头柜上滚下去，跳到地板上，然后快速滚走，它长得并不像小鹿，但它会到处乱撞，累了就找个地方歇会儿。等到再响时，你只能爬起来找到它，否则它会一直叫到海枯石烂。Clocky每天都能找到新的地方藏身，很像是在和你捉迷藏。

Clocky的设计宗旨是重新诠释闹钟。我们并不是把日常闹钟变得面目可憎，让人感到重重压力；相反，我们提供的是一款讨喜的产品，是人与技术的更好搭配。

图 2.1　落跑闹钟广告

---

① 我们是在撰写本书第一版时发现 Clocky 的。当时，桑斯坦的女儿埃琳正在读高中。她有时会因为赖床而上学迟到。桑斯坦觉得买一个 Clocky 是个好办法。等到埃琳一搞懂它是怎样工作的，马上把它扔向满怀慈爱的老父亲。

计划者有多种策略来控制桀骜不驯的行动者，不过它有时也可以借助一些外力。我们接下来会更多地谈到私营机构和公共机构能为此做些什么。就日常生活而言，非正式的打赌算是一项策略。多年前，塞勒帮助一位年轻同事使用过这种策略。那位同事（我们就叫他戴维吧）当时已经被大学聘为正式教师了。大学认为他会及时完成博士学位，按时毕业，按时到岗，再不济也要在到岗一年内取得博士学位。激励戴维完成论文的因素有很多，包括强有力的财务激励：在他毕业之前，大学给他的是讲师待遇，而不是助理教授待遇，并且没有为他定期缴纳养老金，那份养老金大约等于他工资的10%。戴维内心的计划者深知，他应该停止拖延，赶紧完成论文，但是他的行动者醉心于很多其他的、更令人兴奋不已的项目，一直在搁置撰写论文这份枯燥的苦差事（思考新想法总归比记录旧想法好玩儿多了）。

这时，塞勒挺身而出。他和戴维打了个赌。戴维要先给塞勒写一沓支票，每张100美元。在接下来的每个月里，只要戴维没有在最后期限（月末最后一天24：00之前）把新一章的论文塞到塞勒办公室的门缝里，塞勒就可以在第二天（新一个月的第一天）兑现一张支票。而且塞勒保证，他会用这笔钱举办聚会，但是不会邀请戴维（那时的100美元可比现在值钱多了）。4个月后，戴维按时完成了他的论文，没有一次错过最后期限（虽然大多数章节的时间戳显示，这些文章都是在午夜之前的几分钟打印的）。这件事很好地启发了我们一点：尽管大学给戴维的财务激励远远大于每月 100 美元，但是塞勒的这种刺激方式还是奏效了。

之所以奏效，是因为如果塞勒兑现了支票，用戴维的钱办了聚会，戴维因此感到的痛苦要强烈得多；和这种痛苦比起来，缴存的养老金显得既苍白又抽象。后来，塞勒和其他同事也说了这个故事。他们一度"威胁"塞勒说，也要加入这项刺激计划，同塞勒竞争。虽然塞勒强调指出，要想做成此事，先要让人们知道自己足够浑，真的会跑到银行去兑现支票，但是这好像于事无补。

好友有时可以一同采用这种打赌策略。约翰·罗马里斯和迪安·卡兰是两位经济学家。为了减肥，他们采用了一项异想天开的安排。早在研究生院攻读经济学时，约翰和迪安就发现自己在变胖，他们担心到开始找工作时，情况会变得更糟糕，因为未来的用人单位可能伙食特别好。于是，他们约定了一项协议，每个人要在 9 个月里减掉 30 磅[①]体重，谁没有完成，就要给对方 1 万美元。这对他们来说是很大一笔钱。协议的结局皆大欢喜，两个人的目标都实现了。

接下来，他们又开始挑战更困难的减肥任务。他们约定的规则是，他们中的任意一人可以在随便哪一天要求两人量体

---

① 1 磅 ≈0.45 千克。——编者注

重，第二天上秤报数。谁超过了目标体重，就要按照事先约定的金额付钱给对方。他们在 4 年里发起过多次体重抽测，只有一次一人超标（由此而来的罚金立即全额兑现）。我们应当注意到，和戴维写论文的那场赌局一样，迪安和约翰都知道，如果没有打赌的刺激，他们一定会过度饮食——就算明明知道自己需要减肥也没用。后来他们叫停了打赌，不过迪安协助开办了一家名叫 Stickk.com 的公司，帮助人们完成类似的友好承诺。这家公司的网站显示，它目前管理着大约 5 000 万美元的线上"赌金"，成立至今，它已经完成了 50 多万次约定。

在有些情况下，人们可能希望政府帮助他们解决自我控制问题。政府之所以会果断禁止某些事物，例如毒品等，一个可能的原因是人们根本无力抵抗它的诱惑。政府出台的法律规定，人们必须系好安全带，要为退休存钱，开车时不许发信息，等等。规定和禁令是纯粹的家长作风，而不是自由意志家长制，虽然其中常常关系到第三方利益。但在不涉及第三方时，政府的作用可以少一些侵入性。比如烟草税，它既能抑制烟草消费，又不会彻底禁止它，这可能会让吸烟者受益。人们有意针对含糖量征税的想法也可以做出类似的解释，它们可以对抗"内部性"，内部性是有害的，它是我们对未来的自己的戕害。为了帮助人们戒赌，有些政府做过这样的尝试：嗜赌成瘾的人可以选择把自己放进黑名单，让自己进不了赌场大门。没有人逼着他们这么做，被赌场谢绝进入也近乎没有成本，所以这种方法真的称得上我们所说的自由论。

说到政府实施的自我控制策略，一个有趣的例子是"日光节约时间"（它在很多地方也被称为夏令时）。调查发现，很多人（虽然不可能是所有人）都认为夏令时是个很棒的想法，这主要是因为人们可以在夏日黄昏"额外"享受一个小时的日光。当然，一天的日照小时数是固定的，把表往前拨一个小时无法增加一厘一毫的日光。但是，就是拨快一个小时这么简单的改变——早上六点变成了早上七点，助推我们早一个小时醒来。而且我们有了更多时间在傍晚散步，这样算下来，我们还节约了能源。

市场可以在很多情况下提供自我控制方面的服务，根本不需要惊动政府。类似 Stickk.com 的企业可以帮助计划者对付行动者，并且从中获得正当利润。一种特别的金融服务机构为我们带来了有趣的例子。这种机构曾经广受欢迎，现在仍有一小部分还在运行，那就是"圣诞储蓄俱乐部"。它们通常是这样运行的：11 月（美国感恩节前后），客户在本地银行开一个账户，承诺在下一年每个星期存入某一金额（比如 10 美元）。账户里的钱一年内不能提取。等到这笔钱可以取出时，刚好赶上当年的圣诞购物季。那时的银行真的会向储户支付利息，但是利息率很低，接近零。

现在让我们用经济学术语来思考圣诞储蓄俱乐部。这是一种不具备流动性的账户（储户在年底之前无法支取），它的交易成本很高（几乎每个星期都要去银行存钱），而且它的回报率接近零。经济学专业的学生可以不费吹灰之力地证明，这样的机构是不可能存在的。然而，很多年来，圣诞储蓄俱乐部受到了广泛的欢迎，投资金额数十亿美元。它们如今仍然存在于小型地方银行和社区信用合作社。[2]

怎么会这样？如果我们认识到自己正在谈论的是普通人，而不是经济人，这种俱乐部的吸引力就不难解释了。有的家庭没有足够的现金购买圣诞礼物，他们的办法是加入圣诞储蓄俱乐部，强制自己存钱。只要有足够的钱买礼物，每周存钱的不便和一点点利息上的损失实在是小菜一碟。回头想想那位把自己绑在桅杆上的尤利西斯就明白了——不能取款实际上是加分项，而不是减分项。从很多方面来看，圣诞储蓄俱乐部就是成年人的小猪存钱罐，它的设计初衷就是存钱容易取钱难。储户无法随时取钱，这一事实正是整个设计的重点所在。

如今，圣诞储蓄俱乐部没那么常见了。信用卡的问世让大多数家庭觉得它不再必要。[①] 因为圣诞节购物可以打白条，所

---

① 虽然圣诞储蓄俱乐部不再流行，但是大多数美国人仍在使用一种无息储蓄手段，我们可以称其为"复活节账户"。四分之三的美国人会在纳税申报之后获得退税，平均金额在 3 000 美元以上。如果把这笔钱描述成人们借给政府的无息贷款，它们可能不会那么受欢迎。虽然纳税人可以随时调整扣缴率，降低退税金额，而且人们在理论上可以获得这些资金的利息，但是很多人更愿意把它当作一种强迫自己存钱的手段。等到退税到账时，感觉就像捡到了一大笔钱。

以很多家庭觉得没必要提前存钱了。当然，这并不是说新的办法在所有方面都更好。没有利息，也不能随时支取的储蓄看上去也许很傻，它显然比不上有息存款，但是赚不到利息总好过支付 18%（甚至更高）的信用卡借款利息吧。

信用卡与圣诞储蓄俱乐部的市场之争很好地说明了更加普遍的一点，我们现在来讨论它。市场为企业提供了强有力的激励，推动它们满足消费者的需求；企业在满足这些需求的过程中相互竞争，无论这些需求是不是最明智的选择。一家企业可以设计出聪明的自我控制机制，例如圣诞储蓄俱乐部，但是它无法阻止其他企业向需要周转的人借钱。信用卡和圣诞储蓄俱乐部是相互竞争的，而且它们实际上来自同样的机构——银行。由此可见，竞争并不总是能压低价格，也不总是能带来对消费者最有利的结果。即使如此，也有大量的应用程序是专门设计用来帮助人们抵制诱惑的。现成的例子有很多，包括 Daily Budget、Lose It!、Flipd 和 Mute 等。

然而，在我们努力做出好的选择时，充满竞争的市场会千方百计地诱使我们放弃最后一丝抵抗力，投入坏选择的怀抱。芝加哥的奥黑尔机场有两个小吃摊，它们隔着一条过道，彼此竞争。一家卖的是水果、酸奶等健康食品，另一家卖的是肉桂卷——一种诱人的甜品，热量高达 880 卡路里，脂肪含量 37克。你的计划者也许要往酸奶和水果那边走，但是肉桂卷老板成心把烤箱对准了过道，让那罪恶的香味萦绕在自己的店门口。你问我到底哪家排的队更长？这还用猜吗？

心理账户

闹钟和圣诞储蓄俱乐部都是人们用来解决自我控制问题的外在凭借。对付这种问题的另一种办法是借助内在控制系统的力量，它也被称为"心理账户"。所谓心理账户，就是家庭用来评估、监管和处理家庭预算的一套体系（它有时是隐性的）。几乎每个人都在使用心理账户，只不过有些人没有发觉它的存在。

演员吉恩·哈克曼和达斯汀·霍夫曼的一段故事可以恰到好处地说明这个概念。这段故事的讲述者是哈克曼，大家可以在网上找到这段视频。[3]在演艺生涯初期，他们都是生活拮据的小角色。有一天，哈克曼到霍夫曼的公寓做客，霍夫曼向他借钱，哈克曼答应了。接下来，他们走进了霍夫曼的厨房，哈克曼发现台面上放着好几个带盖的大玻璃罐子。这些罐子上贴着标签，有的写着"房租"，有的写着"休闲娱乐"。它们排成一排，有的里面塞满了钱。哈克曼问霍夫曼，既然你有这么多钱，为什么还要找我借？霍夫曼指了指那个上面贴着"饭钱"标签的罐子——里面空空如也。[1]

---

① 视频链接：https://youtu.be/t96LNX6tkoU。

由经济学理论（和简单逻辑）可知，货币是同质化的。也就是说，钱本身是没有标签的。"房租"罐子里的 20 美元和"饭钱"罐子里的 20 美元可以买到同样多的食物。然而，很多家庭用心理账户打破了这种同质化，很多组织也会这样做，原因是一样的：要控制开支。绝大多数组织都会为各种各样的活动制定预算，每个在这种组织工作过的人也许都体会过这样的挫败感：你无法购买一件重要的东西，因为与此相关的预算不够。而且你无法使用其他账户里还未动用的资金，就像达斯汀·霍夫曼不肯使用"房租"罐子里的钱一样。

在家庭层面，打破同质化的情况比比皆是。其中最有创意的例子来自一位我们认识的金融学教授。每年年初，他都会在心里圈出一笔钱，准备捐给当地的一个名叫 United Way 的慈善组织。然后，在接下来的一年里，如果发生了什么小灾小难，比如超速罚单等，他就从 United Way 那笔善款里扣除相应的损失。这相当于他的一种"心理保险"，用来弥补钱财上的小小损失。①

我们还可以在赌场里看到心理账户的作用。有的人手气不错，一开始就赢了些钱。你可能会发现，他把赢来的钱放在一边的口袋里（他在心里为这笔钱开了户），把自己带来的赌金

---

① 也许你会担心，这会不会让 United Way 得不到教授的善款，其实不必担心。这位教授非常慷慨，他会保证年初预留的金额足够多，可以弥补所有的小灾小难，并且绰绰有余。

放在另一边的口袋里（它属于另一个心理账户）。赌客们甚至为此发明了专门的术语。赌场也被称为庄家，所以，刚赢到手的钱就叫"庄家的钱"。拿这些钱来赌就是"用庄家的钱博彩"，说得好像这些钱和其他钱有什么不一样似的。实验表明，如果把一笔钱看作庄家的钱，人们会更舍得拿来赌。[4]

同样的心理也会影响那些从不赌博的人。如果投资（比如炒股）赚到了钱，人们乐意用"赚到的钱"来冒更大的风险。举个例子，20 世纪 90 年代，每当股票价格大幅上涨时，心理账户就会明显发挥作用，许多人甘冒越来越大的风险，因为他们理直气壮地认为，自己用来玩股票的钱都是过去几年赚到的。等过了没几年，同样的情况又发生在投机房地产的投资者身上。同样的道理，如果得到一笔意外之财，人们冲动购买奢侈品、大肆挥霍的可能性就会变大很多。但他们往往不会用多年的积蓄做这样的事，虽说这些存款也是随时可以取用的。

心理账户之所以重要，是因为它们被当作非同质化的对象。虽说达斯汀·霍夫曼（和他的父辈）使用的大玻璃存钱罐在现代经济生活中已经难得一见了（在有些贫穷国家还能见到），但很多家庭仍在为不同的用途规定不同的账户：子女教育、度假、困难时期、退休养老等等。很多时候它们就是分在不同的银行账户里，而不完全是一本心里的总账。这些账户的严格性不容亵渎，有时还可能引发看似荒诞的行为，比如有人同时贷款和放贷（利息率不同）。我们会在第 10 章进一步谈到这些问题。

当然，很多人在存钱方面并没有遇到问题。实际上，有些人的麻烦发生在花钱上面！如果这个问题发展到极端，当事人就会被称为守财奴。不过即使是平常人，也有可能觉得自己在日常生活中有些亏待自己。我们有个朋友，名叫丹尼斯，他用一种非常巧妙的心理账户策略来处理这个问题。虽然他和妻子都有全职工作，但是丹尼斯一度搜集各种社保账单。多年来，他非常善于存钱（这部分归功于他的工作单位，那家公司的强制养老计划非常慷慨大方），丹尼斯想趁着身体健康时做些自己喜欢的事（特别是去巴黎旅行，享用各种美味佳肴），而且不会因缺钱而作罢。于是，他专门开了一个储蓄账户，把社保报销的钱直接存在里面。他把这个账户称为"花账"。听说丹尼斯买了一辆漂亮时髦的电动自行车，它是这个账户的最近一笔支出。

对我们每个人来说，心理账户都可能是极富价值的。它能让我们的生活变得更愉悦，也更安全。一个雷打不动的"备荒"账户足以应急，一个"休闲娱乐"账户用来放松。这样两个账户可以让我们很多人受益匪浅。对心理账户这个概念的理解还可以让政府受益，帮助其改善公共政策。我们会在下文谈到，假如要鼓励储蓄，可以找到哪些心理账户（或银行账户）是人们不愿动用的，然后引导人们把更多的钱存入这些账户。搞清楚这一点非常重要。

第3章
从　众

经济人（和一些我们认识的经济学者）是比较不合群的动物。只有能从对方身上得到些什么时，他们才会同他人交流；他们也很在意自己的名声（因为好的名声是非常值钱的）；如果能获得实质信息，他们也会向别人学习。但是，经济人绝不是潮流的跟随者。除非有实际需要，否则她们的裙摆不会时高时低；他们通常不打领带，就算打，也不会因赶时髦而时宽时窄（顺便说一句，领带最早是用来擦嘴的，它们最初的实际用途相当于现在的餐巾纸）。反过来看普通人，他们常常受到别人的影响，包括不该有的影响。

无论在市场领域还是在政治领域，轰轰烈烈的社会变革恰恰都始于微不足道的（甚至是意外的）社会助推。一位声望卓著的名人可能申明了一种观点或者投身一项行动，向他人释放出了某种信号，表达了某种许可，或者打开了一个口子，人们接下来就会做出一样的事。这种看法或行动也可能来自没那么有号召力的普通人，但他们也许极具献身精神，或者他们以某种方式吸引了公众的注意力，再或者他们让一项业务，甚至是一种文化流行开来。这可能涉及一项产品、一本书、一种想法、一位政治候选人或一项事业。有的时候，涓涓细流可以变成滚滚波涛，尤其是在社交媒体的推波助澜下。

这一章的任务是理解社会影响为什么会起作用，它们是如何发挥作用的。对选择架构者来说，了解这些影响是非常重要的，原因有二。第一个原因，大多数人都是向他人学习的。当然，这通常是件好事。向他人学习是个人和社会成长发展的必经之路，不过我们也有很多最严重的错误认识同样来自他人。问题在于，我们从这种交往互动中学到的东西未必是对的。在社会影响的作用下，人们的认识可能是错误的，也可能是偏颇的，在这种情况下，一定程度的助推就可以发挥作用。这个命题对我们的目标之所以重要，第二个原因在于，最有效的助推（无论是为善还是作恶）恰恰需要借助社会影响的力量。

2020 年的春天和夏天，在我们居住的地方（加利福尼亚北部和波士顿），大多数人选择在公共场所佩戴口罩，以应对新冠病毒感染疫情——但是在美国其他地方，很多人（包括德高望重的政治领导人）非常招摇地**不戴**口罩。多种社会影响同时作用，有的鼓励人们戴口罩，有的则打消人们戴口罩的念头。我们需要记住一点：告诉人们**一种新的常态正在形成**（比如可持续发展），他们有可能创造一个自我实现的预言。[1] 面对历史，很多人不愿站在错误的一边。如果知道越来越多的人正在做某件事，他们也许会认为原本看起来很困难，甚至是不可能的事情是可以做到的，甚至是非做不可的。

社会影响可以分为两大类。第一类主要涉及信息问题。如果很多人都在这样做或这样想，他们的行为和想法就会向你传达一种信息，告诉你怎样做、怎样想才是最好的。如果人们注意在遛狗时捡拾粪便、系好安全带、开车不超速、为退休存钱、平等待人或者注意佩戴口罩，你可能就会认为这样做是对的。第二类主要涉及同辈压力。如果很在意别人怎样看你（你可能以为别人很关注你的一举一动，这纯属误解，详见下文），你可能就会随波逐流。这样可以避免引发众怒，或者可以讨大多数人的欢心。新冠病毒感染疫情期间，在很多地方，如果没戴口罩进入公共场所，你就会遭到白眼，甚至更糟糕。与此同时，在另外一些地方，如果戴了口罩，你就会遭到白眼，甚至更糟糕。

为了快速预览社会助推的作用，先来看几项研究发现：

- 如果十几岁的少女见到同龄人当了妈妈，更有可能早孕。[1]2

---

① 在这个例子和列表中的其他例子里，我们省略了"其他情况保持不变"这句话。也就是说，在这里，我们想说的是，在导致少女怀孕的其他因素保持不变的情况下，见到同龄人怀孕会增加自身怀孕的可能。

- 如果有员工把雇主告上法庭，同一团队里的员工更有可能做出同样的事。[3]

- 广播公司会相互效仿，在节目制作上形成令人费解的潮流[4]（想想乍兴乍衰的真人秀节目、游戏节目和歌舞比赛，想想科幻小说的兴起、衰落和回潮，等等）。

- 大学生的学业会受到同龄人的极大影响。因此，为大一学生随机分配宿舍或室友，很有可能会极大地影响他们的成绩，进而影响他们的前途。[5]（家长们也许应该少操心一点儿孩子上哪所大学，多关心一点儿他们的室友是什么样的人。）

- 在美国的司法系统中，由3位法官组成的小组中的联邦法官会受到同组法官意见的影响。典型的共和党法官如果与两位民主党法官同组，就会显示出相当明显的自由主义投票模式；同样，典型的民主党法官如果与两位共和党法官同席而坐，就会表现出保守主义的投票模式。无论来自哪一党派，如果一位法官与至少一位由对立政党的主席指定的法官同组，那么他都会表现出温和得多的投票模式。[6]

至少我们可以说，人是很容易受他人影响的。为什么？一个原因在于我们都喜欢随大溜。

像别人那样做事

假设你参加了一个6人小组，进行视觉感知测试。你要做的事情很简单：一张大白卡片上画着一条线段，你要把它同另外3条线段做对比，找出长度与第一条完全相等的那条。

这个测试的前三轮进行得轻松愉快。测试者轮流登场，大声说出匹配的线段，每个人都同意其他人给出的答案。这活儿一点儿都不难。到了第四轮，怪异的事情发生了。你被排在最后一个上场，而且前面5个人的答案明显是错的。他们选错线段了！现在轮到你了，你会怎么做？

如果你和大多数人一样，肯定会觉得自己在这个测试里的行为很好预测。你心里怎么想，就怎么说出来。你会按照自己看到的样子给出答案。你拥有自由之思想，独立之精神，一定会如实作答。但是，如果你是个普通人，并且真的参加了这个测试，你很可能会照着前面的人的样子，以他们的答案为答案，否定亲眼所见的证据。

20世纪50年代，杰出的社会心理学家所罗门·阿希开展了一系列的类似实验。[7]在独立决策时，参与者看不到别人的判断，结果几乎从未出错——因为这项实验的内容非常简单。但是，当人们可以看到别人的答案，而且这些答案都是错误的时候，当事人出错的情况超过 1/3。在全部 12 个问题中，近 3/4 的人至少会有一次选择错误地从众，生生否定自己亲身得到的证据。值得注意的是，在阿希的实验里，人们选择跟从的决定来自陌生人，他们也许再也不会见面。所以，人们并没有什么特别的理由希望赢得那些陌生人的欢心。

阿希的研究发现似乎抓住了人类的某种共同之处。从众实验在 130 多项研究中得到了复制和扩展，走遍了 17 个国家，包括扎伊尔（现刚果民主共和国）、德国、法国、日本、黎巴嫩和科威特等。[8] 总体而言，错误模式，即人们会在 20%~40% 的情况下跟从明显错误的判断，在国家与国家之间表现出了令人着迷的差异性，但是每个国家的人从众程度都比较高。20%~40% 看上去可能没那么高，但是不要忘了，这个实验里的正确答案非常明显，这样的错误相当于指鹿为马。

人们有时竟然会否定自己的亲身感受，这究竟是为什么？我们大致总结出两个原因。第一个原因是，他人的回答似乎在传达某种信息。第二个原因涉及同辈压力，以及不想面对群体的反对。在阿希的实验里，有几位从众者在私密采访中表示，他们一开始的认识肯定是不对的。假如房间里的每个人都接受某项观点，或者以某种方式看待某一事物，你可能也会认为他们是对的。奇怪的是，脑成像研究表明，当人们处于阿希式的研究环境并且选择从众时，他们真的会看到其他人所说的那个样子。[9]

另一方面，社会学家发现，同样是在阿希实验的基本场景里，如果采用匿名形式作答，从众现象会变少。如果知道其他人能看到自己说些什么，人们就更有可能选择从众。有的时候，即使认为或者明明知道其他人是错的，人们也会照样选择随波逐流。一致的意见会产生最强有力的助推——即使涉及的问题非常简单，人们本该看出其他人都是错的。[10]

阿希实验的答案很明显，判断起来也很简单。大多数时候，判断一条线段的长度并不难。如果问题变得难一点儿，又会如何呢？对我们的研究目的来说，这个问题非常重要。因为我们特别感兴趣的问题是，在面对既陌生又困难的问题时，人们是怎样被影响的？可以怎样影响他们？早在 20 世纪 30 年代，心理学家穆扎费尔·谢里夫针对这个问题就开展过一系列关键实验。[11] 在谢里夫的实验里，人们坐在一间小黑屋里，在他们前方一段距离之外，会亮起一个小小的光点。这个光点实际上是静止的，但是，由于一种名为"游动效应"的错觉，它看起来好像是游移的。谢里夫会在每一场实验里请受试者估计光点移动的距离。在单独作答的情况下，受试者的答案不尽相同，而且每场之间的差别极大。这再正常不过了，因为光点是静止不动的，所以对它的移动距离所做的任何判定都是胡乱揣测的。

但是，当谢里夫把人们组成小组，让受试者在所有人面前作答时，他发现了极其明显的从众效应。这时，个体判断出现了汇聚，小组形成了标准答案，迅速确定了一致认同的距离。随着实验不断进行，有些小组的标准答案一直保持稳定不变，最后的结局是不同的小组给出了相当不同的判断，而且都对自己的答案相当肯定。这里出现了一条重要的线索，那就是，仅仅由于起点上的一般，甚至任意的变化，看上去非常近似的群体、城市甚至国家，就可能产生极其不同的信念和行动。

谢里夫还在他的实验中尝试了助推。他在参与者中加了一个托儿——他的助手，而且人们都不认识这位助手。结果实验出现了新情况。这位助手自信满满、言之凿凿地发表了自己的看法，结果，他的判断极大地影响了受试者的判断。如果他的估计远远高于其他人，小组给出的估计就会变大；反过来，如果他给出的估计非常低，小组的估计就会变小。同样是微不足道的助推，一旦同强烈的自信一起被表达出来，就可能对一群人的结论产生巨大的影响。在谢里夫实验的几十年后，社会学家发现了"信心启发法"：人们通常认为，信心十足的人说的话一定是对的。我们可以从中得到一个非常明显的教训：无论是在私营领域还是在公共领域，始终如一、坚定不移的人能让大众和他们的行为朝着自己偏好的方向转移。人们可以从中获得一个重要的启发，在一个群体中，高级领导者如果想了解年轻员工的真实想法，就会单独找他们谈话（避免员工之间的相互影响），最重要的是，领导者会让员工先说出他们的看法，然后才表态。

更奇妙的是，群体的判断会完全内化为成员自己的想法。他们会长期秉持这些判断不变——即使离开了群体、独立表达；即使过了一年之后；甚至即使加入别的群体，而新同伴的看法完全不同。不仅如此，最初的判断还会在"一代又一代的"同等实验对象之间发挥长远的影响。就算实验对象更新换代，初代参与者早已离开，现有参与者都是崭新的，最初的判断也会盘桓不去。[12] 人们用谢里夫的基本方法进行了一系列实验，他们随意判断光点的距离，结果它变成了一项"传统"，而且这种传统会变得越来越根深蒂固。这意味着很多人最后选择了听信它，尽管它只是信口开河的结果。[13]

　　很多传统明明就是随意的，也就是说，它们既说不通，也没什么用，为什么能动辄走过数十年、数百年，依然长盛不衰？答案就在这里。我们还可以看到，为什么群体会沦为"集体保守主义"的牺牲品：即使新的需求已经出现，群体也倾向于固守既有的模式。一种做法一旦成为通常的惯例（例如打领带），即使它已经没有存在的理由，也有可能天长日久地延续下去。当然，很多传统之所以经久不衰，是因为它们对人们有所帮助。有时，一项传统可能会延续很长一段时间，并且得到很多人的支持（至少是默认），即使它最初是少数人（甚至是一个人）助推的产物。如果能够清楚地看到某项做法引发了严重的问题，一个群体当然可以做出转变。但是，如果只是不确定，人们就会把一贯的做法延续下去。"这是传统！"

从阿希基本方法中派生而来的很多实验在许多不同类型的判断中发现了明显的从众效应。[14]下面这个实验结果可供参考。受试者面对的问题是："在下列 5 个选项中，你认为哪一个是现今我国面临的最严重的问题：经济衰退、教育设施、颠覆活动、心理卫生、腐败与犯罪？"在单独作答时，只有 12% 的人选择了"颠覆活动"。而在知道一群人的答案（这群人全部选择"颠覆活动"）的情况下，有 48% 的人选择了与大多数人相同的答案。[15]

在另一项类似的研究中，受试者面对的是这样一则陈述："言论自由是一种优待，而不是一项权利。一旦感受到威胁，社会可以中止言论自由，这样做是恰当的。"在单独作答时，只有 19% 的受试者表示同意。但是，仅仅在面对 4 位持此观点的人之后，就有 58% 的受试者表示了认同。这些结果与阿希的一项根本研究的旨趣密切相关。他想搞清楚为什么纳粹主义能够大行其道。阿希认为，从众能够产生极其强大的助推作用，最终产生了当时令人难以置信（如今仍然让人不可思议）的行为（比如大屠杀）。

无论阿希的研究能否充分解释法西斯主义，或者任何其他令人惊诧的运动，我们都可以肯定地说，社会压力会助推人们接受一些相当奇怪的结论——这些结论很有可能会影响人们的行为。于是出现了一个明显的问题：选择架构者能不能利用这样的事实，把人们推向更好的道路？我们接下来就谈论这个问题。

文化变革、政治变革与不可预见性

你有没有想过，有些演员、舞蹈或流行语为什么突然就火了？这通常是随机的运气与社会影响有力结合的结果。一个有关音乐下载的出色实验可以说明这一点。这个实验的组织者是马修·萨尔加尼克、彼得·多兹和邓肯·沃茨。几位研究者为了这项研究专门建造了一个音乐下载市场，他们找来了几千名参与者，他们都是年轻人最喜爱的音乐网站的常客。[16] 参与者在这里看到了一长串陌生的歌曲，来自名不见经传的乐队。参与者可以试听自己感兴趣的歌曲，再决定下载哪些（如果有）。大约一半的参与者采用独立决策的方式。他们会根据乐队名字、歌名和自己对音乐品质的判断做出决定。另一半参与者能看见每首歌被别人下载的次数。关键问题是，这一信息是否会影响人们的下载决定？

第二组的每位参与者被随机分入 8 个"世界"，每个"世界"自行演变，而且人们只能看见本"世界"的下载情况。你也许会猜，到最后社会影响已经不重要了，歌曲品质（它的衡量标准是对照组做出的选择）才是胜出的关键。萨尔加尼克和他的同事提出了这样的问题：人们会受到他人选择的影响吗？不同的"世界"会流行不同的歌曲吗？人们会被其他人的选择助推吗？

这是毫无疑问的。在全部 8 个"世界"里，人们下载"热门"歌曲的可能性要大得多，下载少人问津的歌曲的可能性则小得多。正是这个原因，一开始的受欢迎程度就变得极为重要，它成了决定成败的关键。对照组中最被冷落的歌曲永远不可能冲上榜首，同时，对照组中最受热捧的歌曲永远不会跌到末尾。**除此之外，其他一切都有可能。**对照组中的参与者看不到别人的判断，在那里受到欢迎或遭到冷遇的歌曲会在 8 个"带有社会影响的世界"里有极为不同的表现。在那里，歌曲的最终成败在很大程度上取决于它们一开始是否受到欢迎。仅仅因为先听到别人如何评价，同样的一首歌就可能成为金曲，也可能无人问津。因此，一首歌能否在这些"世界"里获得成功是很难预料的，结果的出入也是相当大的。

萨尔加尼克和他的合著者从中发现了"信息瀑布"，它发生在人们从他人的选择里接收信息的过程之中。假设有一组 8 个人，他们要为一家小型企业的一个新岗位招贤纳士。候选人共有 3 位：亚当、芭芭拉和查尔斯。第一个发言的人说，亚当明显是最好的。第二位可能会表示同意。这也许并不是因为她觉得亚当更合适，而是因为她相信第一个人，而且没有清晰的证据表明第一个人说的是不对的。前两个人都选了亚当，于是产生了一种有利于亚当的强有力的助推，第三个表态的人很有可能顺水推舟表示赞同。第四个人和其余的人都有可能同意——至少如果他们对此没有强烈意见。这时，我们可以说，这8个人就处于信息瀑布中。音乐的流行（以及电影和图书的走红）常常是这种瀑布效应的结果。当然，信息瀑布可能与"声誉瀑布"相伴而来。在声誉瀑布中，人们会与他人保持一致。这并不是因为后者要向前者学习什么，而是因为他们不希望惹怒前者或者与前者发生抵牾。

音乐下载实验也为很多其他领域里不可预料的变革带来了启示，包括商业领域和政治领域。康奈尔大学的社会学家迈克尔·梅西与他的合作者直接立足于这一实验，提出了这样的问题：他人的公开看法能否让一种政治立场在（美国）民主党阵营里突然受到追捧，同时在（美国）共和党阵营里突然变得臭不可闻——或者反过来？[17]

于是就有了这项实验。所有的参与者（多达几千人）一开始需要明确自己的民主党或共和党身份。接下来，他们被分成10个小组：2个"独立"小组和8个"影响"小组。2个独立小组里的人要单独回答大约20个问题，他们不会得到其他各个党派参与者关于这些问题的立场的任何信息。而在8个影响小组里，参与者能够看到民主党和共和党参与者是否更有可能接受某种政治诉求。实验者在问题的选择上非常细心，尽量让它们不会明显地偏向某一党派，比如"企业应当在总部所在地纳税，而不是在收入产生地纳税"。

实验者假设，在存在影响的环境下，对共和党和民主党参与者最后选择的预测将是非常困难的。在同一个小组里，如果前面作答的共和党人支持某一立场，后面的共和党参与者支持它的可能性就会变得更大——同组的民主党人反对它的可能性也会变大。如果排在前面的共和党人反对某一立场，其他共和党人就更有可能反对它——而同组的民主党人更有可能拥护它。结果这一假设完全变成了现实！在各个小组中，民主党和共和党参与者的立场常常出现相互颠倒的情况，这是由每一组前面作答者的选择决定的。实验者的总结是，"少数早期行动者的机遇变异"可能会对多数人形成重要影响，从而带来转折——还会使共和党和民主党同时拥护一系列、与对方没有半点儿瓜葛的观点。这些发现还有助于解释为什么两党参与者会在很短的时间里互换立场，为什么有些问题会在两党之间骤然出现惊人的两极分化。

很多领域的人都喜欢做事后诸葛亮。他们会禁不住认为，一位音乐家、演员、作家或政治家的成功是必然的，成功是他或她能力和特质的必然结果。一定要当心这种诱惑。关键阶段的小小干预，甚至是偶然的巧合，都有可能让结果发生巨大的变化。今天风头最劲的歌手可能与几十位甚至几百位同样才华横溢的演唱者毫无差别，但是我们从未听说过后者的名字。进一步讲，我们很难把今天大多数的政治领袖与其他背景和资格极为相似的人区分开来，而这样的人恐怕有几十位，甚至几百位。同样的道理也可以套用在大学教授、企业和各类产品上。

所以，社会影响非常重要，当然运气也很重要。

社会影响的作用可能任由一些人拨弄，也可能完全不由人。下面讲一个鲜活的，甚至有些令人捧腹的例子，说明社会影响对人们想法的影响。它是在没有任何人做过任何预谋的情况下发生的，它就是西雅图风挡玻璃点蚀流行病。[18] 1954 年 3 月下旬，在华盛顿州贝灵厄姆市，有些人发现自家汽车风挡玻璃上出现了一些小孔或小坑。当地警察怀疑，这是有人蓄意破坏，用气枪或铅弹枪打别人的汽车玻璃。很快，贝灵厄姆以南的几座城市也有人上报类似的风挡玻璃伤痕。两周之内，破坏者招摇过市，一路杀向更南边，造成了 2 000 多辆汽车报损——这显然不是蓄意破坏者干的。就这样，威胁逐渐接近西雅图。4 月中旬，西雅图媒体适时报道了这一风险，西雅图当局很快就接到几起风挡玻璃坑孔事件的报案。

相关报道很快占据了极大的比例，为人们带来了深深的疑虑：可能的原因究竟是什么？盖革计数器并没有发现放射痕迹。有些人认为，一定是某种离奇的大气层事件搞的鬼；有人提到了声波，或者地球磁场可能出现了偏移；还有人认为是来自太阳的某种宇宙射线引发的。一时间众说纷纭，莫衷一是。到 4 月 16 日，西雅图地区已经有不下 3 000 辆汽车报告了风挡玻璃损伤问题。西雅图市长急忙致信（华盛顿州）州长和时任美国总统艾森豪威尔：“我地疑似爆发蓄意破坏他人财物之浪潮。华盛顿州北部各地均有大量汽车风挡玻璃及车窗玻璃惨遭损毁。该浪潮现已蔓延至普吉特海湾地区……切望派驻得力联邦探员（及州探员），配合本地政府妥为处置。"州长为此成立了一个科学家委员会，专门调查这个令人震惊的现象。

委员会得出了什么结论？上述损毁情况很可能是"汽车在正常行驶过程中有微小物体击中风挡玻璃造成的"。后来的调查发现，新车很少出现这种损毁情况。这也进一步证实了科学家的结论。人们最后得出结论，这些小坑"已经存在很久了，只是人们现在才注意到它们"。（你也可以仔细看看自己的汽车，如果它已经开了几年，风挡玻璃上很可能有一两个小坑，甚至更多。那真不是外星人干的。）

说起社会影响，还有个离现在比较近的例子。2012 年，哥伦比亚政府推出了一项以学校为基础的 HPV（感染后有可能得电线杆小广告上说的尖锐湿疣）疫苗接种计划，第一年就覆盖了约 90% 的相关人口。一切还算顺利，但 2014 年，一所学校的几个女学生对 HPV 疫苗产生了不良反应。她们被送到当地的一家医院。很快，青春期少女因接种 HPV 疫苗出现各种症状的视频在各大社交媒体平台和全国性报纸上曝光，包括抽搐、头晕、昏厥等，多达 600 余例。而卫生部门却发现，这些症状并不是 HPV 疫苗造成的。真正的原因是一种群体性心因反应。不过这一结论并没有打消公众的担忧，恐惧情绪在有关人群中迅速蔓延。到 2016 年时，在适龄女性人群中，HPV 疫苗的第一针接种比例降到了 14%，完整接种率降到了 5%，相比之下，

2012 年的数据分别是 98% 和 88%。[19]

西雅图风挡玻璃点蚀流行病和哥伦比亚疫苗接种心因反应当然都是无意识社会助推的极端例子，但我们每天都会受到别人的无意影响。无论用餐伙伴的用意如何，我们大多数人都会受到他们用餐习惯的影响。如果你发现自己受到了朋友饮食选择的助推，那一定不是人家的本意。更大的可能是，你认为那样做看起来很棒。话虽如此，社会影响的力量仍是可以被有意利用的。广告商对这种影响的力量尤其熟悉。他们经常会强调"大多数人青睐"他们的产品，或者"越来越多的人"为了它们而放弃了别的品牌。在这里，别人早已是明日黄花，只有他们才代表未来。他们会告诉你大多数人正在做什么，或者人们正在越来越多地做什么，如此助推你的选择。

在很多国家里，公职人员或政治党派的候选人都会做同一件事：他们强调"大多数民众正在转向"他们心仪的候选者，希望这样的说法最终能变成现实。他们要营造出选民正在成群结队地转投己方候选人的感觉，没有什么比这更管用的了。在美国，这种感觉帮助奥巴马赢得了 2008 年的总统选举。它在 2016 年把特朗普送进了白宫，又在 2020 年让他成了拜登的手下败将。当选民涌到这位或那位候选人的旗下时，每个人都认为自己做出的是独立判断，一种足以代表胜出者的判断。也许的确如此，也许并非如此。他们的判断可能受到了一种普遍看法的强烈影响，那就是"其他人都在争先恐后地涌向那位候选人"。

身份：和我们相似的人会怎么做

　　当然，认识到另外一点同样重要：人们的身份，或者叫自我认知，也可能有极其重要的作用。如果世界某地的人们听说另一地的人们正在提倡环保回收，流行吃素或者佩戴口罩，他们可能会想："哦，我也应该那么做！"不过他们也可能做出不同的反应："谢天谢地，幸亏我不是那儿的人。"选择架构者想要利用社会影响的力量，必须面对的一大难题就是怎样因势利导地与人们的自我认知共舞，而不是和它们针锋相对。这种自我认知也许和人们的国籍、文化、地区、种族、宗教信仰、政治环境或喜爱的球队有关。我们甚至为它取了个名字：基于身份的认知。

　　讲一个得克萨斯州的例子。这个州成功地阻止了人们在高速公路上扔垃圾，让人赞叹不已。它的做法也成了一段佳话。一开始，州政府做了很多宣传活动，投入了很多资金，苦口婆心地劝说人们，不乱扔垃圾是公民应尽的基本义务。但是这些做法收效甚微，这让州政府的工作人员备受打击。在高速公路上扔垃圾的大多是 18~24 岁的年轻男子。一想到官僚精英们想要改变他们的行为，这些人总会不屑一顾。于是，政府官员认识到，他们需要"一条强硬的标语，它必须体现出自豪的得克萨斯人的独有精神"。为了打动那些无动于衷的人，州政府专门请来了达拉斯牛仔队的橄榄球明星。在为此制作的电视宣传片里，这些球星一边捡垃圾，一边徒手捏扁啤酒罐，一边吼道："别惹得州人！"（Don't mess with Texas!）受邀加入这次宣传活动的还有一些流行歌手，比如威利·纳尔逊等。

人们如今可以买到各式各样"别惹得州人"（见图3.1）的产品，从贴纸到T恤到咖啡杯，应有尽有。有一款贴纸广受欢迎，它由红白蓝三色组成，既反映了美国国旗的形象，也许更重要的是，还反映了得州州旗的模样！

图 3.1 "别惹得州人"标语
（本图标获得了得克萨斯州交通部"别惹得州人"标语使用授权）

如今，这条标语在得克萨斯州几乎家喻户晓。"别惹得州人"甚至一度以压倒性优势被评选为美国最受欢迎的标语。为了表达对它的喜爱之情，成群结队的人举着这条标语走过纽约市麦迪逊大道。（这可不是我们胡乱编造的，不过这种事也只会发生在美国。）更重要的是，在这项运动的第一年，华盛顿州乱扔垃圾的现象显著减少了 29%。在它推出的 6 年里，路边可见的垃圾减少了 72%。[20] 这一切都源于一次匠心独运的助推，而不是强制命令、恐吓或胁迫的结果。

很多政府都以这样或那样的方式利用过基于身份的认知，并且使用过大致雷同的方法。印度的一项公共卫生计划倡议人们多使用厕所，突出强调了圣雄甘地对卫生的重视，直接唤起了民族自豪感。为了鼓励（美国）蒙大拿州的市民戴口罩，州长史蒂夫·布洛克发起了一场宣传活动。宣传画中的蒙大拿群众戴着口罩钓鱼、滑雪、用弓箭狩猎。图上的配文用粗体字写着：**蒙大拿人天天戴口罩**。我们当然需要证据才能知道这些号召有没有用，有多大的作用。但是，如果助推能够借力社会影响和社会规范，如果我们能请人们向与他们相似的人学习，并像他们信任的人那样行事，这种助推就极有可能成功。

多数无知

对那些想要借助社会影响力的人来说，多数无知是一项重大的挑战，但它同时也是真真切切的机会。多数无知指的是，多数人或所有人对他人的想法一无所知的情形。我们之所以会沿袭一种惯例或一项传统，可能并不是出于喜爱或者觉得自己需要传承和保护它，相反，很可能仅仅因为觉得其他大多数人都喜欢它。很多社会惯例都是因为这个原因而长久存在的。这意味着，只要一个小小的冲击或助推就能让人们与之脱离。[21]
人们一旦发觉其他人的真实想法，就会大起胆子说出自己的想法，并据此行事。

这为我们理解大规模社会变革何以发生提供了一条线索。人们往往会在得到授权或者受到助推时才会说出自己的真实看法，依照自己的本心行事。想想安徒生的绝妙故事《皇帝的新装》就能明白这一点。这种助推明显是社会性的，它经常会表现为某种准则上的空子。当孩子高声说皇帝什么都没穿时，旁边的人可能突然感到得到了某种准许，可以说出同样的话。如果一项助推能够引发瀑布效应或从众效应，常常可以带来剧烈的变革和对长期存在的惯例的摒弃。因为它会让人感受到他人的真实想法，让他们觉得有权理直气壮地说出自己的想法。"#MeToo"（我也行动）和"#BlackLivesMatter"（黑人的命也是命）等运动的兴起都是很好的例子。这些运动都是在可见行动的推动下愈演愈烈的，包括如火如荼的社交媒体运动。它们让人们感觉获得了准许或者受到了鼓励，终于可以把压抑已久的愠怒和愤慨表达出来。那些沉默的大多数，那些在沉默中忍受、悲伤或愤怒的人突然间看到了一盏绿灯。

一项在沙特阿拉伯开展的实验为我们带来了生动的例子。这个国家有一项长期的传统，叫作"监护人制度"：妻子能不能出去工作由丈夫说了算。"是否支持妇女进入职场？"经济学家莱昂纳多·布尔斯蒂和他的同事在私下里询问了很多年轻的已婚男人，他们得到的答案绝大多数都是"支持"。[22] 与此同时，他们发现这些男人对社会规范存在根本误解，这些人错误地认为，其他情况类似的男人，甚至是住在同一个小区里的男人，都不想让自己的妻子外出工作。

布尔斯蒂和他的同事在参与者中随机选出了一半的人，告诉了他们其他人的真实想法，纠正了他们的错误认识。结果这些人在支持妻子工作方面变得积极多了（回想一下沙特的监护人制度传统）——而且这对当地女性的实际行动产生了显著影响。4 个月后，研究者发现，在那些得知他人真正想法的参与者家里，妻子更有可能申请工作和面试。这为我们带来了更普遍的启发：如果人们错误地认为其他人都在遵循某种长久存在的社会规范，纠正这一误解的一个小小的助推就可能引发轰轰烈烈的社会变革。

作为助推的社会规范

这一系列研究的总体启发非常明确。选择架构者想要通过助推转变人们的行为，也许只需要告知他们别人是怎么想的、怎么做的就够了。他人的想法和做法有时令人惊异，因此，只是得知真相就足以影响很多人。大量的研究发现，把社会规范告诉人们可能会产生极大的作用。当然，无论是在这里还是在别处，实际验证是检验假设的唯一途径，别无他法。（有些助推组织的口号起得特别好，比如"验证，验证，再验证"。）人与人固然是不同的，但是不妨先看几个例子。

第一个例子说的是依法纳税的事。（美国）明尼苏达州官员开展过一项实验，引起了人们行为的巨大改变。[23] 纳税人被分成不同的小组，并收到 4 种不同的信息。有些人得知，他们缴纳的税款被用于各种各样的有益事业，包括教育、警察防护和消防等等。一些人收到的是偷税漏税的风险和相关惩罚信息，颇具威胁意味。另一些人被告知，如果他们在报税的过程中遇到不清楚、不明白的地方，可以如何获得帮助。还有一些人被告知，已有 90% 以上的明尼苏达人完全履行了税法规定的义务。

这些干预措施只有一种对依法纳税产生了明显的影响，那就是第四种。很明显，出于一种错误的认识，有些纳税人比较容易触犯税法。他们误以为依法纳税的人口比例相当低——这种似是实非的误解很有可能来自媒体对偷税漏税者的普遍报道，或者偷税漏税者的表述。一旦得知实际完税水平很高，他们就不太可能偷税漏税了。结果就是，一旦引起公众的注意，让他们知道别人在做些什么，无论是广受欢迎的行为，还是不受欢迎的行为，都能得到加强。（政治党派人士请注意：如果想提高投票率，请不要抱怨有多少人不去投票，请告诉人们，他们的左邻右舍早就投完票了！）

英国"行为洞察小组"的一项最初的实验表明，这种策略可以为政府省下大笔经费。那次实验的目的是检验拖欠税款的人会不会在助推的作用下更快地缴清欠款。负责分析实验结果的是迈克尔·霍尔斯沃思，还有 3 位理论经济学者为他提供帮助。受试者（他们不知道自己身在实验中）都是纳税人，比如企业主，其收入需缴纳预扣税，也没有全额缴纳。实验组织者向这些人发去了多封信件并且做出对比，作为对比基础的是一封极其简单的告知信，它只是提醒人们拖欠税款的数额。

最终胜出的措辞是："十分之九的英国人按时纳税。您属于尚未完税的极少数。"注意，这句话言简意赅，它（如实地）传达了两条信息：绝大多数人都及时纳税，你是尚未缴税的少数人之一。后续实验发现，如果把它变得更加本地化，这条信息的效果还可以大大增强，比如"十分之九的曼彻斯特人按时缴税"。这些信件的效果立竿见影，仅在头 23 天里，按时缴税的人数就提高了 5 个百分点。[24] 这样的效果可能听起来不算明显，但是和很多同类干预措施比起来，它的成本低得简直可以忽略不计。政府反正也要发信提醒这些人，为什么不同时助推他们一下呢？

事实证明，无论具体情况如何，一个重要的问题是，要求人们遵循哪些人的规范。明星大腕和所谓的有影响力的人可能觉得自己是影响芸芸众生、改变你我行为方式的不二人选。其实不然，最能唤起人们强烈反应的社会规范似乎来自那些环境和条件与自己类似的人。2008 年的一项研究让人们发现了一种助推酒店客人重复使用毛巾的最佳方法。[25] "保护环境，人人有责，请重复使用毛巾"——这样的口号对酒店客人没什么用，你可能早就猜到这一点了。更好的办法是让客人知道这样一种社会规范："欢迎你和其他入住客人一起保护环境。已有近75%的客人……选择重复使用毛巾。"

事实证明，"近75%的客人"那一句才是关键。研究者还检验了强调再利用率的信息，这里的再利用率是与客人身份的不同方面（比如性别）以及住过同一个房间的人的行为相匹配的。虽然受试者都说，其他的身份信息对他们来说更重要，但是最终影响他们行为的几乎只有同一房间客人的做法！研究人员把这种特别的向内分组情况称为"团伙惯例"。同辈压力是真实存在的，不信你可以随便找个中学生问问。

在公众舆论和法律方面，全世界很多人都见证了一个问题的级联反应，我们还在本书的第一版中用了单独一章谈论这件事，它就是同性婚姻。2008年，本书第一版问世。当时，包括美国在内的很多国家都在为这个问题争吵不休。很多人强烈地认为，同性婚姻应该得到允许和认可；实际上，他们认为这是一件明摆着的事。曾几何时，美国的很多州都把跨种族通婚列为非法行为。然而，到了1967年，这些法律被宣布违宪。同性婚姻的支持者认为，同样的道理在这里一样适用。反对者的感受同样强烈。他们认为同性婚姻是令人憎恶的。值得注意的是奥巴马在2008年采取的官方立场，这位中间偏左的混血总统候选人一直致力于公民权利，争取人人平等。但是他认为，婚姻是一个男人和一个女人之间的事。当时我们也认为自己找到了一条出路，这条路非常符合自由意志家长制的精神，那就是婚姻的私人化。

我们提出，政府不要掺和婚姻的事，不应该把婚姻列入法律范畴，为它下定义。我们建议，政府只要像看待商业合作伙伴那样看待合法的同居伴侣就够了。这样的伙伴关系在美国被称为"民事结合"。当时有很多政府（包括州政府和市政府）都准许同性伴侣的民事结合，但是这些伴侣理所当然地感到自己成了别人歧视的对象，因为只有异性伴侣才有资格**结婚**。而婚姻既能为人们带来法律地位，也能带来社会地位。（当时，美国的民事伴侣还无权享受多种法律权利，包括面向夫妻的税收优惠政策等。）根据我们建议的对策，所有这类法律规定都是由政府赋予的地位决定的，但是婚姻纯属个人问题，应该由宗教团体或其他团体按照一定之规来主持。就其本身而论，婚姻不应属于政府定义的官方范畴。我们希望这个办法能够缓和激烈的分歧：如果政府能退出婚姻领域，对这件事的争议就会减少。

我们现在仍然很喜欢这个想法，但是，12 年的时光已经让它变得毫无意义。让我们惊喜的是，就在这段时间里，很多国家找到了截然不同也简单得多的道路。它们干脆允许和认可了同性婚姻！在我们尤其关注的美国，这一切发生得极快。2012

年，奥巴马总统说他改变了自己的想法，宣布"同性伴侣应该可以结婚"。[26] 2015 年，美国联邦最高法院宣布，依据美国宪法的精神，同性伴侣有权结婚。[27] 让很多人（包括我们在内）倍感惊讶的是，法院的这个判决居然没有引起太多的反对。如今，同性婚姻在美国的每个州都是合法的。

全球很多国家也以不同寻常的速度掀起了这一运动浪潮，并取得了同样的结果。截至 2021 年，大约有 30 个国家和地区承认了同性婚姻，比如阿根廷（2010）、澳大利亚（2017）、奥地利（2019）、巴西（2013）、加拿大（2005）、丹麦（2012）、英格兰与威尔士（2013）、芬兰（2015）、法国（2013）、德国（2017）、冰岛（2010）、爱尔兰（2015）、墨西哥（2009）、荷兰（2000）、新西兰（2013）、挪威（2008）、葡萄牙（2010）、南非（2006）、西班牙（2005）和瑞典（2009）等。[28]

如果愿意，你大可以慢慢端详这些时间。名单上的国家和地区都曾长期拒绝承认同性婚姻，几代人以来，这些国家和地区的民众大多对同性婚姻报以嘲弄或憎恶的态度。然而，在很短的一段时间内，一切都变了。人们开始像对待异性婚姻一样看待同性婚姻，而且，总体而言，这样的转变并没有引发太大的争议。这究竟是怎么发生的？为什么那么多人（包括我们在内）都没有预料到？

要完整地回答这个问题，恐怕要另写一本书才行。不过我们已经得到如下两条主要线索。第一，很多男女同性恋者并没有揭露自己的性取向，他（她）们从来没有寻求过，甚至没问过同性婚姻的事。如今，这些人纷纷选择站出来，每一次有人宣布"我喜欢同性"，或者"我是双性恋者"时，就会带来一次助推。一旦人们开始向家人或朋友吐露自己的性取向，泄洪的闸门就会被打开一点儿。如果家庭成员从事政治工作，而且他们所在的党派恰恰反对这一变革，这样的助推作用就会更明显。

用人单位对人们性取向的开放程度也很重要，尤其当这个单位是美国联邦最高法院时。作为美国联邦最高法院的大法官，刘易斯·鲍威尔曾在 1986 年的一桩案件中投下了决定性的一票，沉重地打击了同性恋者的维权运动。他曾对自己的法官同事说，他从没见过同性恋者，很多人都知道这件事。实际上，当时他的一位法官助理就是同性恋者。2013 年，也就是美国宣布同性婚姻合法的两年前，30 位"全国 LGBT 律师协会"成员被允许进入美国联邦最高法院工作——这是公开身份的同性恋律师群体第一次被允许走进美国联邦最高法院。[29]

第二，社会影响至关重要。在同性婚姻这个问题上，无论是市政府、州政府还是联邦政府，都亲眼见证了洪流般的信息级联和瀑布般的声誉级联。越来越多的个人加入这场不断扩大的巨型合唱，他（她）们用越来越大的声音对自己提出的问题做出回答。同样的一句话（"我支持同性婚姻"），曾经长期遭到旧的社会规则的严惩，突然间它得到新社会规则的褒奖。我们都知道，一种方兴未艾或者正在获得越来越多人支持的规范或惯例，即使还没有得到大多数人的支持，也可以发挥出强大的助推作用。[30] 而在这个紧要的时期，新兴的社会规范确凿无疑是支持同性婚姻的。这就带来了一种可以自我实现的预言。必须指出的是，尽管我们非常喜欢自己提出的想法，但是对目前这个结局，我们同样乐见其成。

我们在这里强调的社会影响可以轻松地为选择架构者所用，无论他们来自私有领域还是公共领域。企业和政府同样可以利用社会影响的力量，做许多好事（或坏事）。其实它们每天都在这样做，而且有更多的好事等着它们去做。

第二部分

选择架构者的工具

第4章
我们什么时候需要助推？

我们看到人们有各种可喜的长项，但也会粗心大意地犯傻。如何应对才最好？选择架构及其影响是必然的答案，因此答案是显而易见的。我们可以称它为自由意志家长制的黄金法则：助推，让它的益处最大、害处最小。[①1] 稍长一些的回答是：当决策需要集中注意力时，当决策难度很大时，当无法得到及时的反馈时，当无力把面前的情况转换成自己容易理解的语言时，人们最有可能需要助推。在面对不熟悉或不常见的情况时，人们也许非常需要助推。如果你想开车从家里去本地的一家商店，你可能用不着 GPS。如果你是在一座从未去过的城市里开车，导航也许是必不可少的。

我们会在这一章详细论述这些看法。首先要详细说明最有可

---

① 科林·卡默勒和他的同事将其称为"非对称家长制"。这一定义指的是分步骤采取措施，帮助那些最没有经验的人，同时保证对其他人的害处最小。我们的黄金法则与"非对称家长制"的主旨是一致的。

能让人做出糟糕选择的各种情况。然后谈谈所谓市场魔力的种种问题。我们要问的是，自由市场和开放竞争是加剧而不是减轻了人性弱点的影响吗？如果是，它们是在什么情况下加剧的？最关键的问题在于，尽管市场有着这样或那样的优点，但它往往会强烈地激励企业去迎合满足人的弱点（并从中获利），而不是想方设法地消除这些弱点，或者至少把它们的影响降到最低。

令人心忧的选择

假设有一群人，他们要在不久之后做出某种选择，而你是选择架构者。如何设计选择环境？提供哪些类型的助推？这些助推要多温和？这些问题都由你来决定。那么，为了最好地完成选择环境的设计，你必须知道些什么？

精神溜号

我们最常犯的错误也许就是忘事。谈到自我控制问题，我们都知道自己的注意力有限，有时我们会心不在焉。所以我们会制作待办事项清单和商店采购清单，所以我们的手机上才会有日历应用。它们会提醒我们，这些提示对我们集中注意力有很大的帮助。无论是对我们自己还是对他人来说，技术让助推在很多领域变得更加简单。如今，几乎每个人的口袋里都有一部能接收信息的手机，即使是在贫困国家也不例外。这让及时发送提示信息成为可能。绝大多数企业都知道这一点。和医生或理发师约好的日期快到了，或者餐厅的预约时间快到了，我们都会收到提醒。账单快要到期了，我们也会收到提醒。我们爱忘事，有些企业还能因此赚到钱，比如信用卡公司。如果忘了按时还款，我们就要缴纳一笔数额不小的违约金。信用卡公司可不会好心提醒我们，除非你能搞明白怎样要求它们发送这样的提醒。这样的做法着实滑稽。

虽然各种各样的提醒无处不在，而且它们都能发挥很好的助推作用，但这并不代表没有新的办法帮助人们按时赴约或履行义务。下面举两个小例子。

投票动员：动员人们在投票日走出家门、投出庄严一票的宣传活动在人们的记忆中就没有改变过。如果有选民被视为某些候选人的潜在支持者，他们会接到电话，询问是否打算（为这位候选人）投票。如果选民回答是，这通电话就结束了。这样的做法在 2008 年美国总统大选时发生了改变。政治学家戴维·尼克森和行为科学家托德·罗杰斯在初选时开展了几项实验。他们提出，在最初的投票意向询问电话之后，还要跟进提出 3 个问题：（1）"你打算什么时间去投票站"；（2）"你准备从哪儿出发去投票"；（3）"你觉得自己在出发前会做些什么"。

这些跟进问题背后的思想来自心理学家彼得·戈尔维策的研究。戈尔维策发现，在明确表达"执行意图"的情况下，人们更有可能完成预定目标。这一理论非常适用于上述情况，仅仅是推动选民制订计划，投票率就增加了 4.1 个百分点！而且这种影响对单身人士的作用更明显。这一点非常有趣！如果需要协调计划，那么记得去投票只算成功了一半。在很多领域里，引导执行意图的产生或者提出类似的问题有可能产生巨大的影响。

清单：尽管民航飞行员可能已经执飞数百甚至数千小时，但他们还是会在每一次起飞前例行完成一种正式的程序，那就是每一次在飞机离开登机口之前必须把就绪的每个事项检查一遍。没有人愿意在起飞之后才发现忘了加油！著名外科医生阿图·葛文德在他的畅销书《清单革命》中详细说明了类似程序在手术室里的巨大价值。手术过程可能会造成感染，葛文德医生想要降低这一风险。结果证明，只要有关人员能认真彻底地洗手，造成感染的风险就能降为零。可是，医生也有忘记洗手的时候！

想做成这样的事，有一个关键要素非常有趣，那就是授权手术室里的每个人提醒忘记洗手的人。护士算是手术团队中级别较低的成员，如果一位大名鼎鼎的外科医生忘了洗手，在场的护士通常可能不敢提醒他。但是，如果把提醒当作自己工作的一部分，护士们就会放开胆子。顺便提一下，这也是一项普遍适用的原理。只要为每个人授权，允许人们在领导者即将犯错时直言相告，所有组织的工作就能得到提高。清单能为选择架构者提供一种选择的框架：桑斯坦在白宫工作时，曾经协助打造过一种"监管影响分析清单"。它只有一页多，主要用来提醒政府机构在最终出台一项法规之前需要做的具体工作。

享受在先，吃苦在后

我们已经看到，当人们面对的决定势必考验其自我控制能力时，一些能够预见的问题就会出现。生活中的很多选择并不涉及重大的自我控制因素，比如今天穿蓝色衬衫还是白色衬衫。当选择和选择的结果在时间上彼此分离时，自我控制问题最有可能出现。一个极端情形被称为"付出的好处"，比如锻炼身体、使用牙线和健康饮食（它指的是食用健康食品，并且适量）等。它的成本必须立即支付，但它的益处往往姗姗来迟。在面对"付出的好处"时，人们通常的错误是做得太少。抛开少数健身狂魔和牙线怪人不论，我们似乎可以放心大胆地说，绝大多数人不会在新年前夜下决心明年少用些牙线，或者别骑那么多健身自行车。

我们可以把另一个极端称为"放纵的好处"。吸烟、酗酒、没完没了地观看电视剧《老友记》、吃特大号的巧克力甜甜圈都算这一类。这样我们可以先享受乐趣，以后再承担后果。（连续观看电视剧的后果是，我们会因为不断拖延而错过各种截止日期。）这一点同样可以用新年愿望来验证：有多少人决心在下一年抽更多的烟、喝更多的酒、看更多的情景喜剧，或者吃更多的巧克力甜甜圈？这两种情况都是助推能大行其道的理想选择。大多数人并不需要特别的鼓励就能再吃一块布朗尼蛋糕，但是说到更多地锻炼身体，大多数人需要别人的鼓励。

困难程度

几乎每个 6 周岁以上的孩子都会系鞋带，会玩儿井字游戏，还能轻松写出"人、口、手"这些字。不过，只有少数人能打得好领结，下一手好棋，或者写对心理学家米哈里·契克森米哈赖的名字（能读对这个名字的人就更少了）。当然，我们可以学会处理更难的问题。比如，我们可以买易拉得式的领结，阅读棋谱，在网上查询契克森米哈赖的写法（然后每次用到它时就复制粘贴）。我们会使用拼写检查程序和电子表格帮助解决较难的问题。但是，生活中难免有很多难题，有时并没有拼写检查程序那么简便的技术可用。和选对面包相比，我们可能会在选对按揭方案这种事上需要更多帮助。

频率

只要勤加练习，我们就能把一些比较困难的问题变简单，甚至可以不假思索地解决它们。我们（指本书的两位作者，塞勒和桑斯坦）都学会了网球的发球技术，都能比较稳定地把球发到界内（桑斯坦甚至能发出旋转球，至少在他运气好的时候可以），不过这可用了我们不少的时间。在第一次尝试这个动作时，人们能把球发过网就算幸运了，更不要说发到界内了——熟能生巧是对的（至少能提高一些）。

不过，生活中有些最重要的决定并不会给我们练习的机会。绝大多数学生一生只报考一次大学。我们大多数人（好莱坞除外）一生只选择一次伴侣，等一下，应该不会多于两次，或者三次。很少有人从事多种不同的职业。在科幻小说之外，人们只有一次机会为退休生活提前储蓄（虽然我们可以在过程中做出一些调整）。总的来说，选择越是利害攸关，我们就越没有机会练习。对大多数人来说，10年里也买不上一两次房子和汽车，但是，如果是到超市购物，我们真称得上驾轻就熟了。大多数家庭早已熟练掌握了牛奶库存的管理艺术。而这并非来自对数学公式的完美应用，它来自反复的摸索和试错。[1]2

---

[1]　这里藏着一个莫大的讽刺。在行为经济学刚刚诞生时，很多深受传统束缚的经济学家并不认同来自心理学实验的发现。他们的理由是，这些实验仅仅涉及"很低的利害关系"，而且受试者往往并没有得到足够的学习机会。这些经济学家提出，一旦利害关系提高，受试者经过了练习和尝试，他们就能"做对"。这一说法至少存在两个问题。首先，并没有证据表明人们的表现会随着利害关系的提高而提高。大致来说，利害关系的高低似乎是无足轻重的。其次，更重要的是，经济学是要帮助人们解释生活里的重要决定的。而有些重要决定必然是在人们未经练习和尝试的情况下做出的。如果人人都能在二三十岁时来上几次"实习婚姻"，然后决定和谁长相厮守，全社会的离婚率也许会降低很多（不过我们也不敢说得那么肯定）。然而生活的现实是，选对终身伴侣其实非常难，人们常常会在这件事上遭遇失败。同样，如果在选择研究生院时有机会"先尝后买"，现在也许就没有那么多开出租车的博士毕业生了。但是，人到了35岁还想从头再来，谈何容易！

这并不是说，政府要告诉人们跟谁结婚，或者选什么专业。这是一本关于自由意志家长制的书。我们想在这里强调的是，困难的选择和不同寻常的选择都是发挥助推作用的好地方。

反馈

如果没有机会学习掌握，熟能生巧是不可能的。如果能在每一次尝试之后立即得到明确的反馈，那么学习是最有可能实现的。假如你在练习高尔夫推杆技巧，如果向同一个球洞打10颗球，那么你会很容易感觉到自己应当用多大的力度击球。在这样的情况下，即使是最没天分的运动员也能很快估测出草场大概的球速。相反，同样是击打高尔夫球，但是你看不到球停在哪里。在这样的情况下，就算打上一整天，你对击球距离的掌控也很难有丝毫的进步。

唉，怎奈生活中有太多的选择就像打高尔夫球看不见落点，其中的原因只有一个：这种情况的结构并不能提供很好的反馈。比如，我们通常只能得到自己选择的选项的反馈，而不是我们拒绝的选项。除非主动跑出去做实验，否则人们可能永远不会了解熟悉选择以外的替代性选择。如果每晚都走较长的路回家，你可能永远都不会知道还有一条更近的路。长期的过程很少能带给我们良好的反馈。有些人可能多年食用高脂肪食物，而且没有出现任何明显的预警信号，直到有一天心脏病突发。在没有良好反馈的情形下，助推可以让我们受益。

知道自己喜欢什么

大多数人都很清楚自己喜欢咖啡味的还是香草味的冰激凌，喜欢布鲁斯·斯普林斯汀还是鲍勃·迪伦，喜欢篮球还是橄榄球（无论是哪一种）。在这些例子里，我们都有时间找出替代选择，并了解自己的趣味。但是，如果是让你对不熟悉的事物预先判定自己的偏好呢？比如第一次到缅甸餐厅吃饭，或者在异国他乡面对奇特的菜肴。聪明的游客常常会请他人帮忙（比如求助服务员）：“大多数外国人喜欢点这个，不喜欢点那个。”即使是在没那么陌生的地方，请别人帮助自己选择也是很明智的。很多全球最佳餐厅只给食客非常有限的选择。服务员可能会问你想吃两个小时还是三个小时，以及你有没有饮食禁忌。选择少的好处在于，厨师可以做主，端上桌来的准是你想也想不到、点也点不出的美味。最好的寿司店都有这样一个传统，食客吃什么由厨师来决定。只要说上一句“主厨发办”，就可以坐等美食上桌了。如果非要找出差评，可能是厨师有时会问上一句：“你确定要吃某某吗？”这就是“看人下菜碟”，而不是“主厨发办”了。

如果人们无法把眼前的选择转化为已有的经验，他们就很难做出上好的决策。比如，如果看不懂菜单上的文字，你怎么点菜？这是个再简单不过的例子。即便你认得面前的每个字、每个词，也不见得就能把自己正在思考的替代选择转换成自己听得懂的话。

比如，你要为自己的退休投资组合选择一只共同基金。大部分投资者（包括两位作者在内）都不太懂"资本增值"基金和"动态分红"基金之间的区别，虽然我们认得看到的每一个字，但是问题还是无法解决。投资者需要了解的是，对这些基金的不同选择将会如何影响自己退休之后各种情况下的消费能力。即使是专家，即使拥有上佳的软件工具，并且完全掌握投资组合中每只基金的情况，他们也可能在分析问题时遇到麻烦。（就像他们在强制规定的免责声明中常说的那样："过往收益并非预测未来表现的可靠指标。"）人们在选择医疗方案时也会遇到同样的问题，我们可能对自己即将做出的选择一无所知。假如一个人的女儿患上了一种罕见的疾病，她能遇到一位好专家吗？她要等多久才能见到医生？再说买车，买一辆车总算不上什么世界难题，但是你清楚自己看中车的哪一点吗？牵引力控制系统？自适应前照灯？盲区警示系统？还是后方防撞预警系统？如果人们很难预测自己的选择最终会如何影响自己的生活，那么，就算给他们再多的选择，甚至一切全凭他们做主，实际的收获也微乎其微。而这些人是欢迎助推的。

市场：毁誉参半

讨论到这里，我们发现，人们通常在面对以下选择时最需要好的助推：需要好记性的选择或者延迟效应的选择；困难的选择，不常见的选择和反馈很差的选择；难以套用过往经验的选择。那么问题来了，在面对这些情况时，自由市场能不能帮助人们解决这些问题？市场竞争往往能带来莫大的益处。但是市场能创造奇迹吗？说到奇迹，我们应该永远对它画一个大大的问号。

最能说明这个问题的鲜活例子就是普度众生的各路大师了，他们遍布在世界的各个角落。在描写美国狂野西部的老电影里，我们常常能看到一种名叫"蛇油"的"灵丹妙药"。之所以叫这个名字，也许是为了吓住竞争对手吧。据说蛇油能包治百病，从青春痘到关节炎再到肾虚。现代版本的蛇油多见于"自然养生"领域（很多国家对这个领域的监管近乎零）。简单起见，这里只讨论蛇油，因为它经常采用的市场策略有助于我们更普遍地说明市场和它的局限性。

美国经典西部电影的场景道尽了众多骗局的共同特征，多年来，一代又一代的骗子改头换面、层出不穷，可是他们的诈骗伎俩还是那些。影片一开始，一位"医生"驾着一辆敞篷马车来到一座小镇，在一家本地酒馆门前招揽生意。他卖的是特制的瓶装蛇油，据说可以包治百病。话音未落，人群中站出一个拄拐杖的人，他觉得这位医生是个骗子。他指着自己的瘸腿说："大夫，我敢打赌，你治不好我这条瘸腿！"于是，医生大方地给了这个可怜人一瓶药试用。结果，第二天早上，瘸腿的人竟然奇迹般康复了！医生的蛇油立刻被抢购一空，第二天清早，天刚蒙蒙亮，医生和他的搭档——那位假扮瘸腿的托儿——套上马车，奔向下一座小镇。时至今日，这种类似的骗局在游客密集的城市热门景点仍然很常见，虽然蛇油早已退出历史舞台，但骗子们依然可以玩弄其他手段来骗钱，比如三张扑克牌和猜豌豆等把戏。（这些变种骗局里也有托儿，他们会在赌局开始时赢走庄家一些钱。）

虽然这些骗局看上去有些极端，但是它们只不过是很多产品中的几个例子，它们只能吸引普通人，吸引不了经济人。我们可以在互联网上看到一大堆这样的骗局。在有些国家，如果在深夜打开电视机，你就能看到人们在兜售五花八门的蛇油。在我们讨论保险的那一章（那一章特别令人激动，有些批评者甚至说它让人毛骨悚然），大家会发现，很多产品应当被当作蛇油，离它们越远越好。这里先说一句：遇到延长保修服务，请直接拒绝。不过我们想在这里讨论的问题比这稍大一些：竞争性市场能否保护消费者免受这些骗局的伤害？答案是不能，这可真让人伤心。

虽然做蛇油生意需要本钱，但是不受什么监管。只要两个人，一辆敞篷车，一些空瓶子和两片能说会道的嘴皮子，这买卖谁都能干。有人如果天赋异禀，撒起谎来不害臊，骗老百姓的钱不脸红，那就更如鱼得水了。不过这事确实也有风险，难免有人会认出他们来，扭送到当地派出所。但是，问题的关键是，没有人会劝告人们不要买蛇油。身体健康的人非常少见，花几个小钱买一瓶灵丹妙药，谁都不会太往心里去。请问，它能治新冠病毒感染吗？网球肘呢？腰酸背疼呢？文思枯竭（或鼠标手）呢？

蛇油不过是个极端的例子，我们想说的是所有不明智的购买。很多人嗜赌如命，对这些人来说，赌场和毒品一样危险。尽管政府对赌场制定了各种各样的监管要求，而且赌场可以禁止一些人进入，但是赌场之间不会在这种事上相互竞争，也无法与其他的赌博形式竞争，如体育博彩或者自己做期权交易。它们会争先恐后地为赌客提供诱人的环境、免费的酒水，有时甚至会提供更好的押注赔率。但是没有人能靠劝阻人们赌博而发财。我们希望，本书探讨金钱的几个章节能帮助读者避开金融领域常见的错误，不过我们也没办法因此而多收你几美元，我们也不指望自己的书能彻底消除延长保修这门生意。

在现代，兜售蛇油变得比以往任何时候都更容易。人们可以在网上兜售各种产品：这个可以降低患癌症的风险，那个能治愈糖尿病；这个可以帮你省钱，那个能让你肤若凝脂，还有这个能治愈焦虑和抑郁症。本书的两位作者都很喜欢女演员格温妮斯·帕特洛（去看看她的《乡谣情缘》吧，那是一部被低估了的佳作）。不过她在个人网站（Goop）上销售的商品好像真的有那么一点儿蛇油的味道。凡是与健康、浪漫和钱财沾边的事，想要利用人们缺乏信息的劣势来占些便宜都不算难。只要事关健康、浪漫和钱财，企业总能干劲十足地利用人们行为上的偏差，包括可得性启发法、不切实际的乐观和锚定启发法等。它们当然还会不遗余力地制造信息级联，有时它们确实做到了。

下面是一条普遍适用的道理。在大多数情况下，利用和迎合人类的弱点远比帮助人们避免这些弱点更容易赚钱。酒吧比"戒酒无名会"更赚钱。所以，如果人们遇到了问题，那么精心挑选的助推可能会让他们大大受益。

第 5 章
选择架构

设计二字说的并不只是事物看上去什么样、摸上去什么样，它说的是东西用起来怎么样。

—— 乔布斯

在刚刚走上教师岗位时，塞勒曾在商学院带过一个班。班上常常有学生在上课时离开，去参加招聘面试（也可能是回宿舍睡觉）。这些人会尽量悄无声息地溜出去。不过对他们不大有利的是，教室正前方那两扇巨大的双开门是走出教室的唯一通道。他们不得不在众目睽睽之下溜走（虽然那扇门并不在塞勒视线正对着的方向上）。两扇门上都装着巨大的、漂亮的木把手——圆柱形的把手约 3 英尺 ① 长，从上到下垂直装着。走到门前的学生面对的是两种相互矛盾的本能反应。第一项本能

---

① 1 英尺 =30.48 厘米。——编者注

告诉他们，推门而出，离开教室；第二项本能说，这么大的木把手设计，显然是用来握的，所以要拉开。事实证明，第二项本能战胜了第一项，每个试图溜出教室的学生一开始都选择了拉把手（不然那种把手怎么会被称为拉手呢）。唉，结果门是向外推的。

那个学期，一名学生拉着门把手准备溜出教室，塞勒趁机向班里的学生指出了这一点。结果，从那以后，每当有人在上课时站起来准备离开教室时，班里所有人都会热切地盯着他（她）——到底会推还是拉。让人惊讶的是，大多数人仍然会去拉它！这是他们的自动系统占了上风，那巨大的拉手发出的信号太强烈了，简直叫人无法屏蔽。（塞勒本人也有过好几次拉门的经历，当时他也想找个地缝钻进去。）

这两扇门的设计糟糕透顶，因为它们违反了一条简单的心理学定律。这个定律有个花里胡哨的名字：刺激反应一致效应。它说的是，人们希望自己接收到的信号（刺激）与期望的行为保持一致。如果出现不一致，结果就会变差，人就会犯错。

举个例子，想象一下，马路边竖着一块巨大的八角形红色标志，上面写着"通行"（GO），这可能造成怎样的混乱？这种不一致性引发的困难可以很容易通过实验显现出来。斯特鲁普实验是这类实验中最广为人知的一个。[1] 这个实验的现代版本是这样的：受试者根据计算机屏幕上出现的字词完成简单的任务，如果看见红色的字就按右键，看见绿色的字就按左键。大家觉得这很简单，都做得又快又准。这时候，难题来了：屏幕上出现了红色的"绿"字，或者绿色的"红"字。这种不一致的信号直接造成了更慢的反应和更高的错误率。

关键原因在于，自动系统读取字词的速度要比反思系统辨识对象颜色的速度快。一看见红色的"绿"字，自动系统就会不假思索地让你按下左键，这当然就答错了。你可以试试看，找些彩色蜡笔写下一串颜色的名字，确保其中大多数字词的颜色和它们代表的颜色不同。（如果能找孩子来帮忙就再好不过了。）接下来，以尽可能快的速度读出这些字（只读字而忽略读色）。小菜一碟！对不对？现在，以最快的速度说出每个字的颜色（忽略字），是不是难多了？在面对类似的任务时，自动系统常常会胜过反思系统。（你一定知道那句老话："胳膊拧不过大腿。"在人的大脑里，自动系统就是大腿。）

虽然我们没见过绿色的停车标志，但是，前面提到的那种大门倒是不少见，这太让人头疼了，它们违反的是同一项定律。巨大的拉手好像在对你大喊"拉我，拉我"，没有把手的平滑一面则高声叫着"推我，推我"，因此，建筑师不应该指望人们去推那些本该被拉的对象！这种设计的失败之处在于，它不符合人性的基本原理。带有这种设计缺陷的产品充斥着我们的生活。电视遥控器上最大的按钮难道不应该是电源键、频道键和音量键吗？这不是明摆着的事吗？然而，我们见过多少遥控器把输入键做得和音量键一样大？（害得我经常不小心按错，屏幕立刻变成白茫茫的一片雪花。如果找不到青少年帮忙，电视算是看不成了。）

谁说这世界非要充满推拉不分的大门？唐纳德·诺曼早已在他的杰作《设计心理学》中说明了，我们可以把人性的因素融入设计。实际上，这本书的封面设计堪称绝妙，一语道尽了该书的主旨：一把茶壶，把手和壶嘴在同一边。其中的意蕴大家可以停下来想一想。

诺曼书中提到的另一个例子可能就摆在你家的厨房里：普通的四灶燃气灶（见图5.1）。这种燃气灶大多是对称设计的。就像图中最上面那种燃气灶的样子，4个控制钮排成一线，位于燃气灶的下方。这样的设计很容易让人迷惑，不知道哪个旋钮控制前面的灶，哪个控制后面的灶。很多锅、炒勺都是因此而烧坏的。我们在图中附上了两种设计，它们只是众多更好的可能性中的两种。这一章想要告诉读者，好的设计并不一定比糟糕的设计更昂贵。说实话，一块写着"推"字的标志牌可比精致的黄铜拉手或实木拉手便宜多了。

这些优秀的设计和功能架构的原理同样适用于选择领域。我们主要的口号只有一个：如果想鼓励人们采取某种行动或做法，一定要让它变得简

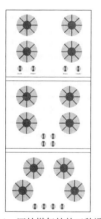

图5.1　四灶燃气灶的三种设计

单。这一认识正好符合杰出心理学家库尔特·卢因所说的"渠道因素"类型。它指的是那些足以促进或抑制某些行为的微小影响。[2] 我们可以把它想象成类似春雪消融时河流的路径。地形上看似细微的变化有可能影响河流的路径。卢因指出，这个道理同样适用于人类，类似的微不足道的因素可以对人们想要实施的行为产生惊人的强大抑制作用。在很多情况下，与其把人们强行推向某个方向，不如去除一些小的障碍，这样可以促进良好的行为。

卢因这一思想的早期例证来自霍华德·利文撒尔、罗伯特·辛格和苏珊·琼斯在耶鲁大学开展的一项实验。[3] 这项实验的受试者都是耶鲁大学的高年级学生。他们听了一堂关于破伤风潜在危险的讲座，明白了去保健中心接种疫苗的重要性。那场讲座极富说服力，大多数学生都心悦诚服地表示，他们准备去接种疫苗。然而，这些美好的愿望并没有导致太多的行动。只有3%的人真的去接种了破伤风疫苗。

另一组学生听的是一模一样的讲座，不过他们还收到一幅校园地图，上面圈出了保健中心的位置。组织者还请学生查看了他们该周的日程安排，计划好什么时候去接种，然后看着地图决定走哪条路线。在这些助推的作用下，有28%的学生来到保健中心，完成了破伤风疫苗的接种。请注意一点，这里的干预非常微妙。这些高年级学生当然都知道保健中心在哪里（耶鲁的校园并不算大），而且他们并没有真的预约挂号。尽管如此，第二组疫苗接种率仍是第一组接种率的 9 倍，这证明了渠道因素的潜在力量。我们在上文提到的投票动员的例子用的也是这个原理。

所以，如果读完本书之后你只能记住一件事，那么请记住这一条：如果想鼓励人们做一件事，**一定要让它变得简单**（Make It Easy）。如果有兴致，你还可以哼唱起老鹰乐队的那首老歌《放轻松》（"Take It Easy"）。

默认选项：阻力最小的路

很多人都会选择最省力的选项，走阻力最小的路，个中原因我们已经在前面讨论过了。还记得我们对惰性、现状偏好和"哦，管它呢"启发法的讨论吗？所有这些影响因素都说明，如果一种选择存在默认选项——选择者如果什么都不做，就会自动选择这个选项，那么我们通常可以猜得到，很多人最后都会选择它，无论这样做对他们是不是有利。我们强调过，如果默认选项明白或隐晦地表明，它代表普遍或推荐的做法，那么人们在行为上选择什么都不做的倾向性会得到加强。

默认选项无处不在，而且力量极大。每个选择架构系统的每个节点都必须有一套相应的规则来确定，如果决策者什么都不做会发生什么，所以默认选项是不可避免的。假如我在需要选择时什么都不做，通常的结果是什么都不会改变，正在发生的事情将会继续下去。但是情况并非总是如此，有一些危险机器（比如电锯和割草机）的设计就带有"失能开关"，只要使用者不再紧握它们，它们就会自动停下来。如果你在使用计算机时接了个电话，计算机不会有什么变化，但是，如果你打电话的时间很长，计算机就会出现屏保，进入休眠状态。当然，你可以设置进入屏保的等待时间，但是实现这样的选择需要一些操作。每台计算机出厂时都带有默认的等待时间和屏保设置。你的计算机很可能一直保持这些默认设置，从未变过。

选择架构者（例如管理食堂的卡罗琳）有很多机会选择默认选项，他们的决定方式既可以是自私自利的，也可以是为大众谋福祉的。这一点同时适用于私营和公共部门。1938 年，德国进行了一次选举，选民面对的问题是："你是否同意奥地利在 1938 年 3 月 13 日并入德意志帝国，你是否会投票给我们的元首阿道夫·希特勒？"我们可以从图 5.2 中看到，选项"是"（ya）已经远远超出轻轻助推的界限。[4] 私营部门也是一样的道理。企业常常可以选择且已经选择了这样的默认选项，这些默认选项要么是善意地预测客户的喜好，要么是自私自利地攫取客户的隐私信息或金钱。比如，它们可能会把人们自动加到一些项目里，而这些项目根本就不符合客户的利益。在本书第 7章关于"胡推"的讨论中，我们还会展开讨论这个话题，需要提前说明的是，无论在哪个领域，对选择架构者的意图我们都不是单纯幼稚的乐观主义者。每当有读者找到塞勒，请他为

《助推》签名时，他都会写下这样一句话："助推为善！"这是一种恳求，而不是一种期望。

图 5.2　1938 年奥地利公投选票

　　需要重申的是，默认选项并非总是如此吸引人，我们下面会通过例子来说明这一点。比如，如果默认选项的结果明显很糟糕，而且不选默认选项的成本很低，那么人们更有可能跳过它。在大多数汽车启动时，音响系统的默认设置是自动播放上次的音乐，并且保持上次的音量不变。如果这辆车始终由一个人开着，这样的设置也还不错。不过，如果有一位喜欢用低音量听新闻电台的家长，如果上次用车的是家里那位小青年，那位喜欢听震耳欲聋的嘻哈音乐的小青年，那么这位可怜的家长在发动汽车时可能会被吓一大跳，他得赶紧调低音量，切换频道。实际上，如果一辆车由两个人开，人们可能会习惯一上车就调换电台。（如果两位驾驶者的身高相差很多，他们会在上车后立即调整座椅和后视镜，这是一样的道理。）现代化的汽车可以通过不同的钥匙识别不同的驾驶者，自动完成这些调整。在不久的将来，也许音乐也能做到自动调整？

我们可以从这里得出一条更加广泛的经验。如果人们了解自己的喜好，而且知道自己不喜欢默认选项带来的结果，他们就有可能改变它。下面这个简单的例子可以说明这一点，那就是恒温器默认设置的变化对经济合作与发展组织（OECD）员工的影响。在冬天，只要把恒温器的默认温度调低 1 摄氏度，就能明显降低平均设置。但是，如果选择架构者把默认温度降低了 2 摄氏度，平均设置的降低反而变小了。为什么？因为很多员工觉得降 2 摄氏度太冷了，立刻调回了自己喜欢的温度。由此似乎可以得出这样一条普遍的规律：即使是平常人，也有可能拒绝让他们感到不舒服的默认选项。[5]

我们强调过，默认规则是不可避免的——私营组织和法律系统都无法不做选择。在有些情况下（但不是在所有情况下），这一说法有一个重要的前提条件。选择架构者可以强制要求人们做出选择！这种方法的名字不止一种，包括"必须选择"、"强制性选择"和"主动选择"等等。[6]以新应用软件的设置为例，每一款新的应用都会把所有可能的选项空出来，按部就班地要求用户做出选择。用户只有在当前步骤完成之后，才能进入下一个设置步骤。所谓"强制性选择"就是这样做到的。政府的各式表格一般也具备这一特征。为了加入美国的福利计划，人们可能要回答一大堆问题，如果有一个问题空着没答，你就可能无法进入下一页。

主动选择的情况并不少见。很多合同都包含极其重要的条款，而且非常容易被忽略。我们不希望人们在疏忽大意的情况下做出如此重要的决定，所以，我们会要求签订者对某些具体条款明确表示同意。主动选择的优势在于，它可以克服惰性、漫不经心和拖延症；选择架构者可以发现人们真正想要的是什么，而无须猜测。我们可以把明确同意的要求看作一项行为知情原则，它反映的是一种保护人们免受自身疏忽和他人操纵的努力。（实际上，我们可以这样理解，很多这样的原则反映的都是一种正在兴起的法律权利：免受被他人操纵的权利。）主动选择是可以设计的，它可以确信人们对某事的同意是真实的。2020 年秋天，芝加哥大学结束新冠病毒感染疫情的封控措施，重新开放校园。校方要求每位学生和教职员工签署了一份"知情同意书"，声明自己了解各项规定，并且同意遵守这些规定。

还有一种中间选项：提示性选择。当你在网上购物时，系统可能会提示你购买辅助服务（比如保险）。提示性选择不会强制要求你做出任何选择，你完全可以忽视它，直接点击"下一页"。提示性选择要想发挥作用，就必须使用默认选项（如果人们忽略了提示会怎样）。器官捐献是我们特别关心的问题，在稍晚一些对这个问题的讨论中，我们还会有很多与提示性选择有关的论述。从某种意义上说，提示性选择要比强制性选择更温和，没有那么强的侵入性。后者真的会强制要求人们说明自己想要的是什么。

强制性选择受到很多热爱自由的人的拥护和支持，我们相信，强制性选择往往是最佳选择。不过，我们可以先来看两种反对意见。第一种，人们常常认为强制性选择是令人生厌的，甚至是糟糕透顶的，这些人宁愿选择好一点儿的默认选项。在使用软件时，了解推荐设置真的很有帮助。大多数用户不希望阅读令人费解的用户手册，然后决定选择哪一种晦涩难懂的选项。当选择非常复杂和困难时，能有一种恰当合理的默认选项，人们也许会觉得非常有帮助。因此，用户应该被强制做出选择吗？恐怕很难说。

第二种反对意见是，强制性选择往往更适用于"是或否"的简单决定，不适用于较为复杂的决定。餐厅的默认选择是，厨师怎么准备，菜品就是什么样子，但是服务员会在点菜时征求用户关于某些调料的意见：是多加还是不放？极端的情况可能会用到强制性选择，比如用户要决定是否把自己点的每一道菜都全权交给厨师去打理。如果人们面对的选择极其复杂和困难，那么强制性选择也许不是个好办法，甚至可能完全行不通。在第9章关于瑞典养老金制度的讨论中我们会看到，如果强制要求人们做出自主选择，什么样的乱子可能会出现。

出错是难免的

人都会犯错，设计良好的系统会预料到用户的错误，并尽可能地容许这些错误。下面的例子来自世界各地，这些真实存在的设计足以说明这一点。

- 几十年来，乘坐巴黎地铁的乘客都会成包地购买地铁票，进站时把它们插入检票机，检票机会在车票上打一个记号，这张票就算用过了，然后把它从检票机上方吐出来。（当地人现在已经改用电子票了，只要在读卡器前刷一下就可以通行。）这种票一面有一个磁条，但其他地方是对称的。塞勒第一次乘坐巴黎地铁时并不知道怎样使用，他试着把磁条的一面朝上塞进了检票机，通过！这让他高兴万分。在此后的很多年里，塞勒坐过很多次巴黎地铁，他每一次都认真地把磁条一面朝上。不仅如此，他还自豪地指导来访的朋友巴黎地铁票正确的使用方法，这让塞勒的太太忍不住大笑起来。原来，随便哪一面朝上都能通行！确实，塞勒从未在检票时犯过错，唯一的原因是不可能犯错。

与此形成鲜明对比的是芝加哥很多停车场仍在使用的收费系统。当开进停车场时，你要把信用卡插进一台机器里，它会读取信息并记住你。等到离开时，你还要把它插到出口的读卡机里。你要把手伸出车窗够到读卡机，把信用卡塞进去。信用卡是非对称的，所以共有4种插卡方式（正面朝上或朝下，磁条在左或在右）。只有一种插法是正确的。虽然卡槽上方画着指示图，但人们还是很容易插错。当信用卡被退出但是闸门并没有开启时，人们很难立即反应出退卡的原因，或者很快回忆起进入停车场时的插卡方向。本书的两位作者都遇到过这样的情况，有些傻瓜就是搞不懂那台机器，后面的人只好痛苦地等着。我们不得不承认，偶尔有那么几次，我们也成了傻瓜，害得后面的人不耐烦地按起了喇叭。

• 多年来，对日常驾驶者来说，汽车的设计已经变得越来越友好了。实际上，汽车的设计充满了助推。假如你没系安全带，它就会发出警报音。当汽油快要耗尽时，仪表盘上会出现警告标志，还有可能哔哔作响。在你误入另一条车道时，它会发出刺耳的怪声。如果在倒车时快要碰到什么东西了，它就会发出响亮的警报音。如果你连续驾驶三个多小时还没有休息，你的汽车可能会提醒你停下来歇一会儿，喝上一杯咖啡。

所有带有遥控感应的汽车都能在你操纵汽车时自动开启大灯，并在你离开时自动关闭它们。这样一来，整整一夜忘关大灯导致汽车电池耗尽的情况就不可能发生了。这些种类的助推是可以拯救生命的，可以预见的是，未来还会有很多这样的助推。

不过，令人惊讶的是，有些足以包容错误的创新被采用的速度却非常慢，油箱盖就是个很好的例子。很多汽车的油箱盖都连着一片塑料器件，它可以确保人们在打开油箱盖之后不会把它忘在脑后，开车扬长而去。我们猜想，这样一小片塑料的成本应该不会超过 10 美分。既然有些汽车厂商想出这么绝妙的创意，加上这么实用的功能，那么其他厂商还有什么理由去制造没有这种功能的汽车呢？

忘拧油箱盖属于一种特殊的错误，心理学家称其为"完成后错误"。[7] 它说的是，当完成主要任务之后，人们容易忘记与先前步骤有关的事物。类似的例子还有很多，比如取了现金之后把银行卡忘在 ATM（自动取款机）里，复印好文件忘了拿走原件，等等。如今大多数的 ATM（并不是所有的 ATM）不再容许这样的错误发生，因为它们会立即把银行卡还给你。唐纳德·诺曼还提出另外一种办法，他称为"强制功能"，意思是，为了得到你想要的东西，你必须先完成别的事。比如，你可能要先取回自己的银行卡，ATM 才会吐出你想要的现金，这样你就不会把银行卡忘在机器里了。当然，如果你忘了为什么来 ATM 这里，我们就帮不了你了。

- 另外一个与汽车有关的绝佳设计是，不同类型的燃油会使用不同的加油枪喷嘴。柴油的加油枪太大，塞不进汽油车的油箱口，这就避免了汽油车误加柴油的错误（尽管人们仍有可能为柴油车误加汽油）。同样的原理也被用来降低医疗麻醉中的失误。一项研究发现，高达 82% 的"严重事故"是由人为失误（而不是设备故障）造成的。[8] 其中一种错误最常见，那就是一种药物的导管被接到了错误的给药接口上，给患者用错了药。这个问题的解决办法是重新设计相关设备，为每种药物配备不同的接口，在物理层面上把这类错误的发生概率从经常降到了不可能。

- 药物治疗依从性和服药依从性一直是医疗卫生领域的一大问题。很多患者需要服药，而且这些药物必须按时按量正确服用。由于未能服用医生开具的处方药，美国每年有超过 12.5 万人死亡。[9] 从理论上来说，这些死亡本来是可以避免的。助推可以帮助解决这个问题，它为我们带来一个引人入胜的选择架构问题：如果由你来设计一种药物，你拥有完全的、灵活的决定权，你希望患者多久服用一次药物？

如果把在医生的直接监督下一次性用药的可能性排除在外（无论从哪个角度看这都是最佳选择，但是它在技术上往往是无法实现的），那么排在第二位的方案就是每天服药一次，最好是在早上。一天服药一次显然好于两次（或者更多次），其中的道理显而易见，因为服药的频率越高，遗忘的概率就越大。不过频率并不是唯一需要担心的问题，规律性同样非常重要。一天一次**远远**好于隔天一次，因为前者可以很容易变成人们每天早上起床后的一项惯例。人们往往会随着年龄的增长而服用越来越多的药物，每天早上多吃一两粒不是大问题。（药盒是一种很有用的助推，可以提醒人们每天服药一次。）相比之下，隔天服药就可能难倒很多人。（同样的道理，每周一次的例会要比隔一周开一次的会议更容易被记住。）还有些药物每星期服用一次，很多患者会选择在星期天服用。（这是因为，对大多数人来说，星期天和其他天不大一样，比较容易把它同规律服药联系在一起。）人们可以在去教堂做礼拜之前服药，也可以选择在打开电视观看比赛、制作比萨，或者随便什么适合的时间服药。

按照这样的方法，口服避孕药算是个特殊的问题。

因为人们要在连续三个星期内每天服药，然后停药一个星期。为了解决这个问题，为了让服药过程变得更规律、简便，人们特别设计了这种药物的包装，它共有 28 颗药丸，每颗单独装在标有编号的隔间里。根据医嘱，服用者按照编号顺序每天服用一颗药丸。第 22 天到第 28 天的药丸都是安慰剂，它们唯一的作用就是促进普通服用者的药物治疗依从性。关于药物治疗依从性的有效助推，还有很多思考空间，它们能挽救不计其数的生命。[10]

• 在我们撰写本书第一版时，塞勒给自己在谷歌工作的经济学家朋友哈尔·瓦里安发了一封电子邮件。塞勒本想把本书的前言放在附件里，好让哈尔大致了解本书的内容，但他忘了添加附件。于是，哈尔回复邮件索要附件，并且自豪地告诉塞勒，谷歌正在为 Gmail（谷歌免费网络邮件服务）试验一种新功能，可以解决忘记添加附件的问题。用户如果在邮件中提到了"附件"一词但是没有添加附件，就会看到系统发出的提示："您是不是忘了添加附件？"塞勒把文档发给了哈尔并告诉他，这正是我们这本书要讲的。

谷歌明白其中的道理，设计了各式各样的助推，专门用来帮助人们解决健忘的问题。就像这家公司在 2018 年指出的那样："如果你的收件箱塞得满满当

当，难免会不小心遗漏一些邮件。幸运的是，Gmail
会助你一臂之力，它会'助推'用户回复那些可能
被遗漏的邮件，并持续跟进那些还未得到回复的邮
件。"[11]我们都觉得这项功能非常有用。比如，桑斯
坦收到一封催稿的电子邮件，邮件系统会问他："邮
件是在 6 天前发出的，是否跟进？"谷歌采用了自由
意志家长制的做法，着实值得赞扬！这家公司还补充
道："对 Gmail 新用户，助推是默认开启的。如果用
户不需要，可以在 Gmail 设置菜单中选择关闭这一功
能。"太棒了！

- 从美国或欧洲其他地方来到伦敦的人都会遇到一个问
  题：步行时的交通安全。这些人一辈子的习惯是，过
  马路时汽车从他们的左边驶来，他们的自动系统早已
  习惯了留意左边。到了英国，一切都要反过来：道路
  上的汽车靠左通行，所以危险常常来自右边。很多行
  人发生了交通事故。伦敦市政当局努力用好的设计解
  决这个问题。在伦敦的很多路口，尤其是在游客比较
  集中的区域里，人行道上都印着提示："留神右边！"
  本书第一版上市后，塞勒成了伦敦的常客，他一直对
  这些提示标志心存感激。它们帮助很多人躲开了车
  流，避免了不愉快的碰撞。

做出反馈

做出反馈是帮助普通人提高表现的绝佳方式。只要是设计良好的系统，就会在人们做得很好时告诉他们，也会在人们犯错时提醒他们。

- 警告是一种重要的反馈，它会告诉人们事情出错了，或者更有用的是，它会告诉人们事情即将出错。我们的笔记本电脑会在电池电量极低的时候发出警告，提醒我们及时接入电源或关机。特斯拉汽车会在上路前警示驾驶者，电池的剩余电量是否足够抵达目的地，如果不够，它就会改变 GPS 路线，建议前往充电站。健康警报可以告诉人们各种情况，而且越来越实时化。不过，警示系统必须注意的问题是，过多的警报可能会让人们对它们视而不见，充耳不闻。如果我们的计算机不停地追问"你确定要打开那个附件吗？"，我们可能就会不假思索地点击"确定"。这样一来，警示信息就变得形同虚设了。
- 很多活动中的反馈都是可以改善的。就拿粉刷天花板这么简单的工作来说，这个活儿看起来简单干起来难，因为天花板通常会被刷成白色，所以很难看出哪里刷过了，哪里还没有刷到。等到完工之后，涂料一干，没有盖住的旧涂料就会一条一条显露出来，真让人心烦。怎样解决这个问题？有位聪明人发明了一种新型涂料。它在湿的时候是粉色的，干了之后是白色的。只要粉刷者不是色盲，分不清白色和粉色，这个问题就迎刃而解了。

理解"映射"：从选择到福利

有些事非常简单，比如选择冰激凌的口味；有些事比较难，比如选择治疗方案。打个比方，如果一家冰激凌店的品种完全一样，热量和营养成分等也一样，只有口味不同，那么选择冰激凌的问题其实就是哪一款最可口的问题。假如人们对每一款冰激凌的口味都很熟悉，绝大多数人就可以相当准确地预知自己的选择与最终消费体验之间的关系。我们把选择与福利之间的这种关系称为"映射"。就算有些口味是陌生的，冰激凌店也可以通过免费试吃来解决这个问题。

面对某些疾病，如何在不同的治疗方案中做出选择是另一回事。假如一个人被确诊患有早期前列腺癌，他要在三种治疗方案中选择一种：手术、放射疗法和"保守治疗"。第三种方案意味着目前什么都不做。保守治疗看上去很有吸引力，因为前列腺癌通常发展得非常慢。这三种选择各有可能的后果，涉及治疗的副作用、生活质量、患者寿命长短等等，非常复杂。这些选择之间的对比会涉及类似的权衡：（这是一个假设的问题）如果选择这个治疗方案，三分之一的人会阳痿或失禁，但是可以增加三年左右的寿命。你愿意做出这样的选择吗？这个问题有两大难点：首先，患者不可能知道每种方案的风险和好处的相关数据；其次，患者可能很难准确预见自己失禁之后的生活是什么样的。

这类情况包含两种令人惊恐不已的事实。第一，很多患者是在医生宣布诊断结果、得知坏消息的同时被要求选定治疗方案的。第二，患者对治疗方案的选择在很大程度上取决于他们遇见的医生的类型。[12]（有的医生擅长做手术，有的是放射性治疗专家，只有保守治疗不可能有什么专家。猜猜看，我们认为哪种方案会无人问津，无人采用？）值得注意的是，为了提高选择保守治疗的人数，这种方案后来被改名为"积极监控"，这样听上去可能没那么不作为。

选择冰激凌和选择治疗方案之间的对比为我们清楚地说明了映射的概念。一套好的选择架构系统会帮助人们提高把自己的选择映射到结果之上的能力，进而做出对自己最有利的选择。要想做到这一点，一种办法是让不同选择的相关信息变得更好懂，把数字信息转换成人们更方便在实际生活中使用的单位。比如，我想做苹果醋，需要买苹果，如果有人告诉我，根据经验三个苹果可以做出一杯苹果醋，这会对我很有帮助。如果你去买轮胎，有人告诉你轮胎的安全等级从 1 级到 10 级排列，你选的轮胎是 4 级，这时如果有人问你最关心哪个方面并为你讲解不同等级的具体含义，那就真是帮了大忙。（是的，你猜得没错，举这个例子是我们和政府提前商量好的，那就是如何最好地普及轮胎安全等级知识。）

构建复杂选择

人们会根据可用选项的多少和复杂程度来选择不同的决策策略。如果选项较少且容易理解，我们通常就会全面审视每个选项的各种属性，必要时还会做出各种权衡。但是，如果可用的选择变得很多，我们就只能采用其他的做法，这样可能会带来麻烦。

选择架构者的作用有时很像博物馆里的策展人。对两位作者来说，最让人享受的艺术展览一定要足够丰富，能带给人有意义的观展体验，还要足够精当，最好能在两个小时内看完。看一次展览的时间大约等于看一场电影。那句老话说得好，少即是多。好的选择架构常常要严加筛选，把可用选择的数量控制在方便管理的水平上。

然而，人们往往扮演着自己的选择架构者，人们甚至会助推自己。我们可以把这种自我助推称为"自推"。我们大多数人都可以通过精心选择的"自推"让自己生活得更好。有人可能会限制冰箱里存储的食物的数量;有人会把自己不想挥霍的钱换成一年期的定期存单(提前支取要交违约金);有人会把手机上的脸书和推特删掉;有人可能会把计算机设置成专注模式,在规定时间内不接收电子邮件。人们会想方设法地消除自我控制问题带来的影响,为此,人们常常会重新设计自己在再次做出选择时依赖的架构,比如,让某些选择变得更难或者没那么有趣,或者干脆一股脑消除它们。[13]

举个更详细的例子,简得到了一份工作邀请,它来自一座大城市里的一家大公司,那里离她现在生活的地方很远。请比较摆在简面前的两道选择题:选择哪间办公室,选择租住哪间公寓。假设可供她选择的办公室有三间,那么最合理的办法就是把它们都查看一遍,留意它们之间的区别,决定哪些方面更重要,比如大小、视野、同事、到最近的洗手间的距离等等。在选择领域里,这种方法被称为"补偿策略",也就是说,某一方面的高价值(比如宽敞的空间)足以补偿另一方面的低价值(比如吵闹的同事)。

很显然,这个办法并不适用于选择公寓。一座大城市可供选择的公寓可能成千上万。简不可能把每间公寓都看一遍,再把它们比较一遍,毕竟她得上班。她会想办法简化这项任务。有这样一种可供选择的策略,阿莫斯·特沃斯基称其为"逐项排除法"。在这种方法的帮助下,人们可以首先确定哪个方面是最重要的（比如通勤距离），为它设定一个上限（比如通勤时间不超过半小时），然后排除所有不符合要求的选择。接下来换一个方面，重复一遍这个流程（比如月租金不高于每月2 500美元；可以使用厨房；允许养宠物狗），直到选出理想的公寓为止，或者把可供选择的范围缩到足够小，小到可以对最后几个选择使用"补偿策略"。

当人们使用这种简化策略时，有些选择可能会因满足不了某一方面的最低要求而被淘汰，即使它们在所有其他方面都表现得极为突出。比如，有一间公寓很不错，它拥有绝佳的风景，月租金比其他公寓低500美元，但它的通勤时间为35分钟，所以不会被简考虑在内。

社会科学研究发现，随着选择的数量或者选择的维度变得越来越多，人们会更有可能采用简化策略。对选择架构者来说，这个启示不言而喻。可替代方案一旦变得更多，或者变得更复杂，选择架构者的工作就会变得更重要，就更有可能对人们的选择施加影响（无论是利用它来为善还是作恶）。如果一家冰激凌店只卖三种口味的冰激凌，无论菜单怎么写都没关系，三种口味自身（比如它们在菜单上的先后顺序）对消费者的影响简直微乎其微，因为每个人都能一目了然地看清它们，也都知道它们是什么味道。但是，如果选择变得越来越多，那么好的选择架构者就应该为它们搭建架构，这种架构会影响人们选择的结果。

以油漆商店为例，即使不考虑油漆产品的特别顺序，油漆厂商销售的彩色油漆往往也会多达数千种，它们都可以用在你家的墙壁上。如何把缤纷多彩的油漆产品呈现给用户，可能的架构方式有很多，这些都是想得到的。比如，可以按照颜色名称的首字母排列它们：极地白（Arctic White）自然会排在天青蓝（Azure Blue）的前面，以此类推。只不过，用字母顺序来编写词典或员工花名册是很好的，但用来管理油漆商店的产品未免糟糕至极。

幸好油漆商店长期使用的是一种类似色彩转盘的方式，色样按照相似性排列组织：蓝色放在一起，旁边是绿色，红色位于橙色的旁边，以此类推。这能让选择变得容易得多，因为人们看得到实际的颜色。这一点非常有用，因为如今有很多颜色的名字真的是让人摸不着头脑。（比如，本杰明摩尔涂料公司的官网上有三种色度接近的浅棕色，名字分别叫"烤芝麻"、"俄克拉何马小麦"和"堪萨斯谷子"！）感谢现代计算机技术和在线购物平台，有了它们，消费者在选择中遇到的很多难题变得简单多了。一个好的油漆网站不仅可以帮助消费者浏览几十种不同色号的浅棕色，而且能帮助他们看到（在显示器能显示的范围内）某个色号的油漆刷在墙上并与天花板刷成互补色之后的样子。

当然，同亚马逊上销售的图书数量（数不胜数）或者谷歌覆盖的网站数量（数之不尽）相比，油漆颜色的数量显然不值一提。成功的在线企业要为选择架构者记上一笔功劳，因为他们的帮助实在是不小。在流媒体平台上搜索电影或电视剧的用户可以轻松愉快地按照演员、导演、影片类型等完成检索。不仅如此，平台还会根据趣味相似的用户的喜好为他们推荐影片，这种方式被称为"协同过滤"。算法会使用兴趣相同的人群做出的判断来过滤海量的可选书籍或电影，增加消费者购买它们的可能性。协同过滤是解决选择架构问题的一种方法。如果知道和自己兴趣相投的人可能喜欢什么，你就可能会很放心地挑选自己并不熟悉的产品，因为和你一样的人愿意分享自己的趣味。对我们很多人来说，协同过滤能让困难的选择变简单。

需要特别留意的是：惊喜和意外能带来妙趣，而且可能很有用，如果我们的主要信息来源过于单一，涉及的都是像我们一样的人喜欢什么，那未必全是好事。有的时候，我们不妨看看和自己不一样的人喜欢什么——万一我们同样喜欢它们呢？如果你喜欢推理作家哈兰·科本（我们也觉得他很棒），协同过滤可能会为你推荐其他的同类型作家（顺便提一句，我们推荐李·查德），但是，为什么不试着读一些乔伊斯·卡罗尔·欧茨或拜厄特的书呢？甚至亨利·詹姆斯的书也未尝不可。如果你是个改革派，喜欢阅读自己偏爱的书籍，也许可以读一读保守派的想法，就算什么用都没有，至少在下次家庭聚会和亲戚们激烈争辩时你可以发挥得更好。热心公众的选择架构者——比如那些为我们提供各种渠道新闻的人——都懂得，不妨把人们朝着他们事先没有专门选择的方向上助推一把，这样做往往是有益的。选择的建构有时就是要帮助人们了解和学习，这样一来，他们今后就可以独立地做出更好的选择。

激励因素

讲到这里，我们开始转向大多数经济学者可能会放在最前面讨论的话题：价格与激励因素。虽然我们强调了传统经济学理论常常可能忽略不计的种种因素，但我们并不是想说标准经济因素无足轻重。趁此机会，我们明确宣布：我们仍然相信供需理论。当某种商品的价格上涨时，供应商通常会更多地制造它们，而消费者的需求通常会减少。因此，选择架构者在设计一套系统时必须考虑到激励因素的问题。明智的架构者会把恰当的激励用在恰当的人身上。在面对一项具体的选择架构时，着手思考激励因素的方法之一是问自己下面 4 个问题：

谁来选？

谁在用？

谁买单？

谁赚钱？

假如一个人选择、使用并为之付钱的商品或服务是由单一供应商提供的，事情就比较简单了，激励因素也是统一的。如果你出去吃午饭，点好自己想要的，然后付钱。如果这次点的饭菜不大可口，那么下次你可以点些别的，或者换一家餐馆。但是，如果是一群人出去吃饭，而且平摊餐费，事情就会稍微复杂些。如果人数比较多，有些人可能就会想点些自己平时舍不得点的、稍贵一点儿的饭菜，反正自己只需要分摊额外费用的一小部分。可是别人想的也许恰好相反。比如，塞勒可能想点一瓶昂贵的红酒，桑斯坦不得不因此承担一部分酒钱，而塞勒可能根本不会放在心上。如果上述问题中前三个的答案是同一个人，市场的力量往往能得到合理的发挥，前提是人们拥有完善的信息，并且在行为上没有偏差（我们暂时不考虑外部因素，把它留到第 13 章关于气候变化的讨论中再谈）。

对声名狼藉的美国医疗保健系统来说，情况恰恰相反。在这一系统中，患者得到的医疗服务常常是由医生选定的，并由（对大多数人来说）保险公司或政府买单。接下来，若干的供应方会来分享这些钱，包括医疗工作者、设备厂商、医院、制药公司和专打医疗纠纷官司的律师等等。两位接受同样医疗服务的患者支付的费用可能大不相同。无怪乎美国的医疗保健系统是全世界最贵的，但它的医治效果却很一般。

激励因素的统一是标准的经济学问题。不过，只要还记得经济的动因是普通人，我们就仍然有可能详尽阐述并丰富这些标准分析。可以确定的是，只要发现价格上涨，即使再漫不经心的普通人也会降低自己的需求。不过，他们会发现价格的变化吗？

我们认为，说到激励因素的标准分析，必须做出的最重要的修正是显著性。选择者真的注意到自己面对的激励因素了吗？在自由市场里，答案通常是"是的"，但是，在一些重要的情况下，答案却可能是"没有"。比如，有一户城市家庭正在商量要不要买汽车。假设在走路或骑自行车无法到达的时候，他们的选择是乘坐出租车、拼车、乘坐公共交通工具，或者拿出一笔不小的积蓄买一辆二手车，他们家门口的路边就可以停车，而且费用非常低。汽车买来后，最显著的拥有成本是加油的费用（他们开得不多）、偶尔的维修保养和每年的保险费用。而购车款的机会成本很有可能会被忽略不计。（也就是说，车子一买到手，他们往往就忘掉了预先支付的费用，不会想着这笔钱本来可以用来干些什么。）相比之下，每次乘坐出租车时，费用就摆在面前——每隔几个街区，计价器上的数字就会跳动一下。因此，对拥有汽车的激励因素开展行为分析，我们可以预知，人们会把拥有汽车的机会成本以及其他没那么显著的成本看得过低，比如折旧等，反而可能会高估乘坐出租车的显著成本。[①]

---

① 专门从事汽车短租业务的企业会帮助人们解决这些"心理账户"问题，并从中获利。

对选择架构体系的分析必须做出类似的调整。利用税收体系来改变激励因素是非常常见的做法——但是，哪些税种才是足够显著的？很多国家都在通过税收激励政策鼓励民众为退休生活存钱，比如只要定期缴款，养老金的收入是免税的，直到这笔钱被取出为止。这样的激励有用吗？我们所知的最好的研究发现，它们根本就没用，尤其是在与（此处应有一连串的鼓声）默认选项的作用相比时。[14] 富有的储户更有可能留意税收优惠，部分原因在于他们聘请了顾问专门留心这些事，所以他们乐于把钱款转移到免税账户里。但是与其说这是在增加存款，不如说是在转移资金。更糟糕的是，这些通过税收减免体现的激励措施对大众来说还不够明显。它们在美国被称为税式支出，有些钱是政府免于收取的，而民众并不会收到免收钱款的账单。从行为层面看，合理的公共政策不仅要评估其达成目标的效率，还要评估其成本的可视化程度。令人遗憾的是，政客们通常觉得，让他们的活动成本那么透明并不符合他们的最大利益。[15]

显著性当然是可以控制的，好的选择架构者可以采取措施，引导人们注意到激励因素。在当选美国总统之前，里根是加利福尼亚州州长。1967 年，加利福尼亚是美国唯一一个不会定期从劳动者工资中扣除个人所得税的州。该州居民每年要在到期之前全额缴纳所得税。州立法机构通过了一项法案，决定和其他各州一样，从工资中直接扣缴这一税款，但是遭到里根这位财政保守主义者的反对。他为自己的立场据理力争，他有一句话广为人知："税收就是要让人感到肉疼。"到了最后，民主党操控的州立法机构还是没能让里根如愿。[16]

有些时候，人们可能乐于见到收获的显著性，不欢迎付出的显著性，人们喜欢这样的不对称性。以健身俱乐部为例，在跑步机上挥汗如雨的人肯定不愿意知道自己"每一步"花了多少钱。与此同时，很多人喜欢一边健身一边欣赏自己的"卡路里消耗"（如果估测的数值偏高一些，他们就会更喜欢）。对有些人来说，如果这些被燃烧掉的热量能用食物图片的形式表现出来就更好了：锻炼 10 分钟，消耗一小袋胡萝卜；坚持锻炼 40 分钟，消耗一大块曲奇饼。

乐趣

这一章可真够长的，充满各种概念。如果你现在觉得头疼，我们感到很抱歉。所以在这一章的最后，作为奖励，我们特地加上了一些乐趣。桑斯坦有两只拉布拉多犬。他特别喜爱这两只狗，常常奖励它们。说出来大家也许不信，它们的狗粮名叫"助推"！不过我们并没有从那家狗粮公司拿过一分钱，这真令人遗憾。看来写作团队里的律师并没有想过为我们的词语注册商标。就这样吧。

在我们关于优秀选择架构的讨论中，乐趣是最后一项要素。前文已经提到，助推的真谛是把我们希望见到的行动变得尽可能简单易行。如果要为这条建议加上一个很好的补充，那就是要让它变得尽可能趣味盎然。

马克·吐温的小说《汤姆·索亚历险记》里有一段非常经典的情节，可以很好地说明这一想法。汤姆是个顽皮的孩子，有一天，因为他太过顽皮，波莉姨妈决定惩罚他一下，叫他把家门前的篱笆粉刷一新。汤姆可不想刷篱笆，他想跑出去和伙伴们一起玩耍。叫他害怕的不只是这件苦差事，还有伙伴们的嘲笑。万一他们恰好经过，看到汤姆埋头苦干的尴尬模样，非得狠狠奚落他一番不可。第一个经过的朋友是本·罗杰斯，他走了过来，手里还拿着一个美味无比的苹果。这时，汤姆想出了一个巧妙的花招儿。他特别用心地刷起篱笆来，装出一副无比享受的样子。这很快就让本信以为真地认为，刷篱笆真的是一种令人激动的特殊待遇。于是，它把苹果送给了汤姆，作为交换，汤姆把刷子让给他，让他也刷上一会儿。等到快吃晚饭时，汤姆的朋友们已经把那篱笆里里外外地刷了三遍。这些孩子都给了汤姆一些好东西，换取粉刷篱笆的机会。马克·吐温写道："如果不是白色涂料用光了，村里的孩子们估计早破产了。"

马克·吐温说过："工作是做身不由己的事；玩乐是做随心所欲的事。"[17] 无论什么时候，只要我们能让某些活动变成乐事，激起人们的好奇心，或者让人们充满激动、期盼之情，我们就会看到，人们都愿意去做它们，甚至愿意为此掏腰包！

大众集团很好地运用了这项原则。它曾和斯德哥尔摩的DDB广告公司共同制作了一系列视频短片，作为其"乐趣理论"活动的一部分。它的指导思想是：如果能让目标行为看上去更有趣，那就可以鼓励人们更环保、更注重健康。这段热门视频被传看了 2 300 多万次：一个团队在斯德哥尔摩一座地铁站里施工，他们把地铁扶梯旁边一串长长的楼梯改装成了一组巨大的钢琴琴键。项目完工后，楼梯已经变成了一种乐器，来往的乘客很快跑到楼梯上又蹦又跳，且歌且舞，这完全出于纯粹的快乐。该广告称，楼梯变得妙趣横生，走楼梯的人增加了66%。我们不知道这些数据是否准确，而且我们深深地怀疑，在楼梯上搭建能够弹奏的钢琴是不是划算，但我们对其中的道理深信不疑。实际上，在决定是否承担撰写新版《助推》这一任务时，我们的一项基本原则很简单：只要这个过程很有趣，我们就干。

钢琴楼梯充满趣味，但实际功用不大，"乐趣理论"的发起人很快就意识到这一点。他们赞助发起了一项竞赛，激发更多更好的创意。最后胜出的方案建议，为了鼓励安全驾驶，既要提供正强化，也要提供负强化。具体来说，摄像机可以测量过往车辆的速度。超速的人要缴纳罚款。罚金的一部分会被分给遵守限速的驾驶者，但是要通过抽签的形式来实现。只需短期测试就可以发现，这样的做法能带来令人满意的效果。[18]

这个例子说明了一个重要的行为点：很多人都喜欢抽奖。有些政府已经在利用这一认识，其中最有趣的例子要数中国的台湾，为了鼓励养狗的人捡拾自家宠物的粪便，当地政府专门发起了一个抽奖项目。凡是把狗的粪便放入专门收纳处的人都有资格参与抽奖，而且有机会赢得金元宝，最高奖价值2 000美元——真的是狗屎变黄金。台北市报道，在项目实施期间，当地街道上的动物粪便污染减少了一半。[19]

中国大陆地区把抽奖用在了不同的场合：依法纳税。中国和世界上很多国家一样，都有着极其繁荣的现金经济。很多小买卖，比如餐馆等会借此机会规避缴纳营业税。为了防止这样的行为，政府印制了一种特别的发票，每个人都可以在结账后要求餐厅提供这种发票。它的高明之处在于，每张发票都可以刮奖，这就激励了很多消费者主动向商家索要发票。全世界的财政部长都应该好好学学这一招儿。

抽奖还可以用来有效促进人们的健康。为了鼓动一家医疗保健管理公司的员工参与健康风险评估，一群学者（包括凯文·沃尔普在内，他是一位医生和社会科学家，就职于宾夕法尼亚大学）进行了一次实验。为了鼓励人们积极参与，他们为一组员工提供了中奖机会，奖金是100美元，中奖率是25%。抽奖确实是一种行之有效的激励手段，这项评估的参与率提高了20%。[20]

想用抽奖的手段激发人们的积极性，必须把细节做好，这一点非常重要。只有在参与者发现自己有可能中奖的情况下，抽奖才更具吸引力。荷兰政府深谙此道，该国的一项全国彩票按照邮政编码开奖。也就是说，只要一个地区的邮政编码被抽中，该区所有彩民统统中奖。它利用的主要是人们的后悔情绪。

抽奖只是造成正强化的途径之一。它的力量源自这样一个事实：人们会过高估计自己的中奖概率。我们当然可以直接付钱给那些行为得当的人，但是，如果金额太小，实际的效果可能适得其反。（仍拿狗屎变黄金的例子来说，如果把奖金按照宠物数量平分，每份约等于 25 美分。谁会为了 25 美分去捡狗屎呢？）

还有一种可替代抽奖的方式，它和常旅客奖励计划非常相似，人们可以用积分兑换特别有趣的东西。免费到手的好东西可能比现金奖励更有吸引力，因为前者能带来一种稀缺商品：毫无负罪感的快乐。英国政府在鼓励回收利用这件事上成功地使用了这种激励机制。在伦敦郊外的温莎－梅登黑德皇家自治镇，居民可以签约加入一项奖励计划，根据回收利用材料的重量获得积分。这些积分可以在该区域的商家换取折扣。该地区的回收再利用率因此提高了 35%。[21]

疫情没什么值得高兴的。不过，新西兰总理阿德恩拥有超强的幽默感，她把这种幽默感渗透在抗击新冠病毒感染疫情的努力中。在疫情的危急关头，她宣布了严格的封控措施，限制民众的活动。同时，她还郑重地宣布，复活节兔子和牙仙子不受禁令限制。她可以一边助推（甚至偶尔强制）某种行为，把疫情从这个国家赶走，一边让人们会心地微笑，甚至开怀大笑。

这一节的寓意再简单不过：要有趣。如果你不知道什么是有趣，那就说明你太无趣了。

第 6 章
精明披露

如果决定买一部新手机，那么你不仅要选一部新手机，还要选一家运营商。想想看，为了做出明智的选择，你拥有的信息足够完备吗？对两位作者来说，可能稍微有信心决定的只有手机的大小和颜色，因为它们都是看得见摸得着的，剩下的就彻底不懂了。不要问我需要多少个 GB 的内存，请先告诉我什么是 GB。还有，"1792×828 像素分辨率、326ppi（图像的采样率）"到底是什么意思？

选择运营商套餐就更难了。我们要选择多少分钟通话和多少条短信？漫游费怎么算？我们需要多大的数据流量包？如果我换了新手机，套餐会不会有变化？哎呀！烦死啦！我能不能只选颜色?!

而选择手机和套餐并不是消费者要面对的最大的决定，也不是最复杂的决定。选什么样的信用卡？申请哪种抵押贷款？去哪里度假？好消息是，我们可以改善这些和其他领域的决策过程，把产品和服务市场变得更透明，更富有竞争性，并且变得更公平。要做到这一切，只要改善选择架构的一个方面就够了：如何搜集信息并提供给消费者。我们把它称作"精明披露"。在详细讨论它的作用机制之前，让我们先回顾一下。

陈列

在撰写本书第一版时，两位作者经常去熟悉的饭馆吃午饭，然后逛到附近一家书店接着聊。直到如今，芝加哥大学和海德公园一带还有很多很棒的书店。（虽然桑斯坦现在已经不在芝加哥生活了，但他非常怀念海德公园附近的那些书店。他现在的新欢是马萨诸塞州的康科德书店！）这可能会让一些人感到吃惊，在这个后亚马逊时代，实体书店怎么还活得下来？更别提四处蔓延的新冠病毒感染疫情了。尽管有些书店开始销售咖啡、文创和一些小物件，但是海德公园的书店和康科德书店仍然专注于卖书。那么，成功的书店（以及其他小型零售商店）的共同之处在哪里？它们都是出色的**策展人**。

对任何一家企业来说，想要和在线巨头一较高下，都必须做好策展工作。亚马逊一网打尽人类印刷出版的每一种书，以及很多没有纸质版本的书。它能很快地把你买的书送到你家，或者在一分钟内把电子书发到你的平板电脑上。这意味着，传统零售商不可能通过提供**更多的**选择来与之竞争。想打败"万有商店"谈何容易！事实上，逛一座塞满（只有）100万册图书的巨型仓库的想法是毫无吸引力可言的。但是在亚马逊上购物既简单又轻松（新冠病毒感染疫情期间逛亚马逊更是轻松，因为不用戴口罩）。这两种选择是怎样做到的？答案当然是选择架构。小型商家通过策展来开展竞争，而在线巨头使用导航工具，让人们在繁多的商品中的寻找和选择变得简单轻松。

正如成功企业的运营有很多种方法一样，策展也不存在单一的办法。有些出色的书店之所以繁荣，不仅因为它们的策展做得好，还因为它们为用户带来了极其美妙的体验。这种体验充满了惊喜、意外和欢乐，也许只要从小说区逛到那个放满推理小说的角落，你就能遇见它们。其他的成功书店可能以旅行、科幻或艺术类书籍见长。同样的道理，有些餐厅之所以超级成功，就是因为它们专注于一件事，并且一直在做这件事。最好的拉面、热狗、墨西哥玉米卷、比萨和烤肋排通常来自小小的店面，它们只卖一种食品。新加坡的美食街天下闻名，那里的摊位都只做一种美食。其中有两家甚至获得了米其林的星级评选，虽然它们看上去和其他的路边摊没什么区别，在那里吃一顿只要几美元。[1] 它们的策展做得特别棒。

多年来，塞勒在芝加哥最喜爱的红酒商店其实是一家很小的店面，那里有成箱的红酒，从地面一直码到屋顶，而且没有明显的摆放顺序。但是那位似乎永远待在店里的老板对店里的每一瓶酒都了如指掌，而且他非常熟悉用户的口味，准确程度不亚于世界上最好的算法。这位老板甚至胜过算法一筹，因为他会建议用户尝试新口味的红酒，而塞勒也不太在意冒一点点风险。缘分有时妙不可言，无论是人与书籍、音乐、电影的邂逅，还是人与酒的偶遇，都是如此。好的策展会去粗取精，会拿掉糟糕的选择，并把新奇的选择推荐给人们。

这些思想会成为接下来几章反复出现的主题。对很多领域来说，从人力资源到社会保障再到医疗卫生，选择架构都必须把策展与导航工具结合起来。如果做不到这一点，人们就会不知所措。我们在上文提到，很多人都有一种简单粗暴的指导思想：选择最大化。这一思想并不总是那么糟糕，但是，如果少了精心设计的选择架构工具，它可能变得问题重重。相反，精选一部分选择，做好策展工作，再加上出色的默认选项，完全可以产生相当令人满意的结果。

计量

人们很容易习以为常地认为，很多人类社会曾经面对的问题，现在都能随意找到类似现代市场经济的手段予以解决，并把这视为理所当然。例如，我们可以从标准**计量**单位说起。假如我想买你的谷子，我们肯定要在交易数量上达成一致才行。古代社会发明了各种标准度量衡，用来计量事物的各个维度，比如长度、重量和时间等等。作为历史的一部分，货币的兴起是一件既复杂又令人着迷的事。[2] 无论以什么样的形式出现，货币或其他价值度量形式的采用都带来了效率的极大提升，因为以物易物的办法实在太不方便了。如果你有些鱼，想用它们换苹果，你不用因此寻找手里有苹果恰好又需要鱼的人来交易。

想建立井然有序的商品市场，例如石油、大豆或棉花市场，还必须确立标准的质量单位。无论是谁，想要购买一桶西得克萨斯原油，都得知道自己买到了多少油、什么样的油（42美制加仑①）。随着人类社会的发展演进，必然会出现新的计量单位，这是再自然不过的。下载速度的计量单位（目前）是兆比特/秒。在 1980 年，消费者还用不着这样的计量单位。

如今，政府的有效职能之一就是建立标准计量单位，为消费者的选择和比较创造方便。这件事并没有看上去那么简单。拿燃油经济性来说，我们的直观理解是：同样是燃烧一个标准单位的燃油，如果一辆车比别的车跑得更远，它就更省油，它的燃油经济性就更高。但这是在什么样的情况下发生的？比如，大家都知道，在高速公路上开车比在城里堵车时开车省油多了。假如任由汽车厂商按照自己的标准计算油耗，它们一定会各显神通地选择奇特的（并且对自己有利的）标准。这样一来就苦了消费者，他们要面对的是彼此竞争的汽车厂商和风马牛不相及的数字，这叫他们从何比起呢？

---

① 1 加仑（美）≈3.79 升。——编者注

为了解决这个问题，美国国家环境保护局明确要求：统一使用英里 / 加仑①（mpg）作为燃油经济性的衡量指标。有趣的是，欧洲统一使用的燃油经济性指标是升 / 百公里。（我们没有提到电动汽车使用量激增带来的问题；在谈到温室气体排放时，由于电动汽车的环境影响主要取决于其电能的来源，所以它们带来的标准化问题比较特别。）美国还在使用一些古老的英制单位，暂时抛开英制单位向公制单位的转换不谈，我们会注意到，上述两种燃油经济性的计量单位是彼此颠倒的。在美国，消费者看的是一个单位燃油能跑多远，而在欧洲，人们看的是跑一段固定距离需要多少燃油。那么，正着说和反着说会有很大的区别吗？

里克·拉里克和杰克·索尔发表过一篇妙趣横生的论文。该文指出，二者是有区别的——欧洲的方式更胜一筹。[3] 为了证明这一点，请完成下面这个小测试：艾丽斯把一台油耗为 34mpg 的旧车换成了 50mpg 的新车，鲍勃把那台 18mpg 的油老虎换成了 28mpg 的新车，请问，谁节省的油钱更多？大多数人都会猜是艾丽斯，因为她的每加仑的英里数增加了 16 英里，而不是 10 英里。但实际上，艾丽斯减少的油耗是鲍勃的二分之一！这种错误的估计来自一种错误的认识：燃油经济性是英里 / 加仑的线性函数。它实际上并不是。所以，合格的选

---

① 1 加仑（英）=4.546 09 升。——编者注

择架构者不仅要选好标准计量方式，还必须慎重考虑结果的呈现方式，只有这样，才能保证你我这样的平常人不会感到大惑不解。（不用为经济人操心，他们都知道正确答案是鲍勃。）为什么说欧洲的油耗单位略胜一筹？同样是跑100公里，如果甲车需要16升油，而乙车只需要8升油，那么，甲车的油耗就是乙车的两倍。即使是你我这样的平常人，也不难理解这一点。

除此之外，标准化还在另外一个监管领域发挥着重要作用，那就是借贷市场。有的人可能觉得，规定贷款的利率是一件简单至极的事，实则不然。1968年之前，美国的贷款机构在利率报价上拥有相当大的自由度。为了解决这个问题，美国国会颁布了《借贷信用法案》，要求所有贷款机构必须使用统一的利率表示方式，这种利率计算方法被人们称为"年利率"（APR）。从这项法律达到立法意图的程度来看，它确实堪称选择架构的范例，因为借款人只要看一个数字就能轻松地比较贷款的成本，那就是APR报价。

但是，麻烦的是，这种简单的方法在遇到复杂的贷款工具时就行不通了，是会被分解的。比如，抵押贷款的成本就无法完全通过利率来表示，尤其是采用浮动利率的抵押贷款。在这种贷款形式中，利率会随着市场情况的变化而变动。借款人不仅要了解初始利率，还必须掌握利率的变动速度，哪些市场利率会导致还款额增加（你知道什么是 LIBOR[①] 吗？），不仅如此，他们还要了解一大堆可能隐藏在附加条款蝇头小字里的其他细节。

政府可以采取的重要步骤是建立标准合同，规定好所有的附加条款，并且突出显示合同的退出条款。公寓出租的标准租约是个很好的榜样，它们确立的条款被人们视为常规，例如，押金为一个月的租金，并且必须在租客退租离开的两个星期内退还，等等。所有超出常规合同的部分必须手写添加，并由双方签字生效。这样可以帮助人们避免因漫不经心而掉进"哦，管它呢"启发法的陷阱。这样做的好处在于，通过监管，消费者可以轻松愉快地在相互竞争的供应商之间做出比较。这一想法可以用于很多领域，我们在第 10 章讨论抵押贷款时会再次提到它。

精明披露

附加条款是个很有意思的词。就某种意义而言，它与字面含义（"极小的字体"）相当接近。因为在一份合同中，附加条款的字号确实比正文小。不过它的实际含义要宽泛得多，因为

---

① LIBOR：伦敦银行间同业拆借利率。它是全球大型银行之间借贷时采用的一种标杆利率。LIBOR 由洲际交易所负责管理。该机构会就同业间短期借款的意向利率向全球主要银行发起询问。

用小字的真正意图是让这部分内容没那么显眼，让它们变得更难处理。附加条款包含着卖方不想让你看到，但又不得不写入合同的信息。这些小字很可能就是一份合同真正做到"披露"的那部分。

如果你有一个秘密，不想让任何人知道（比如你暗恋某个电影明星），你当然有权守口如瓶。但是，如果你想出售自己的房子，那就必须披露很多信息才行。有没有使用铅管？屋顶漏雨吗？阁楼里有没有住着一大家友善的啮齿类动物？所有类似的问题都必须交代清楚，借用时髦的法律术语来说，你必须把"相关信息"告知对方。为了确定每一种法律情形下披露怎样的信息，各国政府投入了数之不尽的时间。桑斯坦曾在奥巴马政府担任过信息与监管事务办公室主任，他监管过很多这样的披露制度。桑斯坦看到，最初的问题往往是，是否要求人们披露某项信息。如果市场运行足够良好，强制性的信息披露是没有必要的。接下来的问题是选择架构的确定。如果强制要求披露的信息被转换成消费者看不懂的技术术语，印成细若蚊足的小字，那么它可能没有任何好处。

披露制度自古就有，但是下面的事实仍然令人十分震惊。除了少数明显的例外，尤其是金融领域的例外，用于披露的技术几乎从未改变过。当然，我们现在用的是计算机，但就算使用毛笔和竹简也是一样的。那些被要求披露信息的人仍然会把它们写进文件里，无论是打印出来还是在线文档。比如，你可以随时在网上查看一副耳机的技术规格，但是你真的知道那些关于频率响应和灵敏度的数字代表什么吗？

我们要在这里提出一个大胆的建议：是时候让披露制度用上至少 20 世纪的技术了。对那些敢于冒险的思想者来说，如果能够利用 21 世纪的现有技术，那就再好不过了。我们在本书第一版里提过这方面的建议，当时使用的名字比较笨拙，叫作 RECAP。就连我们都忘了这个首字母缩略词的完整含义了。奥巴马政府的一些朋友提出，不如把这个想法改个名字，就叫"精明披露"，我们欣然采用了这个新名字。

白宫为此专门发布了一份文件，它好像现在还是有效的：[4]

此处使用的名词"精明披露"指的是，复杂信息与数据通过标准化的、机器可读的形式及时披露，便于消费者在掌握充足信息的情况下做出决定。精明披露通常采取的形式是，为个人消费者提供关于商品和服务相关信息与数据集的直接入口。例如，与各种产品和服务有关的成本区间，包括那些可能仅在被强制要求披露的情况下才变得透明的成本。在有些情况下，代理人或第三方中间人也可以建立各种工具，使用这些数据集，提供足以简化消费者决策过程的服务。这样做可能会改善消费者的决策，例如把消费者本人过去决策的性质和影响告知他们（包括告知人们过去决策已经造成了怎样的成本和费用）。

虽然这段文字没什么诗情画意，但是我们能读懂它的含义。简言之，精明披露是一组规则的集合，旨在解决附加条款的问题，帮助消费者做出更好的决策。在以上引述的基础之上，我们可以提炼出两大要点。第一，复杂信息应当通过标准化的、机器可读的形式进行披露，变得可用。想想电子表格，就可以对这种形式的披露有一个大概的印象。第二，任何组织，无论是政府组织还是私营组织，只要记录了个人或家庭的行为信息，原则上都应该让这些信息对当事人或家庭开放。特别是，任何跟踪用户过往服务和使用信息（比如手机套餐、网飞的流媒体服务，或者网络购物平台上的所有购买记录）的企业都应该对用户开放这些信息。它的指导思想是，购买历史数据归购买者所有。（例外的情况也可能存在，比如涉及政府的国家安全事务等。）

下面就这两点略加展开。需要事先强调的是，我们认为，这些数据应该被导入专门设计的、用于帮助人们更好决策的软件并加以使用，只有最偏执且精通技术的消费者才会自己使用这些文档。

所有的披露信息做到机器可读

也许最无用的披露（言重了，我们老实承认）就是"条款和条件"了，所有的在线服务提供商都要向自己的用户出示这种东西。我们可以确信，条款和条件中必须披露的每一条信息都来自监管者的良苦用心和一片好意。但是，他们这样的做法反而让披露变得毫无用处。伦敦"行为洞察小组"的朋友告诉我们，贝宝（PayPal）的"条款和条件"足有 36 275 字。强烈的直觉告诉我们，地球上没有人会完整地阅读它，包括贝宝的员工在内。这样的文档也能被称为披露，试问这从何谈起？叫它天书还差不多。在此声明，我们完全无意拿贝宝当靶子，这是伦敦的"行为洞察小组"做的。说到这些所谓的披露，令人好奇的是，它们在网上都找得到，但也可能被印成一大沓文档，计算机无法（容易地）读取这些文档。精明披露的宗旨就是要解决这样的问题。我们如今购买旅游产品的方式可以作为例子，能说明改善的途径。

一部分年纪在 40 岁以上的读者，也许还记得旅行社是什么。曾几何时，旅行社遍地开花。比如，你想乘坐飞机从纽约出发，先飞到巴黎，再到柏林、罗马，再飞回纽约，你会打电话给旅行社。他们会为你安排好机票和酒店的预订。安排一次行程往往要打很多通电话。我们不是在编故事，不信去问问你父母。

当然，旅行社现在仍然存在，但是早已变成了濒危物种。任何一个拥有计算机或智能手机的人都能自己安排上述行程，也许只需要访问一两个旅行网站就够了，比如易信达、在线旅游公司 Expedia 或缤客等等。我们把那些帮助消费者在众多选择中完成搜索的企业称作"选择引擎"。关于选择引擎，需要注意的一个关键是它们的运行能力，这种能力在很大程度上取决于能否及时精准地获取价格及可用性数据。航空公司会在线上发布相关数据（部分原因是政府要求它们这样做），旅行网站可以即时搜索到所有的可用航班信息。

选择引擎是否可信？这可能是很多人担心的问题。我们认为，选择引擎和所有其他的企业没什么两样，都应当遵守通常的、有关欺诈或内部交易的法律。而且应当有合适的监管部门监督它们的行为。与此同时，还有类似 Kayak（美国旅游搜索引擎服务商）之类的选择引擎聚合平台，用户可以在那里轻松地对比不同的选择引擎，完成搜索，确保自己得到的价格是最低的。这种元选择引擎的存在能够帮助消费者监控选择引擎本身所提供的价格。

旅行网站比较擅长自身的业务，不过也可能存在漏洞，因为它们并不总是能提供（甚至是获得）所有的相关信息。比如，航空公司一度是不被强制要求披露某些信息的，比如在其网上公布的票价里，购票人必须承担的税费信息，人们就无从得知。在行为经济学的启发下，美国交通部颁布了一项法规，强制要求更全面地披露信息。这样一来，航空公司究竟把多大比例的税费转嫁到购票人身上就一目了然了，这对消费者的帮助特别大。[5] 令人不解的是，有些国家不要求航空公司公布所有的相关费用。这就意味着，如果两个人计划带着巨大的行李箱旅行，他们要搜索报价可能并没有想的那么简单。

这当然算不上全球重大问题，但是，如果把车停在一家酒店里，你可能不知道自己要交多少停车费。在大城市里，这可能是个让人惊掉下巴的数字。更大的问题是，很多酒店和度假村都在使用两种特别讨厌的做法：区间定价，即把价格分成多个部分，但不透露总价；水滴定价，即事先只张贴部分价格，直到用户选择快完成（甚至是开车离开）时才告知其余部分的价格。这两种做法都是趁人不备，钻消费者的空子，假如精明披露能在这些领域得到普及，这样的做法可能会彻底消失。

同选择抵押贷款相比，选择旅行产品简直是小巫见大巫。抵押贷款包含数量众多的技术性细节。它们非常重要，但是普通消费者通常很难理解，而且贷款机构不会在线上公布其价格的全部细节。这就是现在还有所谓的"抵押经纪人"活跃在坊间的原因之一，也是旅行经纪人消失不见的原因。

令人惊讶的是，食品成分的数据也是很难获得的。美国要求食品公司必须在外包装上列出所有成分，但是，这可能意味着一张极长的清单！如果你家孩子对坚果过敏怎么办？为了让人们更轻松地查看食品中是否包含潜在的过敏原，政府还要求食品公司必须注意八大过敏原，如果产品中包含这些过敏原，必须用粗体字标注出来。[6] 这很好。但是，一件件地查看这些产品，检查它们是否包含某些成分，对颈椎是一种沉重的负担。让生活的这一面变得轻松些不好吗？能不能让父母的日子好过一点儿？

你的使用数据你做主

你有没有注意到，音乐和视频流媒体服务对你喜欢的内容预测得相当准确？有时你甚至觉得，它们比你更了解你自己。不过你要知道，从某些方面来说，它们确实比你更了解你自己！

以类似网飞这样的流媒体服务企业为例，这家公司在刚刚成立时，主要的服务形式是为用户邮寄DVD（数字通用光盘）。它会请你为自己观赏过的电影或电视剧打分，以此猜测你的喜好。这些公司早就用不着这样费力了，因为现在它们能根据你观看的内容推断出你喜欢什么！你刷完了全部的《绝命毒师》，还是只看3集就放弃了？你是看了一眼就退出了，还是在一个漫长的雨天周末一口气看完了整整3季？如果你已经订阅了一段时间，它们就会拥有一个远胜于你的巨大优势：它们记得你观看的所有情况，就连只看一眼的情况都记得一清二楚！而我们平常人可能连警匪剧里的演员都会搞混。

这里存在一种普遍情况。网飞之类的企业掌握着一些很有价值的事物：你的过往行为。这为它们带来了巨大的优势，常常让刚起步的竞争者难以企及。网飞把你的观看历史转化成有用的推荐，它们拥有做到这一点的所有算法，这是非常明显的。这些企业没必要（也不应该）被要求公开这一知识产权。可是，我们同样有权使用自己过往观看行为的数据，不是吗？

让我们说回坚果过敏的孩子和他们的家长面对的困境。假如他们大部分时间在家附近的一家大型超市购物，如果它是一家大型连锁超市，那么它很有可能配备了某种类似"会员俱乐部"的机构，保存着每个家庭的购买记录。我们认为，家长以及所有其他用户都应该有权获得这些购物记录，包括从线上平台购物的情况。用户为什么需要这些数据？好吧，假如只要轻点几下鼠标，用户就可以下载过去半年的所有购买数据，而且这种数据格式可以直接上传到另一个网站上，用户就可以从中获益。因为这样的网站会检索全部购物记录，发现人们在未来购物时应该少买或者不买的商品（基于具体的标准筛选，如是否包含坚果、热量过高、糖分过高或价格过高等等）。这种网站甚至可以推荐一些很好的替代商品。

当然，要把我们说的这些变成现实，这些"无坚果"网站（它们真的可能叫这个名字）必须能够获取商店里每种产品的全部成分列表的数据库，而这并不是没有可能的，只要我们的第一条建议得到采纳。如果印在外包装上的食品成分可以在网上获取，那么建立一个产品成分的数据库并不是什么难事。它与购物数据的匹配也会变得非常简单，因为购物是在收银台通过扫描完成的，而每件商品的条形码都是独一无二的。假如要求食品企业把最新的成分列表上传到在线数据库里，这一切就会变得无比简单。当然，我们能做的远远不止是用手机检查每一次潜在的购买，以确保它们不带有"禁买清单"上的成分。

同样的道理，在我们购买新手机和运营商套餐时，如果选择引擎能取得相关套餐所有的定价特征和我们过去的使用数据，事情就会变得很简单。优秀的选择引擎甚至可以在人们升级新手机或平板电脑时预测到用户的使用会发生怎样的变化。只要消费者允许选择引擎连续不断地获取自己的使用情况，它们就可以提出变更新套餐的建议。

精明披露不仅仅是个想法。美国和英国都在把它变成现实，并且取得了长足的进步。这场好戏刚刚开始，未来要做的还有很多。在本书的后半部分，我们会不失时机地强调和运用这一工具。这里先举两个来自英国的例子，激发一下读者的兴趣。

如今很多人都在用自己的银行账户缴纳日常费用，如房租、水电费和信用卡还款等等。完成这样的设置相当简单，只需要几分钟，不过也算是个不大不小的麻烦。假设有一位用户对现在使用的银行不太满意，想换一家银行。这本身就是一件很麻烦的事，不仅因为银行零售网点的拖沓，只要想到自己还需要重新设置一大堆自动扣款，有些人就会觉得麻烦透顶。仅仅是读了这几句话，桑斯坦已经在流汗了。不过没关系，只要他肯搬到伦敦居住，这些都不是问题！

从 2018 年开始，所有受英国法律管辖的银行都必须支持用户使用自己的财务数据，例如消费习惯、定期付款、正在使用的企业（银行、信用卡公司和信用社等），并把这些数据分享给专门认证的预算应用软件供应商，或者分享给其他银行，只要用户授权即可。每一家使用"开放银行"提供产品和服务的供应商都必须接受相关部门的监管。目前已有 9 家最大的银行和建房互助协会加入了开放银行名录，还有更多的机构即将加入。这样的例子有很多，个人金融应用软件 Lumio 就是其中的一个例子，它可以帮助你连接所有的银行账户、养老金账户和投资账户，将它们集中到一个地方。精明披露让这一切成为可能。

英国的能源行业也是个好例子，消费者可以选择自己喜欢的能源供应商，这让美国加利福尼亚州的广大群众羡慕不已。加利福尼亚州的公共电网臭名远扬，首先是因为它引发了山火，后来为了预防威胁再次发生，政府又先下手为强掐断了电力供应。不过，话说回来，拥有选择是一码事，做出良好的选择是另一码事。

英国能源行业的关键创新是强制要求能源供应商向用户提供使用数据，而且这些数据要通过机器可读的形式体现在账单上（二维码），然后与第三方中间商合作搭建选择引擎。名为Uswitch 的应用软件就是个很好的例子，它允许用户通过手机扫描能源账单，根据用户的使用习惯建议一系列个性化的能源选择。

这样的好事多多益善！

第 7 章
＃ 胡推

胡推（Sludge）。名词，本来指黏稠厚重、又软又湿的烂泥，或者性状与之类似的、由液体和固体物质组成的黏性混合物，尤指工业过程或精炼加工过程的产物。[1]

谈到优质选择架构，最重要的基本原则也许就是我们的咒语：让它变得简单。想鼓励某项行为，就要找到人们不去做它的原因，然后消除阻碍因素。假如想鼓励人们考驾照或接种疫苗，那就要让它们变得足够简单，首先要提高它们的方便性。

当然，这个原则带有明显的推论：如果想打消人们采取某种行动的念头，可以设置障碍，让它变得更困难。比如，如果想让投票这件事变得更难，你可以叫停邮寄选票和早期投票，减少投票站的数量（并把投票站设在远离公共交通站点的地方）。当这样做的时候，你还可以试着让人们排上几个小时的队才能投上庄严的一票。如果不希望人们移民你的国家，你可以让他们填写数不清的表格，再花上几个月的时间等待邮递员送来好消息（或者等待电子邮件），哪怕只有一个问题回答错了，也要给他们点儿颜色瞧瞧。如果想阻止贫困人口获得经济福利，你可以要求他们在迷宫一样的网站上四处寻找，并让他们回答很多的问题（有些问题可能不是人话，因为几乎没人看得懂）。

全球很多政府都对减少吸烟极度热心，但它们并没有一刀切地禁烟。相反，这些政府正在逐步采取措施，让吸烟变得越来越麻烦。在我们年轻时，每一家酒吧和餐馆都有香烟自动贩卖机，人们可以一边用餐一边吸烟，如果烟抽光了，人们可以随时买上一包。后来，这些自动贩卖机被撤走了；接下来，餐馆开辟了专门的吸烟区；再后来，酒吧餐厅全面禁烟。烟草公司自然会反对这些规定。当时的电视上还可以播放烟草广告，广告创作者不遗余力地调动了助推武器库里的所有武器，千方百计地让吸烟变得更有吸引力，尤其是对年轻人来说，他们可能会禁不住诱惑，染上一辈子的烟瘾。烟草广告里的模特魅力十足，令人神往，完全看不出浑身散发的烟臭味或者疾病缠身的痛苦，也不知道他们是怎么做到的。

我们想说的是，助推，或者说得再宽泛些，行为科学，既可以用来为善，也可能用来作恶。我们在前文提到过一次选举，它推动德国民众为希特勒投票。人们也可能因为接受默认选项而加入对自己不利的项目。在这一章里，我们会简要地探究选择架构的阴暗面。有一个经常被用来形容这些阴暗面的名词——"胡推"。据我们所知，这个用法的最早的使用者应该是凯特·兰伯顿和本杰明·卡斯尔曼。他们在2016年"赫芬顿邮报"上的一篇文章里用到了"胡推"。[2]塞勒也在推特上表达过他对一种商业行为的愤懑，并且称其为"胡推"，我们会在下文谈到这种行为。从此以后，这个词流行起来，成了人们的常用语，而且经常成为话题标签。

究竟什么是胡推？毫不奇怪，事实证明，推特真的不是一个认真定义学术术语的理想媒介，尤其是在它显然（部分）因（与助推）押韵而被选中的情况下。至于叫什么才最恰当，学术界曾有过激烈的争论。不过它一直被沿用到现在，我们也会在这里使用它，部分原因是它很有趣，而且不会让我们过多地陷入定义的泥淖。如果你想打破砂锅问到底，可以读读桑斯坦为此撰写的一本（不厚的）专著。（猜猜书名叫什么？）

我们对"胡推"的理解是这样的：它指的是选择架构的某一方面，它形成的阻力会增加人们获得良好结果的难度，妨碍人们（自力更生地）过上更好的生活。如果不填完20页的表格就无法获得经济帮扶，那么你正在遭遇胡推。如果不完成4轮面试就拿不到学生签证，那么你在遭遇胡推。如果需要核酸检测，或者接种新冠疫苗，但是你首先必须在一个让人眼花缭乱的网站上找到入口，然后填写一大堆在线表格和纸质表格，接下来，你要开车去一家很远的医院，排上两个小时的队，那么你面对的准是胡推。

有些选择架构有意胡推，在流程中间加入阻力，以此实现自己的目的。让取消会员或取消订阅变得很难就是一个例子。为贫困人口设置障碍，让他们不容易参与投票、获得职业培训资格或者获得避孕用品，也是一个例子。"黑暗模式"指的是，各种专门设计用来操纵他人（以骗取钱财）的线上行为。有些黑暗模式可以归类为胡推，比如，如果人们想规避某些收费，它们就会设置重重阻碍。

有些管理流程的本意是好的，它们的设计是为了确保人们切实获得某种资格或权利，得到他们想要的东西。然而，这些流程也会带来胡推这种副产品，这或许是不可避免的。它们可以算作另一种类型的胡推。在我们校对本书的清样时，出版社为我们提供了一款软件。这款软件简直是胡推的集大成者，最后，桑斯坦选择放弃，手工写了一张列表，说明我们要做的修改之处。我们不禁好奇地想，这些胡推是不是专门设计的，用来预防作者在临近出版的最后一分钟做出修改，比如这句话就是。在美国，用来形容这一规定的技术术语是"项目完整性"。保证项目完整性而付出的努力也有可能产生胡推。比如，为了获得签证或者成立新公司的营业执照，你必须填好各式各样的表格，并且得等上几个月；为了获得急救治疗，人们先要填写一堆看不懂的表格；或者，想进入美国国务院工作，你必须提交自己过去 20 年的旅行信息，还要提供海外关系的有关信息。

有些形式的胡推也被称为官僚作风，这在政府里体现得尤为明显。它还有另外一个比较正式的名字，叫作"行政负担"，桑斯坦很喜欢这个名字，而塞勒觉得它本身就是一种胡推。不过，每个曾在大型私营组织里工作的人——从大型企业到大专院校——都很清楚，政府机构可不是官僚作风的垄断者。很多企业和非营利机构（包括大学在内）都会强加许多胡推，包括对自己的员工。

只要有买卖，就会有无赖和骗子；一个组织[①]只要有十几个人甚至更多人，就会有自我施加的胡推（而且它们会打着有效管理的旗号招摇过市）。在这里，我们的目标是让读者更清醒地认识到，胡推最有可能潜藏在什么地方，以及如果不能彻底消灭它们，应当怎样尽量减少它们。我们很清楚，我们的论述只是冰山一角，而且我们提出的办法并不是详尽无遗的。我们可不想在自己的书里创造胡推！

私人领域里的胡推：外立面

塞勒以研究不当行为的专家自许，他甚至为此专门写过一本书，这本书刚一上市，他的编辑就通过电子邮件发来了第一条书评的链接，这让塞勒兴奋不已。这则书评来自伦敦一家历史悠久、声誉卓著的报纸。当他激动地点击那个链接时，弹出

---

① 写下这一句时，我们发现，"组织"这个词实在是很好笑。

了付费墙。啊?! 等一下，这家报纸提供了为期一个月的试订阅，只收 1 英镑。这太划算了！当然，事实上，即使只花 1 英镑，塞勒也要提供自己的信用卡信息。他很清楚，等到一个月结束时，这家报纸就会为他自动续订，这简直是必然的。所以他告诉自己，一定要好好研究一下那些可怕的小字条款。

不出所料，只要试订阅一结束，他的订阅就会被自动续期。这一点大家都猜得到，但是续订的价格有些离谱：在线订阅用户每个月要交 27 英镑。尽管如此，一想到自己居然在没有桑斯坦帮助的情况下写出了一本书，塞勒仍然愿意忍痛为看到它的第一则评论花上 1 英镑。就在准备奋不顾身地接受试订阅时，塞勒又查看了一下退订条款。因为他准备一读完那条书评就退订，这样他就可以避免终身订阅的风险。结果他再一次感到震惊，他发现，如果要成功退订，他必须提前 14 天通知那家报纸。这意味着所谓"一个月"的试订阅实际上只有两个星期。更糟糕的是，人家根本不接受在线退订。他必须自掏腰包打电话到伦敦的报社，而且必须在工作时间打电话！

正是这段经历在推特上引发了"# 胡推"这个标签话题。

退订陷阱

这样说可能有些夸张，但是伦敦这家报纸的故事并非个例，这可真叫人伤心。在我们看来，自动续订本身并不是问题所在。事实上，自动续订是可以减少胡推的。无论是怎样的订购，假定用户希望每个月继续使用其服务的做法看上去是合情合理的。（想想看，如果要你每个月跑去电力公司或网络供应商那里主动续约，否则就断电断网，你受得了吗?!）如果是按年付费，我们认为发一封电子邮件提醒一下用户，这总是应当的吧？有些我们很喜欢的信息提供商就是这么做的，这也是获得忠实客户的好办法。

如果订阅流程和退订流程相差很大，胡推的情况就会出现。为什么人们只要输入信用卡号就可以订阅，等到退订时却非要打越洋电话到伦敦呢？这样的做法是把胡推当作国际用户保留策略来使用。不幸的是，这样的情况多得很。我们咨询了这家报社的发言人，为什么他们要提出这样的要求。对方回答说，在此之前，报社经常遇到读者粗暴退订的情况，他们希望用这样的方式确保读者充分意识到该报宽广的报道范畴。这位发言人还以它的体育版为例来说明。呵呵，万一错过了它的板球新闻就太可惜了。（在这里，我们要很高兴地通知大家，这家报社已经修改了政策，接受读者通过电子邮件退订，不过，最好的办法还是点击一个按钮即可退订。我们试了一下，发现剩下的过程已经看不见胡推的踪影了。）

好像很多组织都把这种"上船容易下船难"的不对称性当作自己商业模式的一个重要组成部分。大家都知道，健身房和有线电视公司都是这种手段的个中高手，至少在美国是这样的。我们听说过这样一个例子，在旷日持久的新冠病毒感染疫情封控解除后，有一家健身房重新开张了。它居然要求退卡的会员必须到现场办理。胡推加上新冠病毒感染，真是方便极了！在伦敦那家报社的例子里，我们至少还找得到它的政策——它就写在报社的官网上，很容易就能看到。然而，在很多别的情况下，退出成本被深深地埋藏在小字条款里。我们认为，至少应该要求企业用正常字体明示取消条款。美国有些州更进一步，加利福尼亚州和纽约州要求，所有的线上订阅必须接受线上退订。[3]"标准格式订阅"同样颇有价值，按照它的规定，退订必须是简单且免费的，例外的情况必须明确指出。

退款折扣

邮寄退款折扣同样是胡推的重灾区。某些产品的卖家通常会在完成交易后返还一部分销售款给用户。从标准经济分析的角度来看，这种促销方式是一种价格歧视行为。虽然这样的叫法让它听上去令人生厌，甚至似乎是违法的，但它在很多情况下是极为普遍的，是被人们广泛接受的。如果提前很多天预订机票或酒店，你就可以获得较低的价格。这样的政策在两类人群之间造成了"歧视"。第一类是对价格高度敏感的消费者，他们愿意提前计划、提前承诺。第二类是对价格比较不敏感的消费者，比如可以报销的人群。价格歧视本身说不上有害，但这样的做法实际上降低了价格敏感消费者付出的成本，因为那些说走就走的旅客支付全价的行为实际上是对前一类人群的交叉补贴。

价格歧视通常是有作用的，那是因为消费者愿意为了获得较低的价格而去做一些事，例如提前订票，或者在没那么方便的时段乘坐飞机。我们可以把它看作一个障碍，要想达成交易，消费者就要跨过这种障碍。在退款折扣这件事上，障碍就是兑换优惠券的胡推，而且其中的胡推程度可能达到了相当高的水平。卖家可能要求消费者邮寄（是的，邮寄、贴邮票的那种）发票原件到店里，同时邮寄的还有带有扫描码的一部分外包装，这样可以识别具体产品。这样的情况并不少见。条形码在纸板箱上的位置通常比较别扭，所以请常备美工刀。

材料寄出之后（最好复制一份留底，万一用得上呢），通常要等上几个月，如果你把每个步骤都做对了，而且你的邮件没有"丢失"，你会收到一张邮寄来的支票，当然，你还要记得去兑现。恭喜你，这样一大圈折腾下来，你终于成功地兑现了一小笔退款折扣，金额是原价的 10%～40%。

企业为什么要大费周章地搞退款折扣？或者换一种问法，消费者为什么会掉入这样的陷阱？这让我们不禁想起一篇论文里的精辟分析，如果搞一个学术论文最佳标题大赛，我们一定会提名这篇文章，它的题目是"每个人都相信打折"。[4] 它的作者在一项实验中发现，人们总是高估自己穿越层层关卡的可能性，普遍表现出一种不切实际的乐观。人们认为自己有 80% 的机会在 30 天内完成退款折扣的所有要求，而实际的退款率只有 30% 左右。说每个人都相信打折有些夸大其词，但至少大多数人是相信的。

同样还是这项研究，研究者进行了三次尝试（针对三组不同的受试者）以消除人们的偏差，也就是缩小人们预期退款率和实际退款率之间的巨大差距。在第一项干预中，研究者非常清楚地通知受试者，之前用户的退款率不足三分之一。在第二项干预中，受试者收到两次明确的提醒，第一次在购物刚刚完成后发出，第二次在退款的最后期限临近时发出。第三项干预是让退款变得更容易，直接取消了用户打印认证页面并签字的要求。

结果显示，这三项干预措施都没能降低人们大无畏的乐观主义精神！三组受试者仍然认为自己有大约 80% 的机会寄回表格。不仅如此，前两项干预对人们的实际行为没有产生丝毫影响。在听说其他组受试者的行为之后，人们显然是这样想的："天哪，他们真是傻透了。我肯定不会那样做的。"我们可以在这里得出一个普遍的（令人感伤的）道理。告知人们有些做法是危险的（比如信用卡的巨额开销、酗酒、不采取安全措施的性爱等等），就好像告诉他们有人常常会睡过头一样没用。想要及时醒来，他们需要的是闹钟，甚至需要一个落跑闹钟。

只有一种干预是有效的，那就是我们的咒语：让它变得简单。要让邮寄表格变得更简单，这样可以减少胡推，明显提高人们采取行动的意愿。结果显示，退款成功率提高到54%。也就是说，人们的想法和行动之间的差距被缩小了一半。减少胡推可以极大地影响人们福祉的提高，这就是最有力的证明。当然，市场营销企业可能不会采用这样的策略，因为这会挫败退款打折的整体目标，即利用人们的过度乐观，甚至是人们对（某种类型的）打折的盲目相信。

成为胡推的隐藏属性

据说，吉列公司的创始人金·吉列发明了买刀片送刀架，靠持续销售刀片赚钱的营销策略。它背后的商业逻辑是：如果刀架是完全免费的，你就可以让用户养成购买吉列刀片的习惯，这样一来，公司就可以借机提高刀片的售价。这种模式看上去是可行的：吉列公司长期占据着美国剃须刀市场的很大份额，其刀片在世界各地都有销售。我们并没有觉得刀架的例子有什么特别不对（它转移的成本相当低），但是，有些成本高得多的市场也在采用同样的模式，这才是我们想说的，比如喷墨打印机市场。它的策略是这样的：打印机卖得很便宜，主要靠卖墨盒赚钱。

从消费者福利的角度来说，问题是人们很难知道使用打印机的真实成本。在线上商城，你可能很容易就会发现各种配备最新功能的打印机，例如无线打印功能，而它们通常不到100

美元。但是，试着查查墨盒的价格，再查查你需要多久更换一次墨盒，你就会知道自己掉入了商家的陷阱。不仅如此，各家厂商的打印机设计通常不会兼容别家的墨盒（当然，这也是为了避免我们宝贵的打印机受损）。

打印机墨盒只是"隐藏属性"的一个例子。这个概念是行为经济学家泽维尔·加贝克斯和戴维·莱布森提出的。[5]由于这种隐藏属性的存在，一件商品的标签价格淡化了使用者的真实成本，而被隐藏起来的成本并不容易被发现。酒店业是出了名的隐性消费集大成者，如停车费和无线上网等，酒店有时还会向客人收取一种"度假费"，而它通常是一种必选的附加费用。任何不幸在酒店干洗过套装的人一定会明白，酒店的收费至少是本地干洗店价格的两三倍。当然，精打细算的住客可以把衣服拿到外面去洗，但是，不管人们是去出差还是去游玩，恐怕都挤不出时间来干这些杂事。

我们认为，隐藏属性应该被视为胡推的一大来源地。无论是消费者、患者、投资者，还是其他什么人，想要把它们找出来，都只能在烂泥里蹚出一条路来。隐藏属性让购物变得更加困难。假如能把全面的精明披露融入优质的旅行选择引擎，这个问题就能得到极大的缓解，至少在旅行这件事上是这样的（除非酒店能想出新的名堂来收更多的钱，比如淋浴花洒使用费）。不过，在这一切实现之前，这个行业恐怕仍充满了胡推。我们会在第 10 章看到，信用卡行业同样存在大量的隐藏属性，就算把范围扩大到整个零售银行领域，这样的说法也成立。只要存够一定的金额，支票账户就是免费的。这样很好，但是如果余额低于这个金额，会发生什么？

人们自然会问，为什么连锁酒店或银行之间的竞争无法消除这样的胡推，其实原因显而易见。（还记得关于蛇油的讨论吗？）假设甲银行打出了"免费支票账户！"的广告，然后利用偷偷摸摸的费用赚钱。让我们假设这家银行维护一个支票账户的年成本是100美元，一个竞争对手跑过来，打出了"支票账户，年费100美元，无隐藏费用"的广告，你说哪家银行会赢得胜利？没有人开一个支票账户是为了被拒付，就像没人把车开进停车场是为了把整个尾部刮花一样。事情就这样发生了。

这三个例子——订阅陷阱、退款折扣和隐藏属性——可以通过一个更宽泛的点串联起来：究其核心，这些策略的目标都是让价格变得不透明。其相关性可能在订阅陷阱的例子里表现得没那么明显，但在后面两个例子里是显而易见的。杂志社、有线电视公司和健身房为什么要把退订搞得那么难？原因之一是它们想要价格歧视，也就是说，对同样的产品（或者一个月的服务）收取不同的费用。它们做到这一点的方法之一就是，为闹意见的人提供特别的价格，比如吵着要退卡的会员！

假如一位客服代表（不管是通过电话还是在线聊天的形式）问用户为什么要取消订阅，对方回答"太贵了"，客服代表就会使出一件法宝，它的名字叫"专为忠实客户提供的特价"。实际情况恰好相反，这种特价是专门为威胁退出的不忠实客户量身打造的。有些信用卡公司会为每一位威胁销卡的客户豁免年费，这就是通过胡推实现的价格歧视。作为用户，我们希望和明码标价而不是向那些报怨的人提供更低价格的商家打交道。如果我们是经营企业的人，也要在经营中遵循这样的想法才对。

私营领域里的官僚主义

政府机构里充斥着过多的官僚主义规章制度，即使（或者尤其是）对自己的员工也是如此。可以说，政府机构享有这样的声誉是当之无愧的。但是，私营企业、医院，当然还有大学，也好不到哪里去。首当其冲的就是招聘环节，人们往往要从很多的胡推中冲出重围，才能得到一份工作。走上工作岗位之后，每天的工作常常包含着大量的胡推。只要问问医生和护士，你就会知道，他们如今还有很多日常工作文件要用传真来发送。（美国医疗保健系统成本高企的一个原因非常简单：胡推太多了！[6]）

出差监控和报销也是个很好的例子。实际上，说到这一点，美国政府工作人员在某些方面的感受也许比私营企业的员工要好一些。如果出差申请获得批准（暂且不论出差做什么），政府的差旅部门通常会为出差的人订好机票和酒店，并直接付款，甚至会为此谈好协议价格。可是，万一你遇到了航班被取消被迫改坐高铁回家的情况，我们只能为你献上最深的祝福了。祝你报销顺利。

我们在私营领域差旅制度方面的亲身经历说明，这个过程存在过多的胡推。举个例子，你准备去某城市参加一个会议，坐飞机到那里要用两个小时。这次会议非常重要，所以获得审批肯定不成问题，但是，要不要出这趟差由你自己决定。公司并没有要求你参加这个会议，但是如果你选择去，公司就会给你报销差旅费。问题是，你可能会因为某些事情，也可能是任何原因，临时决定不参加这次会议了。当然，临时有事的可能性永远存在，我们姑且假设这一次的概率比平常大一些。

你查看了一下机票，发现有两种选择。第一种比较便宜，往返只要 400 美元，但是不能退票。如果你没坐那班飞机，机票钱一分不退。第二种机票比较贵，要 1 200 美元，但是可以全额退款。你会选哪一种？作者（中的一位）就遇到过这样的情况。他问自己的学校，如果他买了便宜机票但是没有去出差会怎么样，他得到的答复是，学校无法为他没有参加的会议报销费用。就这样，他选择了 1 200 美元的机票，并且如期参加了那次会议，学校为他报销了那张机票。这真是胡推！

说到差旅费，和我们看法相同的人有很多，其中就包括网飞公司的创始人兼首席执行官里德·哈斯廷斯。他在自己的著作《不拘一格》中谈到了这一点。[7]从书名就不难看出，哈斯廷斯和我们是一路人。他在书中讲述了前公司一位同事的故事。那个人对自己的一次出差经历大为不满。那家公司的差旅政策是，在外地出差期间，员工可以选择租车或者乘坐出租车，但二者只能选其一。这个人选择租车，因为他要拜访的客户距离他落脚的市中心很远，要两个小时的车程。但是他乘坐了一次出租车，因为晚上和客户的活动需要喝酒，结果公司拒绝报销他的出租车费。这让他火冒三丈，最终选择离开了那里。因为他不想为一家制定出如此愚蠢制度的企业工作。在创办网飞时，哈斯廷斯暗下决心：千万不能那样管企业。

哈斯廷斯说，他只想告诉员工一句话："像花自己的钱那样花公司的钱。"放在实际工作中，这句话的意思是，你觉得机票酒店怎么订最合理就怎么订好了，如果实在拿不准，你可以问问主管领导。公司要求各级经理适当监督费用开支情况，如果发现有人滥用这项制度。他们会提醒初犯者，并且随时辞掉那些屡教不改的人。哈斯廷斯用两句话总结了自己的看法。它们不仅仅适用于出差：

- 有些费用也许能增加自由度。但是，这种自由带来的收益远远抵不上过度支出的成本。
- 有了费用自由，员工能在花钱时做出有利于公司的快速决策。[8]

我们非常乐意为网飞这样的公司工作。

大学招生

在美国，申请大专院校的手续特别复杂，尤其是对那些具备申请助学金条件的学生来说。每一步都可能遇到胡推，这让人倍感遗憾，因为能代表低收入家庭学生发声的人少之又少，简直是严重不足。在美国顶尖大学就读的家庭收入前 1% 的学生人数比家庭收入后 50% 的学生人数多！你可能认为，这一事实可以简单地解释为顶尖大学的学费非常昂贵。但是，事实上，很多最好的大学求贤若渴，希望为符合资格的低收入家庭学生减免就读期间的所有费用。不仅如此，在顶尖学校就读还可以带来很多充满吸引力的就业机会。既然如此，为什么没有更多来自贫困家庭的学生申请呢？胡推是一个很大的原因，消除胡推可以极大地改善这种情况。

经济学家苏珊·戴纳斯基和她的同事开展过一项大型现场实验。这项实验很好地证明了积极消除胡推蕴含着怎样的巨大力量。[9] 她们的目标是鼓励成绩优异、家庭贫困的密歇根高中生申请密歇根大学（该州的旗舰大学）。为此，她们在开学时接触了 4 000 名高三学生。其中一半的学生在 9 月的第一个星期收到了一套计划。计划**承诺**，只要申请密歇根大学并获得录取，他们就可以获得助学金，而且这些学生不需要为此填写一大堆表格。大学会根据学生在高中时的伙食补贴情况确定助学金的获得资格，而这是研究者可以通过观察得到的。另一半学生只是收到了一份来自密歇根大学的信息包，鼓励他们发起申请。

提前为实验群体提供助学金的做法让研究者有机会扭转通常的大学申请时间表：学生们通常在申请大学*之后*才会收到大学的助学金，而不是在申请之前。这样一来，学生们不仅可以略过填表的环节，他们面对的不确定性也大大降低了。实验的结果令人震惊，在没有收到助学金保证的学生中，只有 26% 的人申请了密歇根大学；相比之下，在收到保证的学生中，申请该大学的比例高达 68%。录取率增加了这么多，而且这并不是来自经济激励措施的任何变化。那些没有收到特别承诺却依然申请密歇根大学且符合条件的学生获得了同样的助学金。只不过，为了获得助学金，他们需要克服更多的胡推。

除了助学金，通过消除录取流程中其他方面的胡推，学校还可以吸引更多的生源。比如，得克萨斯州大学奥斯汀分校向每所高中班里排名前 6% 的学生敞开大门。[10] 加利福尼亚州的西萨克拉门托更进一步，该市与萨克拉门托城市学院合作，确保当地所有的高三学生在毕业时都能收到这所本地两年制高校的录取邀请。[11] 西萨克拉门托市的目标是取消填表流程，把高校教育变成当地高中毕业生的默认选项。否则，很多人可能会因为害怕麻烦而放弃继续读书的念头。

政府

政府最重要的一项工作是颁布和落实各种规章制度，供公民遵照执行。但是，一个不争的事实是，法规制度不仅要贯彻，还要执行，而这些活动也许要很高的成本。从网飞公司的报销政策中我们可以看出，哈斯廷斯的努力目标是在"做任何你想做的工作"和"花费不必要的时间在自己和别人的请求和获得批准上"之间找到平衡。这样的平衡是一种成本效益分析，而胡推应当被归入总账的"成本"方面。

打个比方，假设某政府决定在河上建一座新桥，不过首先要保证过桥费的收入大于建桥成本（当然，过桥费会适当优惠）。对这一决策的深入分析将发现，收费行为的成本非常高。曾几何时，过桥收费意味着建造收费亭，为收费人员支付工资。这是大家都看得到的，但还有一个方面很容易被人们忽视：**排队等待缴费要耗费人们多少时间？** 排队时间就是证明胡推的一个好例子。尽管这种胡推的成本并不是由政府直接承担的，但它们会落在民众的头上，它们是真真切切的成本。

政府在决策时往往对这类成本关注过少。回到过桥费的例子，想想看，人们用了多长时间（几十年！）才意识到，在很多情况下，根本没有必要双向收费。人们需要交费才能开车进入纽约市，但是任何时候离开都无须交费（这和《加州旅馆》大不一样）。随着时间的推移，技术极大地降低了收费成本，包括人工成本和人们用来等待的时间成本。技术的进步使得从前被认为不可能的收费方式变成了现实。比如，进入伦敦和新加坡中央商务区的车辆要交拥堵费，而且车辆进入是通过摄像头自动识别的。

我们发现，在思考很多政府规定、文件要求和行政负担时，这种收费的比喻是非常有用的。对任何规章制度的评价都要把它们产生的所有成本和效益考虑进去，尤其是时间。要运用技术的力量减少或消除胡推，这样可以极大地拓宽可能的替代政策的范围。

政府既是胡推的制造者，也可以是胡推的消除者。近年来，美国政府每年施加在人民身上的文件负担达到了110亿小时，这简直令人叹为观止。这个数字包括了医院、医生和护士的负担，他们要花大量的时间完成政府的规定；包括贫困人口为了得到法定福利而付出的时间；包括卡车司机填写大量表格的时间；包括大专院校学生的时间；还包括赴美求学或工作的人申请签证耗费的时间。这110亿小时的成本可不仅仅是时间那么简单。很多时候，胡推就像一堵无法逾越的墙，被它阻住的人们无法获得许可、资质、金钱、医疗保健或其他的权利或帮助。减少胡推的努力能够带来巨大的回报。下面我们举几个例子来说明政府是怎样增加或减少胡推的。

机场里的胡推

在 2001 年 9 月 11 日之后乘坐商业航班的人都能感觉到,坐飞机变得麻烦多了,简直充满了胡推。美国联邦政府在 2001 年 11 月 19 日成立了美国联邦运输安全管理局(TSA),专门负责安全检查工作,如今全球各地的旅行者对安检都不陌生。从政府的标准来看,TSA 的年度预算并不算高(约为 80 亿美元[12]),不过它的很大一部分实际运行成本是旅客的时间,既包括等候通过闸机的时间,也包括提前安排赶赴机场的时间。TSA 建议,旅客至少应该在航班起飞的两个小时前抵达机场。两个小时!

美国政府引入了"全球入境"计划和"TSA 预先安检"计划。这些创新成功地减少了等候时间的胡推,让数百万普通旅客更快地办完手续,真是名副其实的胡推杀手。安检的步骤被大幅减少:乘客不再需要脱鞋,也不必把笔记本电脑从手提行李里拿出来。据估计,这样一来,每年可以节省乘客数亿小时的时间。这太棒了!不过我们仍然可以肯定地指出,全球航空安检的总成本依然被低估了,因为它们没有做到货币化,这往往正是胡推的问题所在。更宽泛地讲,在政策的设计和评价中,政府通过胡推施加给公民的成本经常会被忽视。

胡推 vs 胡推：在线

随着我们花在网络上的时间日益增多，自然也会越来越关心隐私问题。我们经常访问的网站正在搜集关于我们的哪些信息？一部分信息是通过一种被称为"缓存文件"的方式搜集完成的。这些文件会留在我们的浏览器上，记录我们的浏览数据，例如浏览行为、购买情况、使用偏好、地理定位和很多类似的信息。这些信息通常会被用于定向营销。

欧盟通过《通用数据保护条例》（GDPR）和《电子通信指令》（ePrivacy Directive）来监管缓存文件。这些法规包含了一定比例的选择架构：只有用户明确并表示同意，网站才可以使用相关缓存文件。那些对实现网站服务"不可或缺"的缓存文件不在法规限定的范围之内（比如亚马逊可以使用用户购物车中的缓存文件），但是除此之外，允许使用缓存文件属于"选择加入型"政策。

这项政策的出发点也许是好的，但是，无论进入什么网站，只要它是这些法规管得着的，你就一定会被胡推淹没。在我们看来，问题在于，除了被迫选择允许使用缓存文件，其他的替代性选择完全是不明确的。根据我们的使用经验，如果使用手机或其他移动设备登录一个新网站，你就会立即在屏幕上看到是否允许使用缓存文件的对话框。如果你选择了不允许，麻烦就来了，你根本无法轻松地返回你想读的那篇文章。相反，你要没完没了地回答很多关于缓存文件的问题，而且它们的字体都特别小。本书两位作者都没走完这个流程。我们要么干脆投降，选择同意，要么直接离开那个网站。

这么做的人似乎不止我们两个。德国开展过一项研究，调查用户对欧盟缓存文件同意通知的反应。研究者发现，网站使用助推的方法让用户选择同意（比如突出显示"接受"按钮，或者把"不接受"按钮藏在页面的最下方），很多网站干脆不为用户提供选择的机会。[13] 这些研究者在后续研究中发现，同意通知的位置、措辞和设计"极大地影响了人们的同意行为"，而助推对人们的选择影响极大。该研究还发现，如果网站货真价实地给出是否加入的选择，只有 0.1% 的用户会主动同意第三方追踪自己。这根本不是助推，而是胡推。就在我们撰写此书时，欧盟正在考虑改革，希望用户的体验能被更多地考虑进去。

税收

收费站的比喻适用于政府收费的一切形式，税收就是个再明显不过的例子。税务系统的设计涉及极为广泛的经济学文献，不过请放心，我们不会在这里试图总结概括这些文献。经济学家强调最多的因素包括：激励（税收如何改变人们的行为）、公平（每个人应交多少税款）、税负归宿（某类税负是由哪些人实际缴纳的），以及依法纳税情况（人们在多大程度上支付了法定税负）。很明显，这些因素都是非常重要的，但是，我们还要为它加入一项：胡推。它指的是，为了依法纳税，或者为了规避某项税收，人们需要花费多少时间和精力。虽然学术界和政策制定者都没有对这一因素视而不见，但是我们认为，他们对胡推的重视程度还不够。

我们认为，如果要评选胡推最严重的税法，美国一定是全球第一。举例来说，"1040 表格"是美国最常用的纳税申请表。在 2019 年的版本中，填表说明居然多达 108 页。这还不是最糟糕的，在几年前，它有 200 多页。[14] 只是读完这些说明就足够累死人了，所以超过 94% 的美国人聘请职业人士或者使用商业软件来填写纳税申请单。每一年，为了准备 1040 表格，平均每个美国人要花 13 个小时和大约 200 美元。[15] 相比之下，在很多其他富裕国家里，填写税单要轻松愉快多了。[16] 在瑞典，80% 的纳税人只用几分钟就可以完成纳税申报，而且完全免费，在手机上就可以轻松搞定。

税务系统中的胡推可能仅仅来自照章办事、依法纳税的努力过程，但它也可能延伸开来，来自这样一种法律方面的努力：按照法律规定，人们享有种类繁多的税务减免。如何利用减免把自己的纳税额降到最低？这种法律尝试的过程同样充斥着大量的胡推。其中一个问题是，虽然每个人都**在原则上**支持更简单的税法，但是仍有一些团体组织起来反对取消能让他们从中受益的某些税收减免政策。

即使是面对美国庞然巨兽般的税法体系，我们也有可能通过一种可以快速实施的办法大量地减少胡推。这种办法是我们的好友、经济学家奥斯坦·古尔斯比在 2006 年提出的。[17]他建议美国联邦税务局（IRS）为尽可能多的民众下发预先填好的纳税申报单，纳税人只要在安全网页上选择同意，就可以轻松地完成在线税务申报。这和瑞典使用的税务系统非常相似。结果证明，由于绝大多数美国人的税务申请极其简单，所以近90% 的纳税人都可以用上这项服务。纳税人可以逐一选择具备资格的每一项抵扣（他们会遇到大量的胡推），也可以选择与配偶共同申请标准抵扣（该标准在 2020 年的数额为 2.48 万美元）。美国联邦税务局拥有所有职工家庭（即家庭成员不是个体经营者或企业主）的信息，只要这些家庭选择标准抵扣，美国联邦税务局就可轻松地算出他们的税单。标准抵扣近年来有所增长，这也是很多纳税人能够用上这项服务的原因。[18]

需要强调指出的是，准备预先填好的申报单并不会给美国联邦税务局增加多少新工作。每一家用人单位都要上报工资收入情况给美国联邦税务局，同样，银行和投资公司也要上报投资收入信息。该局早已熟悉税单的计算方法，因为在你报税的同时，其计算机程序会核实你的算法与该局的计算是否一致。

在本书写作时，加拿大的立法机构已经提出了一套非常类似的方案。[19]

你可能禁不住好奇，这么好的主意，为什么一直没有被采纳。哦，你可以好好猜一猜，谁会反对这样的法案，是报税公司！也就是帮助人们报税，并从中赚钱的机构。下面播放一条新闻简报：商业游说团体可以对国会产生强大的影响力！他们不但不支持国会通过法案要求美国联邦税务局提供免费申报服务，反而说服它颁布法案禁止这一做法！作为回报，报税公司承诺，由它们来"免费"提供这些服务。无论是跑去报税公司的服务网点，还是在线联系它们，当然都不像点击一下"接受"按钮那么轻松。而且，使用报税公司的人很可能发现自己遇到了更多的胡推。比如，提供退税贷款，或者州所得税申报服务（这是一项收费服务，同样应当做到自动申报）。

自动申报模式还有一大优点：政府可以确保纳税人申请并获得他们应得的全部税收福利，不过，想要得到这些福利，目前纳税人还需要主动申请。劳动所得税抵免就是个例子。这种税收抵免意在鼓励人们工作，同时把一部分收入转移到劳动力中的贫困人口身上。它可以带来各种各样的短期和长期福利，主要惠及工薪阶层及其子女。美国联邦税务局拥有所有必要的信息，每一位具备资格的纳税人只要提交申报表，美国联邦税务局就可以做出调整。然而，事与愿违的是，很多符合资格的纳税人都没有填写必要的表格，因而未能获得这一款项，让自己白白失去了国会希望他们获得的工作补贴。结果显示，在具备资格获得这一重要福利的人群中，约 20% 的人什么都没有得到。[20]

除了自动申报，政府还有很多办法减少民众在依法纳税过程中耗费的数十亿小时的海量时间。只要把表格变得更简单、更短小，就能起到很好的作用。除此之外，所有新出台的税务提案都应当把可能发生的胡推纳入考量范围。

"财产税"的概念就是个例子。它的纳税主体是那些总财富超过了某一（很高）门槛的家庭。在 2020 年的美国民主党初选期间，参议员伊丽莎白·沃伦就曾提议，向那些家庭财富净值超过 5 000 万美元的家庭征收财产税。从胡推的角度来看，仅对极其富有者征税是很明智的，因为绝大多数家庭是不用交财产税的。

不要紧张，我们并不想在此综合分析和评价财产税（我们也没那个资格）。但是我们可以肯定的是，长期以来，（美国）收入最高的前 1% 或 0.01% 的家庭拥有的财富获得了极大的增长。考虑征收财产税的出发点是减缓这种日益加剧的不公平性。我们充分理解这一点，并且深有共鸣。但是我们在这里关注的是胡推的问题，只要涉及财产税问题，排山倒海般的胡推一定是不可避免的。因此，本质问题在于，想要征收财产税，首先要知道对象拥有多少财富，而这个问题并没有看上去那么简单。

如果一个家庭的绝大部分财富表现为流动性市场证券，比如在公开市场交易的股票，财富的计算就会变得很简单。杰夫·贝佐斯持有的亚马逊股份很容易计算。但是，他的其余财富从何算起呢？在初选的系列宣传活动中，沃伦参议员经常挂在嘴边的口号是，她要向亿万富翁拥有的珠宝、艺术品和游艇征税。[21] 这是很难做到的，就拿艺术品来说，它存在两个致命问题：我们不知道人们拥有什么艺术品；我们不知道这些艺术品的价值。我们没有全美（更不要提全球）艺术品登记处。想要征收财产税，美国联邦税务局必须掌握每个富豪家庭拥有的每一件艺术品，以及它们当前的市场价值。[①] 艺术品如此，那么珠宝、邮票或体育纪念品呢？

我们这样说，并不是想让读者为亿万富翁的会计师和艺术品代理掬一把同情之泪。我们希望大家认真想想，财产税管理工作会对税收队伍提出多么高的要求。说到这里，你可能会想，大不了只对流动性资产征税，这样就可以减少胡推了，然而这无非在鼓励富人把更多的财富转为别的形式，而且这样可能诱发更多大型企业退市，变成私人所有。嘉吉公司和富达投资集团就是这么做的。私营企业的股份不会上市交易，所以很

---

① 这又是财产税中产生胡推的一大源头：如果这种税只适用于 5 000 万美元以上的财富，那么这个家庭应当按照什么标准来报税？如果一个人只有 3 000 万美元，她用不用向美国联邦税务局证明自己没有 5 000 万美元？我们承认自己的问题太多了。

难判断它的准确价值。如果仅对流动性资产征税，就等于鼓励一部分企业退市，选择私营道路。

我们想说的非常明显：税务系统每一部分的设计都应该认真考虑胡推造成的负担。我们认为，如果想提高对超级富豪的税收，不如把大笔遗产当作普通收入来征税，这样的做法更有可能成功。房产税也是一种办法，但它首先需要一场充分的改革才行——现行房产税的确立和执行方式为收入带来了极高的胡推率。

减少胡推：步步为营

让我们再次回到过桥费的例子。只要引进一些新技术，比如摄像头，政府就可以节约人们排队等待的大量时间。人们常说，时间就是金钱，其实时间也是生命，政府应当励精图治地帮助人们节省更多的时间。但是，让人倍感遗憾的是，政府可能觉得这样的改革太困难了。收费员的工作岗位会因此变少，甚至消失，所以收费员所属的工会可能会反对这样的改革。隐私权倡导者对这些摄像头深感担忧。更广泛地说，政府不太适合进行颠覆性改革，尤其是在与私营部门对比的情况下。

我们在本章前面提到网飞公司首席执行官里德·哈斯廷斯。网飞公司堪称连续颠覆者，这家公司最初采用的商业模式并没有多么高深的技术含量，它主要通过邮局寄送 DVD 给自己的用户。它的直接竞争对手是树大根深的行业龙头百视达。百视达也曾是新兴的视频租赁行业的颠覆者，它把这个行业从街边小摊贩变成了规模巨大的产业。哈斯廷斯和他的共同创始人一度想把这家初创公司以 5 000 万美元卖给百视达，但是遭到了拒绝。如今，百视达在全世界只剩下一家门店。[22]网飞接下来又两次颠覆了这个行业，第一次推出了流媒体服务，第二次是自制内容。更广泛地说，许多规模巨大的全球企业相对都比较年轻，比如亚马逊、苹果、谷歌、脸书、微软和特斯拉等等。

政府唯一与之类似的变革是参与并赢得战争。是的，冷战是在基本和平的情况下"打"完的。在一国之内，即使发生新政党成立并成功上台的罕见情况，比如法国的马克龙和他的共和国前进党（于 2022 年 5 月更名为复兴党），也照样会继承全套的政府官僚主义。在触及胡推时，哪怕是极其温和的变革也有可能遭遇怀疑和抵制（这在律师群体中尤为严重，他们有时甚至坚称法律需要胡推。不信去问桑斯坦，他可以证明）。对那些不愿或者无法移民他国的人来说，移居到别的城市或乡镇也许是他们在选择政府方面最大限度的努力了。即使如此，新的落脚点也是那个庞大的多层体系的一部分。如果英国人、意大利人或荷兰人想要一个像加拿大、新西兰或瑞士那样的政府，那简直就是痴心妄想。一个胡推泛滥的国家怎么会说变就变，毕其功于一役地打赢艰苦的胡推歼灭战呢？

这一切都告诉我们，政府在减少胡推方面的优化可能是渐进的。桑斯坦曾在奥巴马政府担任过职务，这让他有机会采取一系列措施减少胡推。他做了自己能做的一切，并且希望自己能做出更多努力。在美国和其他很多地方，胡推依然广泛而大量地存在着。人们可以通过很多办法减少它们。为了自己，也为了他人，每个人都应该现在就行动起来，从我做起，从消除自己制造的胡推做起。

第三部分

钱

写到这里，我们希望已经说服了读者，让他们觉得自由意志家长制并没有听上去那么不可理喻，认为选择架构是一种强大的工具，足以影响人们的选择（无论是为善还是作恶）。不过你也许会问，这些关我什么事？这让我们想起电影《甜心先生》里的经典一幕：汤姆·克鲁斯扮演的角色（一名体育经纪人）问他的客户（由小库珀·古丁饰演），他能为他做些什么，古丁先是绕了一个很大的弯子，然后相当直白地说：**帮我赚大钱！**

在接下来的 4 章里，我们会谈论钱财问题。我们将论述怎样利用选择架构改善人们的财务状况。请继续读下去，不用谢！

第 8 章
多存钱，为明天

多年以前，桑斯坦面试过几家华盛顿律师事务所的暑期工作，当时他还是一名法学院的青涩少年。有一次面试，他遇见了一位高级合伙人，也是事务所最重要的人物。那个人提出了一个经典的面试问题："你最想问我的问题是什么？"桑斯坦有点儿胆怯，他羞赧地回答："你们公司最好的地方是什么？"那位高级合伙人告诉他："我们的退休金计划特别棒！"

桑斯坦不知道退休金计划是什么。他想，这可能是专门给老年人准备的？也许它和退休生活有关？人们真的需要退休金吗？无论怎么说，他更想知道这家事务所中午的伙食好不好。不过现在他明白了（这并不是因为他变老了），帮助人们为退休生活做好计划真的非常重要。

为退休生活存钱是普通人最难做到的事情之一。光是算清这笔账就已经够难的了，就算有再好的软件帮忙也一样，更不要说落实这个计划了，那需要很强的自律才行。与此同时，对我们这个物种来说，这件事相对比较新，所以我们还没想出最好的办法来完成它。说它比较新，是就人类存在于地球的时间来说的，我们大多数时候不需要太多地考虑退休问题：大多数人活不到这个问题出现的时候。少数幸运的寿星基本上都是由亲属照顾的。

直到近代，由于人类预期寿命的延长，加上亲族的散居，人们才真正开始考虑自己的退休收入，而不是依赖子女。纵观人类历史，这实在是很短的一段时间。人类学会烹饪已经有几千年历史了，依然有很多人不会做西红柿炒鸡蛋，所以，面对这么复杂的问题，我们需要一些帮助也在情理之中。1889年，德国的俾斯麦开风气之先，推出了最早的社会保障制度，众多政府和雇主随后开始逐步正视和解决这个问题。[1]

早期的私人养老金通常是所谓的"固定收益"计划。之所以这样命名，是因为劳动者在退休时收到的是金额固定的钱或福利。这些计划的参与者通常从退休之日开始领取，活到老，领到老。个人计划中的劳动者还有权领取福利金，它通常按照退休前工资的某个比例计算，具体比例取决于实际工作年限。绝大多数国家的公共社会保障系统，包括美国在内，也属于固定收益计划。

从选择架构的角度来看，固定收益计划有个特别重要的优点：就算再漫不经心的普通人也不会出错。以美国的社会保障制度为例，美国的劳动者只需要决定从什么时候开始领取退休金，怎么和配偶协调分配。这里几乎不存在胡推。大多数人只需要在申请社保号码时填写一张表格就够了，而且基本上都是父母代劳的。接下来，在走上工作岗位时，人们要把社保号告诉用人单位。每个人都会提供自己的社保号，因为发工资也离不开它。私营领域的固定收益计划也非常简单，而且不容易出错，只要劳动者在同一家单位上班，而且用人单位始终保持运营（两个重要的前提条件）就够了。

对一辈子只服务一家单位的人来说，固定收益的方式确实简单方便，但是，对频繁更换工作的人来说，这可能意味着什么退休福利都得不到，因为几乎所有退休福利的获得前提都包括最低工作年限的要求（比如 5 年）。对用人单位来说，固定收益计划的管理成本比较高。因此，在 20 世纪 80 年代，当一种由用人单位决定的新型退休计划在美国刚一推出时（它被称为 401 K 计划，这个奇怪的名字来自批准通过它的法律条文编号），企业纷纷转向了这种计划。它还被称为"固定缴款"计划，并随即成为新的标准。

固定缴款一词来自这样一种事实：计划仅规定了雇主和雇员的缴款金额，缴纳的钱定期存入（投资）一个用员工的名字开设的避税账户。虽然定期缴款是规定好的，但是员工获得的退休福利完全取决于他们决定存多少钱，以什么方式存款，以及他们所选投资对象的实际业绩。全球都在使用固定缴款的方式取代传统的、政府出资的固定收益型退休金计划，或者作为它的补充。我们会在下一章讨论一个与此有关的例子。

对现代劳动者来说，固定缴款计划有很多可取之处。该计划非常灵活，不会妨碍人们跳槽。它也是可定制的，员工可以根据自己的财务状况和风险偏好随时调整储蓄和投资决策。但是，把控自身命运的能力是和做出正确选择的责任相伴而来的。驾驶私家车当然比乘坐公共交通工具更自由，但是，如果不专心驾驶（或者驾驶技术特别糟糕），那就可能发生事故。员工必须确保自己加入计划，搞清楚要存多少钱，几十年如一日地管理好自己的投资组合，并在最终退休之后决定如何使用这些收入。人们可能会觉得这个过程令人生畏，很多人似乎把它搞得一塌糊涂。

人们存够了吗？

有的时候，好的选择架构就是让人们的生活变得畅通无阻，让做决定变得像跟着导航开车一样简单。在这种情况下，选择架构者既不会鼓励任何决定，也不会劝阻任何决定，而是让决定和实施的过程变得尽可能简单。这样的方式常常能带来良好的结果。不过，选择架构者有时也要放下中立的目标（我们都知道，无论在什么情况下，做到完全彻底的中立从来都是不可能的），做出向某个方向助推的决定，也就是柔和地鼓励某些决定，打消人们做出另外一些决定的念头。那么，什么时候做出这样的助推才算恰当呢？这个问题并不存在标准答案，但无论何时，当助推带有倾向性时，我们就应当确定这是否有利于人们获得更美好的生活，而且这种美好的生活应当是以人们自身的标准来定义的。这一章的一部分讨论的是帮助人们增加退休存款的问题。这算是一个正当的目标吗？

无论面对什么样的养老金体系（包括政府部门和私营部门），一个基本的问题是，它能不能帮助人们在退休之后拥有足够的钱安享晚年，这应该是它的终极目标。我们发现，这是一个极其复杂、争议丛生的问题，每个国家给出的答案可能都不尽相同。这个问题之所以难，部分原因是经济学者对多少存款才算合适这个问题意见不一。也就是说，退休之后的收入水平应当达到什么程度才算合适？有些经济学家提出，退休后的收入水平至少应当与退休之前持平。因为好不容易退休了，人们终于有机会挥霍时间、从事昂贵的活动了，比如旅游。很多国家的退休人员还要操心越来越高的医疗费用。另一些经济学家则强调，退休人员有的是时间，可以采用一种比较省钱的生活方式：不再需要购买正装，有时间精挑细选地采购，可以在家里做饭，享受老年人专享的优惠折扣。基于这些考虑，他们完全可以把存款目标放低一些。

我们对这种辩论没什么特别的立场，不过可以考虑以下几点。第一，存款过少的成本往往比存款过多的成本更大。应付存款过多的办法有很多，比如你可以提前退休，可以办高尔夫俱乐部会员卡，可以到异域去旅行，还可以用花不完的存款宠坏孙子孙女。反过来，应付存款过少的办法就没那么愉快了，它往往意味着继续工作，或者甘心接受俭朴的生活。第二，有些人确实存得过少，也就是那些根本没加入养老金计划（甚至从来没有机会加入计划）的员工。同样令人担忧的还有那些人到中年依然没有退休储备金，甚至负债多于存款的人，这些人显然需要助推一下。

不管怎样，很多员工都认为自己应当多存些钱。一项研究发现，有 68% 的固定缴款计划参与者觉得自己的储蓄率"太低了"，31% 的人觉得自己的储蓄率"还说得过去"，只有 1% 的人认为自己的储蓄率"太高了"。[2] 经济学家通常不会把这样的说法当回事，他们有时是对的。人们总是"应当"做很多有益的事，这样的话说起来很容易，比如健康饮食、锻炼身体、多花时间陪孩子等等，但是我们毕竟要听其言观其行，而且行胜于言。当说自己应当多存些钱时，人们可能并没想到自己应该少花点儿，他们真正想说的也许是：如果我的银行卡里有更多的钱就好了。

实际上，在宣布自己应该多些存款的参与者中，没有一个人做出过行动上的改变。不过这样的表述也不是完全没有意义或者信口开河。很多人都会信誓旦旦地说，明年一定要少吃多运动，但是从来没有人把多抽烟、多吃薯片当作自己的新年愿望。我们认为，类似"我要多锻炼（或者多节食、多锻炼等）"

这样的说法应当这样解读：人们会倾向于能够帮助他们实现这些目标的策略。换句话说，他们对助推持欢迎态度，甚至为此感激不尽。

固定缴款储蓄方案的早期经验告诉我们，普通人可以从三个方面获得帮助：加入养老金计划、提高缴存比例、改善投资回报。实践证明，助推在这三个方面都能起作用。

参与决策：助推人们加入

参加固定缴款计划的第一步是登记。大多数人都会觉得加入养老金计划是件很有吸引力的事。在美国和很多其他国家，这种缴款是可以减免税收的，储蓄的累积是可以延税的，而且很多用人单位会配合员工共同缴纳，金额至少相当于员工缴存额的一部分。比如，在常见情况下，用人单位缴费金额为个人部分的 50%，同时设置最高上限，比如工资的 6%。

单位缴存的部分是白白送给员工的！相当于员工的存款立刻获得了 50% 的回报。除了急用钱和缺钱的家庭，每个人都会毫不犹豫地加入进来，这是明摆着的事。然而，即便是这样的好事，登记率仍然远远没有达到 100%。通常来说，比较年轻、受教育程度较低、收入水平较低的员工可能会游离在计划之外，不过收入很高的员工有时也会不参加该计划。

这当然是有原因的，比如，年轻员工也许有其他着急用钱的地方，因此，即使单位配合，他们一时半会也无法加入养老金计划。即使如此，对大多数人，尤其是年过三十的人来说，未能加入该计划通常也是因为疏忽大意。这时对他们施加定向助推（这种助推当然带有方便的"退出选择"）似乎是合乎情理的。那么，怎样助推这些人及早加入？

解决登记问题的办法非常明显，至少事后看来如此。那就是越简单越好！要把加入计划变成默认选项。养老金计划的最初设计方式是，当员工最初具备加入资格时（有时是刚走上工作岗位），他们会收到一些表格。希望加入养老金计划的员工要确定缴款金额，并在计划提供的基金中选择投资。这些表格不大好填，很多人把它们看成了胡推，干脆放在一边。

可以用自动加入的方式取代传统办法。它的原理是，员工只要具备资格，就会收到一张表格。表格通知员工，她会被纳入养老金计划（带有明确的储蓄率和资产配置），如果不愿加入，她需要主动通过书面形式申请退出。实际上，这个主意是1994年的一篇文章提出的，文章的作者就是本书的作者之一，一位绝非天才的普通人。[3]似乎没有人注意到，包括快餐巨头麦当劳在内的一些公司已经尝试过这一想法，但是它们为此推出的政策有个不太好听的名字，叫作"消极选择"。[4]唉，再好的点子也可能被糟糕的名字毁掉。

除了名字难听，有些企业担心这种自动加入的方式可能不合法，因为企业是在没有得到员工明确（主动）同意的情况下采取行动的。为了减轻这种疑惧，美国联邦政府颁布了一系列规定和公告，定义、批准并推广自动加入的使用。[5]这对谨小慎微的用人单位帮助很大，尽管这也在不经意间引发了一个问题。我们会在后面谈到这个问题。

布里吉特·马德里恩和丹尼斯·谢伊发表的一篇关于自动加入的学术论文成了重要的里程碑。[6]谢伊工作过的一家企业尝试过这一想法，他为此专门聘请了马德里恩，负责评价这一举措的影响。马德里恩当时在芝加哥大学担任经济学教授。那家公司非常慷慨，提供为员工补贴缴纳高达50%、最高达到工资6%的养老金计划，而且工作满一年就可以加入。但这种"选择加入式"方案在吸引员工加入时还是遇到了麻烦。为了评估自动加入方案的影响，马德里恩和谢伊对比了该政策改革前后新员工的加入率。结果令人惊叹。在实行选择加入方案时，入职一年的合格员工只有49%加入了该计划，而在自动加入方案实施之后，加入比例跃升到了86%。只有14%的人选择退出！

2006年，在一些有利法规的支持下，自动加入方案流行起来，如今已经成为美国和全世界极为普遍的做法。它可以有效地推动人们加入养老金计划，这一成功已经成为公认的事实。2018年，先锋领航基于473种养老金计划（它是这些计划的记账单位）发表过一篇报告，报告指出，样本中有59%的用人单位采用了自动加入方案，这些单位的平均加入率为93%。[7]相比之下，那些仍在要求员工自愿选择加入的单位只有 47% 的加入率。欢呼吧！

不过，现在宣布胜利还为时过早。把一项政策变成默认选项的益处取决于政策本身是否有益。但还是需要强调，如果人们被默认加入了一项特别差劲的养老金计划，他们的生活可能会变得更糟糕。即使可以轻松地选择退出，但是惰性和拖延症还是会让很多人选择不这么做。糟糕的默认选择可能很顽固，尤其是在它的糟糕之处没那么明显的情况下（比如基金的收费就没那么容易被发现）。这里的重点是，**默认选项的高加入率本身不应该等同于成功**。这种认识的适用范围很广，我们会在书中偶尔重申这一点。毕竟，默认选项居高不下的加入率就摆在眼前，人们很容易禁不住诱惑想要宣布胜利。请不要这么做！

马德里恩和谢伊研究了这家公司的原始经验，他们的研究也印证了这一点。需要注意的是，当一家公司选择自动加入方案时，它势必要选定具体的默认投资率和投资策略。就这个例子而言，默认的存款利率为 3%，投资方向为某货币市场账户（风险最低的选择）。毫无疑问，假如员工说"哦，管它呢"，加入了这个养老金计划，他们就很有可能接受这些默认的细节，那就太不幸了。因为它的存款利率太低了，而且它的投资策略太保守了。年轻员工当然应该把股票市场纳入自己的投资组合。

当然，无论把哪一种具体的存款利率和投资选择作为默认选项，都不代表让每个人都接受它。有些人就是会做出自主选择，至少他们最终会这么做。尽管如此，很多员工仍然会听之任之地选择默认选项。对那些本来会主动选择之前方案的人来说，助推对他们是不利的，无论从储蓄金额还是投资方式上来说都是如此。

观察主动加入先前方案者的行为，我们可以得出这样的结论：在自动加入出现之前，那些主动加入者的储蓄率受到了单位缴存比例的强烈影响。还记得 50% 的比例、工资 6% 封顶的例子吗？如我们所料，2/3 的加入者选择了 6% 这一上限。相比之下，自动加入实施之后，最常见的存款利率是默认的 3%。也就是说，在那些自动加入的人群中，有一部分人本来可以选择更高的利率——如果他们可以自主选择。更糟糕的是，默认的投资选择是风险极低的货币市场账户。这意味着，选择较低缴存水平的人只能得到微乎其微的投资回报。我们回顾一下，更多的人加入是好事，但是他们得到的存款利率太低，投资方式过于保守。让人们自动加入糟糕或平庸的选择是一种严重的失误。不过，这两个问题都可以通过更好的选择架构来解决。

提高存款利率

马德里恩和谢伊研究方案里 3% 的存款利率并不是随意选择的，不过它也可能是随机选定的。回想一下，之前在证明自动加入合法性时，我们曾提到一些判例。这些判决通常包含很多具体的细节，其中一则提到这样一句："假设一家公司把员工自动加入一项养老金计划，存款利率为 3%……"撰写这份判决的官员并不是在暗示 3% 这个数字应该被视为官方建议的存款利率水平，它只是一个随口说出的数字。道理是这么个道理，但是我们都知道，锚定效应的影响力是极大的。多年来，几乎所有采用自动加入方案的企业都无一例外地把 3% 作为默认值。唉，这该如何是好？

一种办法是，只需要根据对满足大多数员工需求的判断，采用更高的利率。（我们很快会谈到一些与此类似的方法。）作为一种替代性方案，塞勒和他的亲密合作者什洛莫·贝纳茨提出一种可能的办法，他们称为"多存钱，为明天"。[8] 他们的目标是设计一套选择架构体系，充分考虑以下 5 项重要心理学原则，这些原则全部适用于我们谈论的情况：

- 很多参与者指出，他们知道自己应该多存钱，也打算多存钱，但从未坚持到底。

- 自我控制的诸多禁忌很容易遵守，只要把它们放到明天就行了。（我们很多人都有控制饮食的宏伟计划，但都是从明天开始的。圣奥古斯丁说得好极了："神啊，请赐予我坚贞……但不是现在。"）

- 损失规避：人都不愿见到自己的工资变少。

- 货币幻觉：人们会感到名义货币的损失（也就是说，它指的并不是经通货膨胀调整后的货币）。即使通胀增长了 4%，工资上调的 3% 依然会被视为有所得。但是，拿回家的钱如果变少了，人们就会产生强烈的抵触情绪，至少如果他们注意到钱变少了。
- 惰性发挥着重要作用。对很多员工来说，除了在加入养老金计划时看一眼自己的选择，他们在 10 年甚至更长的时间内，都不会再去看一次。

"多存钱，为明天"计划邀请参与者提前承诺，每当工资上涨时，就会提高养老金的缴存金额。通过加薪和存款额调增之间的同步，参与者不会感到自己拿回家的工资变少了，所以也不会把养老金缴纳额的增加看成一种损失。只要加入了这个计划，储蓄额就会自动增长。这样一来，惰性作用的结果就从妨碍储蓄变成了助推储蓄。如果能把它同自动加入结合起来，这样的设计既能实现高参与率，又能提高储蓄率。

首个"多存钱，为明天"计划诞生于 1998 年，是由一家中型生产企业发起实施的。该企业邀请员工与财务顾问一对一面谈。顾问的笔记本电脑中装有软件，会根据每位员工提供的相关信息（比如过去的储蓄情况、配偶的退休计划等）算出建议的储蓄率。约 90% 的员工接受了邀请，会见了财务顾问。很多人对顾问告诉他们的话感到吃惊。因为绝大多数员工的储蓄率是非常低的，顾问对几乎每位员工说，他们需要大大提高自己的存款。那款软件建议的储蓄率往往等同于该计划接受的上限：工资额的15%。不过那位顾问心里很清楚，这样的建议会立即遭到拒绝，被认为是不可行的，因此，他建议的增幅一般相当于工资额的5个百分点。

大约25%的员工接受了这个建议，立即把储蓄率提高了5个百分点。其余的员工说，他们无法接受自己的工资下降那么多，于是，这家企业向这些不愿意多存钱的员工提出了"多存钱，为明天"计划。具体来说，这项计划的设计是，每次工资上涨时，他们的储蓄率就会调高3%（通常的涨薪幅度是3.25%~3.5%）。在这些不愿意立即调高储蓄率的员工中，78%的人加入了这项计划，同意在每次工资上涨时同步提高缴存金额。

结果充分说明了选择架构的巨大潜力。对比下面3组员工的行为。第一组由那些选择不接受顾问建议的员工组成。在项目开始时，他们的储蓄率大约是收入的6%，这一比例在接下来的3年里保持不变。第二组由那些选择接受顾问建议的员工组成。他们会把自己的储蓄率提高5个百分点。在第一次加薪之后，这些人的平均储蓄率从略高于4%跃升到超过9%。在接下来的几年里，这一储蓄率一直保持不变。第三组由加入"多存钱，为明天"计划的员工组成。这一组的储蓄率原本是3组中最低的，大约相当于员工收入的3.5%。然而，在这一计划的帮助下，这些员工的储蓄率稳步增长，在接下来三年半的 4 次加薪之后，他们的储蓄率几乎增加了 3 培，达到 13.6%。这明显高于最初接受顾问建议的第二组员工，他们提高了 5 个百分点，储蓄率为 9%。

绝大多数加入"多存钱，为明天"计划的员工始终没有离开。他们经过接下来的 4 次加薪，直到调高的额度达到了计划接受的上限为止。极少数选择脱离该计划的员工也没有要求把储蓄率降回到原来较低的水平上。恰恰相反，他们只是不再增加每月缴存的数额。

在设计"多存钱，为明天"项目时，塞勒和贝纳茨运用了一种叫作"厨房水槽"的策略，整合了尽可能多的有利特性。多年来，我们发现，有两种因素比较有吸引力，但并不是必不可少的：存款额的增长与加薪的绑定并不是必需的（很多公司发现做到这一点很难）；同样，让员工现在决定以后加入计划也不是必需的。

基于这些发现，"多存钱，为明天"计划做出了简化，它被称为"自动升级"计划：储蓄率按年自动上调，通常每年上调 1%。有些企业把自动升级变成默认加入计划的一部分。员工的初始储蓄率为 3%，之后每年增加 1%，直到达到最高限额，比如 10%。还有些企业把它当作一种选项，供员工自主选择。先锋领航的研究提到了先前报告的内容：使用自动加入计划的企业，大约 70% 把自动升级当成自身计划（选择退出式）的一部分。其余几乎所有的企业都把自动升级当成了可选项。

总的来说，自动升级确实有助于储蓄率的提高，尽管它的作用不如最初实验时那么显著，它最初达到了 1 年增长 3 个百分点的水平。在先锋领航的例子里，3 年后仍在该企业工作的员工大约有一半仍在坚持每年上调 1% 的计划。与此同时，大多数其他员工都通过各种行动提高了自己的储蓄率。尽管自动加入计划方案中 3% 的起始储蓄率来得比较偶然，但是它变成了一种相当顽固的标准。不过，我们很高兴地看到，起始储蓄率正在转向更高的水平：4% 或 6%。这也是人们倾向于选择它的原因。

默认投资选项

还记得马德里恩和谢伊研究的养老金计划吗？它的另一个缺点是，默认的投资方案选择的是风险极低的货币市场账户（即存款账户）。该企业之所以做出这样的选择，是因为它是美国劳工部当时唯一批准的选择，该部门是美国养老金计划的监管部门。幸运的是，在大量的助推（已经接近絮叨的程度）之后，美国劳工部颁布了新的法规，推出了一整套"合格默认投资选择"。[9] 如今，大多数企业的选择是一种"均衡基金"，它是由多种股票和债券混合组成的。

最受欢迎的是"目标日期基金"，因为人们可以选择自己预计退休的日期，而基金可以根据这个目标日期对投资组合做出调整。它的主旨思想是，当投资者接近退休时，他们的投资会变得更加保守，因此，基金会逐步降低股票产品的投资比例。尽管这些基金的构成细节差别很大，但它们的总体概念是合理的、切实可行的，只要它们的费用保持在较低的水平上。说它合理，是因为这种基金会根据投资者的已知特征（也就是人们的年龄）做到个性化。如果投资者不主动对基金做出修改，目标日期就会成为一个很好的依据，用来判断一个人准备在多大年龄时退休。目标日期基金还会保护很多投资者免受冲动的影响，因为很多人在股价下跌时会本能地感到恐慌。（每当股价下跌时，桑斯坦总是会慌作一团，立即打电话给塞勒。塞勒通常能让他平静下来，不过也不是每次都做得到。）

在市场剧烈震荡时，桑斯坦并不是唯一一个惊慌失措的普通人。纵观固定缴款养老金计划的整个历史，投资者表现出了一种不可思议的错判能力，仿佛总是可以做出不合时宜的投资决策。他们好像总是在遵循一种买高卖低的做法——这可不是什么好模式。越来越多的证据表明，如果不理会股市的起伏涨落，大多数人就可以收获更好的结果。2019 年，金融研究公司晨星估计，由于很多人总是在糟糕的时机做出交易，基金投资平均每年损失约 0.5%。

对不熟悉市场的人来说，市场时机的陷阱不仅仅是一种风险，有数据证明，事实恰好相反。有些养老金计划会提供"自选经纪账户"，允许投资者选择其自身计划菜单以外的投资选项，这常常会带来更加频繁的交易。尽管加入自选经纪账户的人通常拥有高得多的收入和账户余额，但是来自怡安翰威特的一项研究发现，2015 年，自选经纪的年均参与回报比其他的401 K 计划投资者低 3%。由此可见，人们在"恰当时机"进行买卖的本能再一次以糟糕的结局告终。

读者可能都猜到了，如今绝大多数自动加入养老金计划的人都在完全投资默认基金，至少在一段时期内是这样的。长期以来，随着资产的日渐积累，以及员工对投资兴趣的增长，越来越多的人选择修改自己的投资组合，带来了苦乐不均的结果。

但是，钱从哪里来？

有一个问题非常重要：助推人们提高养老金储蓄账户的缴存额能不能切实增加净储蓄？还是说，它只是把人们的钱从其他（应税）账户转移到养老金账户，或者更糟糕，让人们背上债务（比如借更多的贷款）。

第一种担忧颇有道理，但是它与助推本身关系不大。可以对比下面两项假想政策：

- 强制要求企业采用自动加入方案。
- 提高人们养老金账户缴存额的上限。

我们可以肯定地说，被自动加入政策吸引、存入养老金储蓄账户里的钱几乎全部是新储蓄，这是因为，在助推的帮助下加入养老金计划的人群，整体上几乎没有任何其他形式的储蓄。那些没有选择加入 401 K 计划的员工大多数是没有大学学历的低收入者。相比之下，提高储蓄上限的做法几乎不会产生新的储蓄，因为只有很少一部分员工达到了上限，而触及上限的人并不需要助推来做到这一点。就算他们不是自发地想到这一点的，他们的财务顾问也会帮助他们做到这一点！

但是，如果助推人们加入养老金计划，或者提高储蓄比率，主要影响的是处于收入分配底层的人群，我们是否应该担心，那些受到鼓励而加入或者提高储蓄的人会在这个过程中欠下更多债务？说到底，用来缴款的钱总要有个出处。长期以来，研究人员很难对此做出评判，因为我们无从接触该计划参与者的财务记录。不过最近的两项研究帮助我们解决了这个问题，带来了令人信服的结论。

第一项研究发生在丹麦，主要是因为丹麦人喜欢事无巨细地保存家庭财富及收入的详细记录。[10] 研究小组考察了员工更换工作时的情况，比如当员工换到一家养老金储蓄计划更慷慨的公司时会发生什么。他们发现，这些养老金方案都会带来几乎全新的储蓄，而且不会造成债务的明显增加。第二项研究评价了自动加入计划在 2010 年对一组军队文职人员的影响。[11] 他们发现，加入该计划 4 年后，这些人的信用评分和负债余额都没有显著的变化。不过他们还发现了一些统计学意义没那么显著的证据，证明了抵押贷款债务的增长，但是我们认为这并不值得担忧。假如乔和哈里什么都一样，唯一的不同是哈里贷款买了一套房子，你觉得谁的财务状况更好一些？我们敢打赌，你一定认为是哈里。也许金融危机爆发前的几年属于例外，当时很多人禁不住诱惑，办理了很不明智的抵押贷款。

最佳实践

在过去的 10 年里，固定缴款计划的重要性不断增长，我们很高兴地看到它们正在朝着良性的方向演变和发展。自动加入和自动升级越来越多地被采用，默认基金日趋合理，为现行方案的巨大改进创造了环境。我们对自己看到的发展趋势颇感欣慰。和之前相比，曾经无处不在的、过低的储蓄率（3%）正在减少。相当多的企业把起点设为 6%，而选择退出计划的人数并没有因此出现明显的增长。企业不再实施专门针对新员工的政策。目前的最佳实践包括定期"扫荡"老员工，把他们纳入登记流程。对于在 22 岁选择退出计划的人来说，他们的看法也许和 27 岁或 32 岁选择退出的人不大一样。

在过去的 10 年里，尽管固定缴款计划的运行管理得到了很大的提高，但是美国以及很多其他国家最大的问题在于，很多员工（几乎一半的员工）没有获得来自用人单位的退休金计划。[12] 这是个问题，因为提高人们储蓄的最有效手段就是直接从工资里扣除，这样人们根本没机会花掉这些钱，这就像直接把那个装满腰果的大碗拿走一样。有些人缺少这项基本福利，比如从事个体经营的人、小型企业劳动者、临时工作人员，还有正式经济活动以外的相关人员。实际上，在很多国家里，最后一类人员的比例是相当庞大的。

奥巴马政府曾经努力通过一项覆盖整个美国的系统缓解这一问题，不过国会没有批准通过相关法案。有些州同样意识到这个问题，比如加利福尼亚州、俄勒冈州和伊利诺伊州等，它们纷纷为此推出了州一级的项目。对其他面对同样问题的州和国家来说，英国在 2008 年推出的国家职业储蓄信托计划（NEST）可以说明一个基本所需的轮廓。英国法律要求，所有未获得养老金计划的员工自动加入 NEST，当然，这一计划是带有"选择退出"机制的。该计划由政府管理，由用人单位和员工共同缴款。它的起点相当温和，初始储蓄率只相当于员工收入的 2%。然而，让怀疑论者惊诧不已的是，选择退出该计划的员工还不到 10%。[13] 在最初的试运行结束后，NEST 的储蓄率逐步提高，先是达到 5%，之后是 8%，而选择退出的人数比例始终没有超过 10%。该计划提供少量投资选择，默认为目标日期基金，费用也比较合理。

英国的方案只是众多选择中的一种。下一章会比较详细地讨论瑞典的做法。没有一种方案是放之四海而皆准的。但是每个国家都应该认真思考，找到最适合本国国民需要的办法。国家方案还要有利于解决用人单位计划中严重的信息泄露问题。当离开原单位时，员工通常会把养老金账户里的现金全部取出，尤其在账户余额不多的情况下。由于低薪工作的员工流动率很高，这成了一个相当有害的问题，不过我们有办法解决它。

第9章
助推会天长地久吗？也许在瑞典可以

对任何形式的设计或架构来说，包括选择的种类在内，每个细节都可能非常重要。上一章强调的是用来提高参与率和储蓄率的各种策略。它告诉我们，即使看似微小的干预也能产生巨大的影响。我们现在把目光转向瑞典，这个国家在20多年前建立了一种独特的养老金储蓄计划，为我们带来了观察的机会，帮助我们认识设计细节的影响力，让我们清楚地看到多年来发生的一切。我们现在还无法确定助推是否会永远延续下去，什么时候能达到天长地久。但是我们会在这一章看到，有些助推确实已经存在了很长时间。我们会在这里介绍更多的细节，这并不是因为我们对瑞典的储蓄计划情有独钟，而是因为其中的细节能带来更普遍的经验，涉及用最多的选择解决问题，创造更多的可能性，降低默认选择的力量和惰性的影响。

正如英国的NEST说明的那样，固定缴款养老金储蓄计划的普及早已同时覆盖了公共和私营部门。其中一个原因在于，传统的社会安全保障计划，如社保制度，通常是"退休支付"的。这就意味着，在职人员缴纳的费用被用来支持退休人员的福利收入。这套体系面临着两大人口发展趋势的威胁。首先，人们活得越来越长，所以领取退休金的年数也变多了。其次，人们越来越不爱生孩子，所以，与退休人员这个分母相比，在职员工这个分子正在变得越来越小，这就威胁了这套体系的可行性。

瑞典是这个领域里的先行者。它（在经过长期规划之后）在2000年推出了自己的计划。它的方式独出机杼，所以为我们带来了关于选择架构的独特洞察。首先简单说说它的背景。正如人们可能猜到的，瑞典的社会保障网络非常慷慨大方，退休储蓄也不例外。社会保障税率为收入的16%。它强制要求人们参与，相当于一种固定收益计划。我们在此讨论的改革是，将一部分税收用于建立个人固定缴款账户。它被称为"瑞典额外投保养老金计划"，我们简称"瑞典方案"。

由于是强制加入的，所以这里不涉及自动加入或自动升级的问题。不过我们关注的重点在于选择架构的其他方面，尤其是该计划提供的选项数量，及其默认基金的设计和表现。因为该方案已经实施了20多年，所以我们还能回顾参与者行为长期以来是怎样变化的。我们尤其可以研究一个很难回答的问题：助推能持续多久？至少在瑞典这个具体情境里，有些助推看上去就像钻石一样，可以做到永流传。

如果只用一个词来形容瑞典方案的设计特点，那应该是"选择优先"。实际上，瑞典方案堪称"选择最大化"的典型代表。它给了人们尽可能多的选择。设计者在这个方案的每个阶段几乎都采用了"自由放任"的做法。尤其需要强调的是，该方案具备以下几个主要特点：

- 参与者可以从批准列表中自主选择最多 5 只基金，建立自己的投资组合。

- 由于任何原因没有主动做出选择的人，也会被（比较精心地）选定一只基金，作为他们的默认基金。

- （通过大规模的广告宣传）鼓励参与者主动选择自己的投资组合，而不是依赖默认基金。

- 所有符合信托标准的基金都可以加入这一体系。如此一来，市场进入标准决定了参与者能够从多种多样的基金中做出选择。这一过程的结果是，参与者从一开始就有 456 只（！）基金可供选择。

- 关于基金的信息，包括费用、过往业绩表现和风险等，都被印在手册上，发给每一位参与者。

- 允许基金（默认基金除外）做广告，吸引资金。

你也许会问自己，瑞典的故事确定是真的吗？这一方案足以让米尔顿·弗里德曼感到欣慰。在他看来，自由进入、自由竞争和大量选择的结合堪称绝妙。然而，有见地的选择架构者也许会感到担忧：为普通人提供如此繁多的选择也许会产生问题。我们会在下文看到，这样的担心是有充分根据的。

默认基金

有一只名叫 AP7 的指定默认基金，我们稍后会讨论它的构成。它的形成离不开其他选择架构决策的首先形成。具体包括，政府需要它处于一种怎样的状态？政府是鼓励人们选择这只基金，还是不鼓励，或者希望人们做出其他选择？下面是该计划的设计者考虑和选择的几种可能性：

A. 参与者没有选择权：默认基金是唯一可选的基金。

B. 提供默认基金，但不鼓励选择默认基金。

C. 提供默认基金，并且鼓励选择默认基金。

D. 提供默认基金，既不鼓励也不劝阻人们选择默认基金。

E. 强制选择。不提供默认选项；参与者必须主动选择，否则已缴金额就会作废。

优秀的选择架构者会如何选择？这取决于架构者对参与者的信心水平：他们独立选好投资组合的能力和愿望如何？选项 A 连助推都算不上，它抹杀了所有的选择，明显站在了该计划理念的对立面，所以我们可以肯定地说，这个选项不会得到太多考虑。

再说另一个极端，也就是 E 选项。它属于一种强制选择，计划设计者强制所有参与者自行选择投资组合，这样可以避免提供默认基金。如果设计者很有信心，认为人们能够很好地自主选择投资组合，那就可能会考虑这一政策。尽管强制选择可能在某些领域比较有吸引力，但我们依然认为，瑞典政府在这件事上没有坚持使用这一政策是对的。[1] 有些参与者未能做出回应（也许是因为他们不在国内、健康欠佳、太忙、无法沟通或者单纯地一无所知），这是不可避免的。把这些人同所有福利完全割裂开来未免太过苛刻，而且，从政治或原则的角度来看，这样做可能是不可接受的。无论如何，要从 400 多只基金中做出选择，毕竟是件很不容易的事；如果有些人希望依靠专家的意见（体现为默认选项），政府又何必强制所有人自行选择呢？

这样一来，留在我们面前的只剩下中间 3 个选项了。如果同时设置默认选项和其他选项，我们究竟应该鼓励人们选择默认选项，还是不鼓励？很显然，在强烈地不鼓励默认选项和极力鼓励这两个极端之间，存在着极为多样的不同选择。哪一种才是最好的？选项 D 具有显而易见的吸引力：指定一种默认选项，但既不鼓励也不反对。然而，认为这样的做法可以完全解决问题无异于痴人说梦。中立的准确含义是什么？如果我们通知人们，这一方案是由专家选定的，而且费用极低（对实际的默认选项来说，这两点都是客观真实的），这算不算构成了某种鼓励？我们根本无意在这里吹毛求疵。我们的观点很简单：设计者必须对如何描述默认方案做出决定，而这些决定势必对它所吸引的市场份额发挥作用。

在分析中间 3 个选项的过程中，我们还想了解默认基金设计者和管理者的能力，以及也许会选择该基金的民众的能力和多样性。如果默认基金非常出色，并且对大多数参与者有利，或者如果做出选择的人很有可能出现失误，那么鼓励人们选择默认选项的做法也许是合情合理的。反过来说，如果默认基金的创造者并非真正的专家，如果做出选择的人非常懂行，如果不同选择者的实际情况确实相对不同，那么最好的做法也许是采用不偏不倚的官方中立立场。这几种类型的决策都是合格的选择架构者必须深思熟虑的。

话说回来，瑞典方案采用了 B 选项。它借助铺天盖地的广告宣传鼓励参与者选择自己的投资组合，这就造成了一种助推与助推之间的斗争。一方面，我们都知道，选择一只基金作为默认选项，这样的做法往往是一种非常有利的助推。在上一章的讨论中，美国 401K 计划的绝大多数参与者投资的都是默认基金。另一方面，政府和基金公司都在朝着相反的方向助推：按您自己的意思选！那么，究竟哪种助推更胜一筹？

最终的胜者是……广告宣传！政府的宣传和基金公司的广

告让 2/3 的参与者纷纷选择自己的投资组合。我们把这些人称为"主动选择者"。如果参与者有更多钱，他们就更有可能成为主动选择者。同时，无论掌控的资金有多少，女性和较年轻的参与者更有可能主动做出选择。（为什么女性更容易主动选择？我们提出了自己的看法：我们认为，她们弄丢申请表的可能性比较小，而且她们记得按时寄出申请表的可能性比较大。我们承认自己没有足够的数据支持这一说法，并且很可能出现可得性偏差，受到某种事实的过分影响，即我们两人的配偶比我们有条理得多。）

剩下 1/3 的参与者最终选择了默认基金。我们把这些伙计称为"委托人"，因为他们把自己投资组合的管理权交给了他人。委托人使得默认基金在所有基金中占据了最大的市场份额。

主动选择一定好吗？

人们在自主选择投资组合时的表现如何？我们当然无从得知每位参与者的偏好，我们也不知道人们在社会保障网络之外可能持有哪些资产，因此，我们根本不可能对人们选择投资组合这件事做出任何可靠的判断。尽管如此，我们还是可以把人们主动搭建的投资组合同默认基金进行对比，对比的重点是任何一位理智的投资者都会重视的那些方面，例如费用、风险和业绩表现。

默认基金的最初选择是非常用心的，虽然也有一些奇怪之处。它的资产配置是 65% 的海外股票（即非瑞典股票）、17% 的瑞典股票、10% 的固定收益证券（债券证券）、4% 的对冲基金和 4% 的私募基金。在所有的资产类别中，60% 的基金是保守管理的。也就是说，投资组合的管理者只是购买了股票指数，不会试图获得高于市场平均水平的收益率。这样有利于把费用控制在一个很低的水平上，大约是每年 0.17%。（这意味着每投资 100 美元，投资者每年为此缴纳的费用为 17 美分。）这个费率非常低，尤其是在该计划刚推出的时候。总体而言，尽管很多人对有些选择不无嘲讽，但是大多数专家都认为，这一基金是合理的、价格实惠的选择。我们熟悉的几位著名瑞典经济学家也主动选择投资了默认基金。

要从整体上审视主动选择者群体，我们可以检视其综合投资组合的可比数据。这一对比包含 3 个重点。第一，尽管默认计划中的股票配置比例相当高，但是主动选择投资组合的股票比例甚至更高，达到 96.2%。人们之所以选择大量投资股票，部分原因可能是股市在过去几年一直很繁荣。

第二，主动选择者把近一半的资金（48.2%）投到瑞典企业的股票上。这反映了投资者喜欢购买本国股票的趋势。这种趋势尽人皆知，以至经济学家专门为它取了个名字：本土偏好。[2] 当然，你可能也认为投资本国市场是合理的，毕竟"买熟不买生"嘛。但是，谈到投资这件事，买入你认为自己了解的并不一定是合理的。只是听说过一家企业的名字，并不意味着你能准确预判它的未来回报。[1][3]

想想下面的情况：瑞典在全球经济中的占比约为1%。一位寻求投资组合全球多样化的德国投资者或日本投资者，也许会用自己约1%的资产投资瑞典股票市场。那么请问，瑞典本国人的投资为什么会是德国人或日本人的48倍呢？这样做合理吗？当然不！[2]

第三，同默认基金的费用（0.17%）相比，主动选择者支付的费用并没有高出很多，只有0.77%。也就是说，假如有两个人各自投资1万美元，一年下来，主动选择者支付的费用只比选择默认投资组合的人多出60美元。这些费用会随着时间的推移而积累起来。[3]总而言之，自主选择投资组合的人选择了更高的股权敞口，更少地投资指数基金，更多地集中于本地投资，并且支付较高的费用。

在这些投资发生时，人们很难证明主动选择者的投资组合

---

[1] 出于同样的原因，投资大部分退休金购买你所在企业股票的做法是不明智的。安然公司和贝尔斯登公司的前员工都有过惨痛的教训。这两家公司都曾鼓励自己的员工投资本公司的股票，结果公司轰然倒闭，随之消失的还有员工的大部分退休储蓄金。

[2] 如果你担心的是货币风险，这个问题很容易解决。实际上，默认基金已经通过货币市场的对冲操作解决了货币风险的问题。

[3] 我们在这里写到的费用都是广告宣传里提到的费用。后来有些基金公司提供了费用折扣，因此这些费用下降了。

好过默认基金。瑞典经验还有一点很有趣：该基金上市的时间恰逢瑞典股票牛市（以及科技股泡沫）即将结束。虽然我们不可能准确地道出这一时机的发生对人们选择（甚至是对推出私有化方案的决定）的影响，但是数据仍然可以为我们带来强有力的提示。我们已经注意到，主动选择的投资组合有96%以上的资金投向了股市。几乎可以肯定的是，假如计划晚两年推出，投入股市的资金比例一定会低得多。正如我们先前看到的，在决定资产配置时，个人投资者往往倾向于跟随潮流，而不是成为很好的预测者。

科技股曾在一段时间里强势上涨，主要是因为有大量投资涌向这类股票。举个形象的例子，Robur Aktiefond Contura 是吸引最大市场份额（除了默认基金）的一只基金，狂揽了整个投资池的4.2%。（这是一个巨大的市场份额：不要忘了，一共有456只基金，其中有1/3的资金投向了默认基金。）Robur Aktiefond Contura 主要投资瑞典和其他地区的科技和医疗产业股票。在选择之前的5年里，它的市值增长了534.2%，成为基金池中价值最高的基金。在计划启动后的头3年里，它的价值损失了69.5%。在接下来的3年里，它的回报仍不稳定。

如今回头来看，一只像 Robur Aktiefond Contura 这样的基金吸引了池中比例巨大的资金也就不足为奇了。想想人们被要求做些什么，他们收到了一本小册子，里面写满了456只基金在过去不同时段里的回报，以及大量其他重要信息，包括费用和风险情况。人们并不是那么容易就能看懂这些信息。他们可能比较肯定的是，回报率越高越好。这些当然都是过去的回报率，不过投资者从来都很难看清历史回报和对未来回报的预测。我们禁不住想象下面这样的对话正在发生——瑞典的斯文松夫妇在厨房里的对话：

斯文松先生（啜着咖啡）：维尔玛，你端着那本书看什么呢？

斯文松太太：比约恩，我在查最适合投资的基金。而且我已经找到了，最好的选择是 Robur Aktiefond Contura，它的市值在过去的 5 年里增长了 534.2%。只要买了这只基金，我们退休后就可以去马略卡岛享清福了。

斯文松先生：哦，把渍鲑鱼片递给我。

广告宣传

允许基金公司做广告的决定本身似乎没有什么争议。实际上，只要想想这一系统的其余设计，我们就会发现，禁止广告是不可想象的。只要允许基金公司自由进入这一市场，就应当允许它们使用所有合法的手段自由吸引客户，其中自然包括（真实的）广告。尽管如此，看看广告对这一市场的具体影响仍然让人感到趣味盎然，我们会看到些什么？

请想象下面两种极端的"梦境"场景。第一场梦的主人公是一位自由市场派经济学家，他在做梦时脸上挂着慈祥的笑容。在这个梦里，广告商详细解释了低成本、多样化和长期投资的种种益处，还解释了用近期收益外推未来收益的做法是多么荒唐，以此教育和引导消费者。在这个梦里，广告商帮助每一位消费者发现他们在经济学家所谓"有效边界"中的最佳定位——所有理性的投资者都在寻求这一位置。换句话说，广告在帮助消费者做出更好的、更明智的选择。

第二个梦更像是一场梦魇，它让心理学家和行为经济学家辗转反侧，寝食难安。在这场梦里，广告商鼓励参与者大胆冒险，不要满足于平均（指数化）水平，要把投资当作一种发家致富的方式。这场梦魇里，广告几乎从来不会提到费用问题。它们大谈特谈过往的业绩，即使完全没有任何证据可以证明过往的业绩可以预测未来的表现。（喜欢体育博彩的人会觉得这样的广告似曾相识，因为它们会告诉人们，在接下来的比赛里，哪些球队是"稳赢不输"的，它们会夸耀自己的神机妙算。比如，它们在过去三个星期里的预测几乎做到了百分之百正确。）

最后的现实如何？最有代表性的广告是这样的：著名演员哈里森·福特正在推销一家瑞典基金公司的产品，看过《星球大战》和《夺宝奇兵》系列电影的人都很熟悉这位演员。广告词是这样的："哈里森·福特帮你选择更好的养老基金。"我们也不知道，是不是福特扮演过的哪个角色给了他这样的专业资格。（我们知道，他在《夺宝奇兵》里扮演的印第安纳·琼斯是一位芝加哥大学的教授，但是据我们所知，琼斯教授应该没受过太多金融方面的训练。）

说得更宽泛些，金融经济学家亨里克·克龙奎斯特的一项研究表明，广告更像那场梦魇，而不是那场美梦。[4] 只有很少一部分基金的广告是在为理性投资者直接提供信息，比如基金的费用。尽管过往业绩非常突出的基金都在通过广告大肆宣传昨日的辉煌，但这样的广告对预测未来收益毫无用处。尽管如此，基金广告仍然极大地影响了投资者对投资组合的选择。它把人们引向了这样的投资组合：预期收益较低（因为费用更高）、风险较高（由于有更大的股票敞口、更积极主动的管理、更"热门"的行业和更严重的本土偏好）。

助推能持续多久？

> 弗拉基米尔：嗯，我们走吧？
> 埃斯特拉贡：哦，走吧。
> **两个人谁都没动。**
>
> —— **萨缪尔·贝克特《等待戈多》**

有个问题我们一直没谈：助推能否长久存在？[5] 一种可能性是，人们最初会由于类似现状偏好[6]、懒惰、拖延等各种原因表现出预设行为，但是，假以时日，人们会搞清楚自己的行为，并对自己最初的选择做出恰如其分的修正。在这样的情况下，选择架构者的具体设计只能发挥短暂的作用。但是，如果助推的作用是长久存在的，那么选择架构者的设计会变得极其重要，它的影响能够持续几十年。瑞典的经验为我们提供了一个得天独厚的机会，帮助我们洞悉这一问题，因为我们能追溯从计划开始实施，到2016年底期间发生的所有情况。

首先介绍一些背景情况。在最初被大张旗鼓地推出之后，这个养老金计划在人们眼中开始变得没那么引人注目。因为绝大多数民众已经加入了这一计划，所以政府大幅减少了广告宣传，基金公司也是一样。在2000年刚刚推出时，这套方案覆盖了440万人，也就是瑞典当时全部的劳动力。此后加入的人仅限于新的参与者，大多数是刚开始领取工资的年轻人和新移民。比如，2016年加入计划的只有183 870人，为这么少的人专门做广告实在很不划算。

少了政府的推广和私营企业的广告，公众开始慢慢脱离了参与，这让默认选项发挥了更典型的影响。到2003年，也就是新系统上线仅仅3年后，只有不到十分之一（9.4%）的新加入者做到了主动选择。到了2010年，这个比例下降到只有3%，近几年更是下降到了1%。

不仅如此，参与者似乎采用了一种"定好了就忘"的心智模式。最初遇到一项选择时，人们会做出选择，不过绝大多数人不会再看它一眼。只要看看人们的投资组合选择如何随着他们加入该系统的时间而各不相同就能明白这一点。为了说明我们如何研究这个问题，请思考下面两位假想的养老金储户：玛德琳和佩尔。他们都出生在 1982 年 1 月 1 日。也就是说，在瑞典额外投保养老金计划推出时，他们恰好 18 岁。当时他们都在读大学，不过玛德琳刚上大学时从事了一份兼职工作，这让她有资格加入这一养老金系统。而佩尔直到 2002 年大学毕业才开始工作。两个人都经历过伴随系统上线而来的广告宣传，不过只有玛德琳在助推的作用下考虑当时做出选择，佩尔根本就没考虑这个问题。由于相关性不同，人们接触广告所带来的影响也不尽相同，为了估算这样的不同，我们可以把类似玛德琳式处境的人群同类似佩尔式处境的人群进行对比，也就是对比 2000 年加入该计划的年轻人做出的选择与之后几年加入该计划的年轻人的选择。

统计分析显示，在其他可观测特征受控的情况下，2000 年加入计划的人群成为主动选择者的可能性是 2001 年和 2002 年加入计划的人群的约 6 倍。由此可见，广告宣传主要是在播放期间影响那些处于"举棋未定"心智状态中的人的。

另一个重要的问题是，随着时间的流逝会发生怎样的情况。人们会一直坚守最初的选择，还是会在事情变得日益明朗之后重新做出考虑？看待这个问题的方法之一是，看有多大比例的人群改变了主意，从"委托人"变成了"主动选择者"，或者反过来。这就要研究 2000 年加入该计划的 440 万瑞典人的选择，然后跟踪他们从该计划启动到 2016 年的情况，这是办得到的。[①]

超过 1/4（27.4%）的最初"委托人"改变了主意，决定成为主动选择者。[7] 而且大部分的转换发生在最初选择后的第一个 10 年里。是什么促使他们变得如此主动？在这些转换中，有一部分得到了第三方的，呃，"帮助"，据说他们要为人们提供投资建议。这种情况尤其普遍地发生在前面的几年里。在那段时间里，只要拿到了人们的个人身份识别码（PIN），这些顾问就可以轻易地代替客户完成转换（这些做法后来得到改正，这是很明智的）。因此，这 27.4% 所能代表的是自主决定独立管理自己投资组合的"委托人"数量的上限。至少在我们观察的16 年里，其他人始终停留在默认状态。

也许比较令人吃惊的是，广告在鼓励人们做出主动选择方面的影响甚至更加持久。在首批主动选择者中，只有极小一部分（2.9%）转为了委托人。一朝是自选，终生是自选！

说到这里，我们已经发现，主动选择者与委托人之间的转换并不多见。大多数人会选定其一，然后保持不变。除此之外，被我们称为主动选择者的群体其实并不十分主动。还记得我们当初为什么给他们贴上这个标签吗？只是因为一个决

---

① 一个附带条件：最初选择默认基金的人（即"委托人"）可以随时转为"主动选择者"；不过在系统运转之后，如果最初没有选择默认基金，是无法转为默认的。这一规则在 2009 年得到修正，无条件地允许人们任意转换。

定——他们要（在铺天盖地的广告宣传影响之下）自主选择基金。在此之后，他们的"主动性"似乎消失不见了。这个群体在16年里的中位交易数仅为1，这与我们在美国401K计划投资者身上看到的活动水平大致相同。

那么多的投资者都无所作为，我们自然要问，应该怎样吸引他们的注意力？什么能把他们从麻木恍惚中唤醒？有两件事可以帮助我们审视这个问题：一件影响到默认基金，另一件主要和养老金体系中的一只个人基金有关。

长期以来，默认基金经历过不少变化。尽管它一直费用较低，并且始终带有全球多样化的特征，我们之前也提到，在刚刚推出时，它还带有一些奇异的特征，比如面向瑞典股票的本土偏好，并且小额投资对冲基金和风险资本。2010年，该基金发生改变，真正成为一只全球指数基金（全球投资），费用进一步降低至0.11%。[①]

2010年，瑞典政府批准了一项更加大胆的改革：它决定允许默认基金的管理者自行决定金融杠杆的使用。该法令允许的杠杆上限为50%。这意味着基金管理者可以合法地通过贷款买入更多的股票，他们充分发挥了这种新的自由裁量权应有的作

---

① 该基金还有一项与年龄有关的调整资金组合的功能。参与者的年龄越高，接触股权投资的机会就越少。默认基金应当（至少）100%地设置为股权投资，其背后的逻辑在于，它是社会保障系统的一小部分（从16%的总税收中扣除2.5%的工资税），其余的大部分更多地被看作一种固定收益投资。

用。50% 的杠杆意味着，如果市场上涨 10%，该基金将会上涨 15%，反过来也是一样，一旦价格下跌，基金就会下跌 50% 以上。风险还是比较大的！

每一位担心自己投资组合风险剧增的投资者都可以选择一种很好的替代方案：他们可以在不负担任何成本的情况下转入另一只基金，该基金与默认基金一模一样，但是不设杠杆。结果几乎没有人转出。这一点特别令人讶异，因为一项针对瑞典投资者的研究指出，默认基金的参与者认为，与平均水平相比，他们更厌恶风险，他们想要比较安全的投资。[8] 看上去他们似乎并没有注意到（或者搞清楚）基金的这一变化。

还有一件事发生在 2017 年 1 月，足以说明投资者惰性的极限。瑞典一家顶级商业杂志报道，Allra 公司（瑞典养老金系统基金企业之一）的 CEO（首席执行官）前一年购买了全瑞典最贵的房子，哦，他还买了一架私人直升机。友情提示：假如你想从投资者手里偷钱，高调炫富也许并不是个好主意。瑞典媒体为此发表了一系列报道，矛头直指 Allra 公司可能的欺诈行为。几个星期后，瑞典养老金管理局决定对这家公司实施反欺诈调查，这期间禁止人们转投 Allra 的基金。但是需要强调指出的是，人们可以随时把自己的缴款从 Allra 转出，免费转入其他基金。①

---

① 更引人注目的是资深律师、瑞典前司法部长当时在 Allra 公司担任董事会主席。

在欺诈传闻爆发之前，Allra 公司参与养老金系统的基金共有 4 只。选择这些基金的投资者共有 123 217 人，投入总资产约为 20 亿美元。大家可能会想，听说了存在欺诈的可靠报道，这些所谓的主动选择者中的很多人一定会抛弃他们在 Allra 的投资。实际上，就算认为会发生大逃离也算是合理预判。然而，这样的事情没有发生。在欺诈消息传出的一周内，只有 1.4% 的 Allra 投资者出售了自己的股份。即使在德勤（Allra 的审计单位）抛弃 Allra 并向当局举报之后，也只有 16.5% 的年初投资者选择转入其他基金。

从这一事件中我们可以明白些什么？ 2017 年初，丑闻刚刚爆发时，该系统中的基金数量一度增长到了 900 只，这明显太多了。实际上，瑞典很快就出现一种极其荒唐的情形：成为主动选择者的新参与者的数量还不如可选基金的数量多。我们认为很多人都会认同，一只基金一位投资者似乎没有必要。不仅如此，像瑞典这样的小国想要充分监管如此众多的基金，明显是不可能的。最终揭开 Allra 丑闻的是记者，而不是监管部门。

经验教训

瑞典经验从多个层面说明了惰性的力量。受到政府和广告宣传助推的民众成为自己投资组合的管理者，随即变得非常无所作为，坚定地保持原有的方式不变。即使基金管理者牵涉重大丑闻，也无法令人们警醒。或许没那么令人惊讶的是，选择默认基金的人同样不太在意基金构成的重大变革。也许同样有趣的是，政策制定者并不乐于借鉴发生过的一切，并对系统的设计做出重新思考。计划的设计者并不是一开始就提出 900 只基金供人们选择的，显然，如果几乎所有的新投资者都选择默认基金，不会有人认为这是个好主意。政府当然不会对这些情况视而不见。基金数量如今已经被削减到了不足 500 只，而且瑞典议会正在考虑做出进一步的改革，但这一改革也算不上对整个结构进行比较激进的重新思考。即使是新的政府项目，其设计特征也可能具备惊人的黏性。（更不要提它变成长久传统之后会怎样。）

在这样的情况下，我们更偏向于依赖明智的默认选择。不过，如果完全按我们的意思来办，我们还是会对瑞典的养老金计划做出一些改变，包括大幅减少基金数量、取消默认基金中的杠杆等等。（你可以说我们过分小心，但是我们认为，如果组合选择中包含了杠杆基金，人们就会主动去选择它。）我们还会推动一件重要的事，我们认为这种做法早就应该出现在所有由参与者主导的投资计划中：重新开始的机会。我们都要经常重启自己的计算机，同样的道理，我们认为，应当鼓励投资者时不时地（20 年一次似乎也不算频繁）重新启动自己的养老金计划。最理想的情况是，无须提醒如今的投资现状，人们就能做到这一点。（这些转换不涉及纳税，也不会产生交易费用。）你为什么会在很久之前做出了如此糟糕的投资选择？如果这个问题的答案是你听了哈里森·福特的建议，那么现在是时候重新想一想了。

重要的是，这样做需要为很多可能不会对重启要求做出反应的人选择默认选项，而且一个都不能少。

助推的黏性是个更普遍的问题，我们认为，这里的结果非常具有启发意义，不过还是要敦促读者多加注意，不要把它外推成普遍意义上的助推。助推的寿命不可避免地成为一个经验问题，我们应当预料到，它会因不同的族群和具体的情况而表现出千姿百态的模样。助推会随着很多事情的变化而变化，比如默认规则、文字提醒、图片警示、字体的颜色和大小等等。人们为手头事情分配的注意力不同，环境就会出现极大的差异。参与者更像《等待戈多》中的弗拉基米尔和埃斯特拉贡，还是更像没完没了变换车道的司机？在助推的作用下，一部分人口统计群体的行为会出现不同于其他群体的表现，因为他们的注意力更集中，因为他们有更多的时间，因为他们的受教育程度更高或更低，或者仅仅因为他们更在意此事。

图片警示的作用可长可短，人们可能会对它们习以为常，所以它们的作用可能会因此而逐渐消失。如果是这样，选择架构者可能会调换这些图片，隔几个月换一次（实际上，美国食品药品监督管理局正在计划如此调换关于烟草危害的警示图片）。假如每个月给人们发一条短信提醒到期账单，它可能每次都是管用的——除非人们接到的短信通知太多，看不过来。当人们处于"自动巡航"状态时，也就是在默认规则可能发挥其黏性的情况下，助推作用的持续时间似乎最久。在外太空中，一个受到助推的物体会一直保持一个运动方向，直到受到另一次助推。瑞典的养老金储蓄者很像这种外层空间的物体。

第 10 章
今天多借一点儿：抵押贷款与信用卡

我们已经看到，普通人会因为自我控制问题而遇到麻烦，从而引发"现时偏误"。它的含义是，人们会过多地重视眼前的事物，过少地重视将来的事物。想要帮助人们多为退休生活存钱，就必须解决这个本质问题。一个家庭对养老金计划的投资相当于为了将来生活得更好而延迟眼下的消费，而且这个将来往往是几十年之后的事。为了顺利退休，家庭成员必须想方设法地让现在生活的收入大于支出。但是不幸的是，这样一个最基本的问题让许多家庭陷入困境：每个月入不敷出。为了能在今天多消费，人们会去借贷，借钱似乎从未像现在这么容易。

虽然放贷者的历史极其悠久（比莎士比亚的《威尼斯商人》还要早），但是消费信贷的广泛普及始于 20 世纪 20 年代。当时的商家普遍为消费者提供分期付款服务，以便把家用电器、汽车和其他大件商品卖给他们。当时的利率很高，而且要把商品作为抵押，在分期付款还清之前，商品的所有权仍归卖家所有。为时新的家用电器推出信用贷款就像在家里到处摆上盛满腰果的大碗，很多家庭根本无法抵御消费的诱惑。当20世纪30年代的大萧条到来时，很多失去工作的人看到这些家电被商家搬走，内心很受打击。

汽车销售延续了与老式分期付款几乎一模一样的融资手段，放款人拥有汽车的留置权，直到贷款还清为止。不过信用卡的出现为消费者带来了新手段，满足了人们即刻享受的迫切心情。事到如今，如果没有一张信用卡或借记卡，恐怕是无法在现代经济中正常生活的，因为购买机票、入住酒店、使用各式各样的服务几乎都离不开银行卡。这带来了一种恶性循环，负责任地使用信用卡的记录成了一个家庭信用记录最重要的决定因素，它决定了一个人能否获得抵押贷款，以及支付的利率。或早或晚（或早的可能性更大些），纸币会消失或接近消失，人们会使用银行卡或其他电子支付手段。虽然人们可能只是因为方便才使用信用卡和借记卡，他们会在每月的恰当时间还清账单，避免支付利息，但这离不开思虑周全的自我控制。美国人的信用卡账单加在一起已经超过了1万亿美元，而且这种贷款的迅猛增长不仅仅发生在美国一地。实际上，中国的信用卡债务总额正在迅速赶超美国。

对有些需要买房的人来说，一次性付清全款通常是不可能的，很多家庭要支付数年的家庭收入才够买一套房子。于是人们选择了抵押贷款。如今，美国的房屋抵押贷款债务已经超过了 15 万亿美元。[1] 抵押贷款债务如此庞大，却不一定能引起人们的警惕，因为借款人拥有房屋这项资产权益。不过，很多人获得贷款的代价约等于购房款的 5%。这意味着，一旦房地产价格下跌，他们就会发现自己"溺水了"，也就是他们的欠款大于房屋价值，资不抵债了。

人们有很多种方法可以借到钱，比如去典当行、借高利贷、去发薪日贷款机构和申请大学生贷款等等，但是本章只关注抵押贷款和信用卡，因为它们在全世界普遍存在，而且我们可以把选择架构工具通过非常有趣的方式运用到这两种借贷方式上。在对这些市场的讨论中，我们会做出明显的区分。我们在思考普遍意义上的消费者决策时发现，这样的区分是非常有帮助的，也就是说，消费者体验的最重要方面究竟取决于选择的过程（怎么选）还是使用的过程（怎么用）。我们的意思可以通过一个例子来说明。假设我们要买一台电视机或计算机显示器。这种产品的使用体验几乎完全取决于用户的眼光。尺寸、分辨率和色彩度等将决定使用满意度，但是一旦完成设定和调试，就真的没什么其他可做的了。即使是本书的两位作者，也早已熟练掌握了遥控器开关键的用法。

接下来，把显示器同网球拍做一下对比。桑斯坦是网球俱乐部里的好手，他对使用哪种网球拍有自己的偏好。不过，再好的网球拍也无法帮助塞勒打赢桑斯坦。实际上，当年我们在芝加哥一起打网球时，有一次桑斯坦的拍线断了，但他还是（轻而易举地）击败了塞勒。如果换成了纳达尔或费德勒，就算拿一把破木拍，就算拍线用了 30 年，他们照样能轻松击败桑斯坦（3 个 6 比 0）。说到打网球，怎么用拍子恐怕比怎么选拍子重要多了。

虽然对比可能没那么强烈，但是抵押贷款更像买显示器，而信用卡更像买网球拍。只要选对了抵押贷款，并且按时还贷（这一点非常重要），基本上就万事大吉了。[①] 假如人们每个月能够按时还清账单，信用卡的使用同样可以万事大吉。你甚至可以选择那家答应把你的宠物狗照片印在你信用卡正面的银行，只要每个月还清账单，就不会有什么影响。但是很不幸，很多人的多张信用卡同时逾期，账单金额累计数千美元。在这样的情况下，消费者如何使用信用卡比如何选择发卡行要重要得多。考虑到这一点，我们关于抵押贷款的讨论重点是如何帮助人们做出更好的选择，而关于信用卡的讨论焦点是如何帮助人们成为更聪明的用卡人。

抵押贷款

选择抵押贷款曾经是件极其简单的事。当时大多数的抵押

---

① 说到抵押贷款，这句话存在一个例外情况。如果利率下降，抵押贷款是有机会进行再融资的。反应敏捷的购房者会利用这些机会，把我们在下文信用卡章节提出的建议用在抵押贷款上。只不过塞勒希望桑斯坦尽快读完这一章，所以这一复杂性被暂时忽略了。

贷款会在整个贷款期间采用固定不变的利率，在美国，典型的贷款期为 30 年。绝大多数的贷款申请者需要交纳至少 20% 的首付。在这种情况下，贷款之间的对比简单至极——选择利率最低的那一家。当时所有的贷款机构必须通过统一的方式（即年利率）公布自己的利率，这让消费者的对比变得更简单了。

如今选择抵押贷款变得复杂多了。贷款申请者不仅可以选择五花八门的固定利率产品（整个贷款期间的利率保持不变），还可以选择数量繁多的可变利率贷款。后者的利率可能按照一定的规则绑定具体的债券市场，并且随之波动。借款人还可以考虑一些特殊的产品，例如只付利息的贷款。这种贷款的借贷者不需要支付本金，这意味着他们要无休止地支付利息，除非房屋被售出（如果运气足够好，还可以有些盈利），或者借款人中了彩票，对贷款进行了再融资，或者卖掉房子还清了贷款。很多可变利率贷款还会因所谓的"诱惑利率"而变得更加扑朔迷离。它指的是一种一年期或两年期的低利率，过了规定时期，利率（和还款额）就会上涨，有时涨得非常夸张（诱惑利率利用了人们的现时偏误）。接下来是费用问题，费用之间可能差别极大，它可能包括"点数"（借款人为获得较低利率而支付的固定费用），还可能包括提前还款罚金。如果有人提前还清贷款，他就必须支付这笔费用。此外还有很多其他费用。和如此错综复杂的抵押贷款比起来，选择养老金投资组合简直是小巫见大巫。

有一种因素似乎能让人们稍感慰藉：抵押贷款市场是高度分散、竞争激烈的。有些经济学家提出，这种高度竞争的市场会保护消费者，使他们免于做出糟糕的选择。然而，无论是从逻辑的角度来说，还是就经验而论，这样的提法都存在缺陷。原因之一是多种胡推的普遍存在，让选择贷款变得难上加难。比如，如果某项贷款的某些特征是"被隐藏起来的"[2]，就像我们在胡推那一章讨论的那样，消费者就可能无法发现自己实际支付的金额是多少。在这样的情况下，仅靠竞争无法保证最好的或最廉价的产品在客户争夺战中胜出。实际上，贷款机构可能拥有极大的自由度，可以随意利用人们有限的注意力，直来直去的竞争者可能会输给那些不太正大光明的对手。利用人们行为上的偏误来钻空子可能会成为一些商家的制胜策略。

　　有些产品所见即所得，针对这类产品竞争通常能够发挥作用。如果一个十字路口的四个角各有一个加油站，每个加油站都把自己的油价贴在显眼处，那么它们之间的价格不会出现太大的差别。但是，如果另一个十字路口的四个角各有一家银行，都在销售抵押贷款，我们就没有什么理由相信它们的借贷成本是趋同的。即使这些银行在户外大屏幕上打出某种抵押贷款的利率，那些被隐藏起来的成本也不会被借款人看到。同样是货比三家，加油比抵押贷款简单多了。

　　解决这个复杂问题的一种可行办法是求助于专家顾问。事实上，很多复杂的市场都孕育出了提供专业帮助的工作岗位，例如金融理财师和房地产经纪人等等。在抵押贷款市场，这些专家被称为抵押经纪人。这类情况存在一个共性问题，那就是专家顾问可能同客户存在利益冲突，无法很好地提供合理的建议。拿房地产经纪人来说，只有在成交的情况下，他们才有钱拿。这意味着，他们促成交易的激励因素是极其强烈的。即使是代表买家的经纪人，实际上也会从成交额中分得一定比例的酬劳，因此，他们在为客户推荐房子时通常都从报价最贵的房子开始。我们并不是说所有这类专家都是骗子！（桑斯坦的姐姐是一名房地产经纪人，她就非常讲究诚信。这一点千真万确！）我们只是在陈述一个显而易见的事实：顾问的市场并不能保证顾问的质量。算命这个行当从未中断过。确实，再复杂的领域也会有诚实而见多识广的好专家，但是，对那些比较单纯质朴的买家来说，正是市场的不透明性促生了对专家顾问的需求，这种不透明性同时使得对顾问建议的评估变得极其困难。

说到抵押经纪人，相当多的证据表明，至少有一部分经纪人没有为自己的客户争取最大利益。为什么会这样？想要明白这个问题就不要忘了，抵押经纪人是按照每笔贷款获得酬劳的，酬劳的多少取决于每笔贷款数额的高低和贷出机构由此获得利润的多少。因此，同样一笔贷款，对借款人越是有利，经纪人赚的就越少。引发 2008 年经济危机的原因有很多，其中之一就是人们大量办理首付极低、利率极低（诱惑利率，一两年后会迅猛提高）的房屋抵押贷款。借款人常常无力承担更高的费用，往往会在最初的低利率开始蹿升时落入再抵押的陷阱，这会让贷款经纪人再发一笔横财。等到房价下跌时，借款人就会资不抵债，常常走上违约不还贷款的道路。

经济学家苏珊·伍德沃德还发现了这一市场令人不安的其他方面。[3] 她研究了哪些类型的借款人——在风险和其他因素保持不变的情况下——能够得到最好的交易，会在什么情况下获得最好的交易。下面是她得出的关键结论：

- 调整风险因素后，美国的非洲裔和拉丁裔借款人支付的贷款费用更多。
- 受教育水平较低的社区（成年人只有高中学历）与受教育水平较高的社区（成年人达到大学本科学历）相比，来自较低社区的借款人支付的费用较高。
- 货比三家是非常划算的。多比较两家抵押贷款经纪机构，平均可以节省近 1 400 美元的费用。
- 通过抵押经纪人获得的贷款不如直接来自贷款机构的贷款划算。
- 对借款人来说，贷款的复杂性，如点数和卖家支付的手续费（这会让人们在比较贷款时遇到更大的困难），意味着金钱的损失。同直接贷款相比，通过经纪人办理的贷款附加成本更高。

这一分析为我们带来了更普遍的经验教训。市场越复杂，那些比较淳朴和受教育程度较低的人就越吃亏。比较单纯的借款人更容易收到坏的建议和为他人作嫁衣的建议，这些建议来自那些貌似热心帮忙、纯粹出主意的人。在这个市场上，专为富裕客户服务的抵押经纪人可能更有动力为自己构建公平交易的良好口碑，因为这样可以带来更多的生意。相比之下，那些专为贫民服务的经纪人对容易到手的快钱更感兴趣。因此，实际上，这个问题的一部分说的是不平等问题。

我们能为此做些什么？我们提出了3种可供参考的选择架构建议。第一种要揭开"隐藏属性"的面纱，确保没有隐性费用和成本。比如，可以要求抵押贷款提供方填写"主要成本"清单（只需要简单的一页甚至半页纸就够了），把所有费用列清楚（鸡毛蒜皮的成本除外）。再把这些成本加在一起，最好能和报价中的利率加在一起，让借款人的比较变得更容易！

我们的第二种建议更加大胆，它会让第一种建议变得不再必要。它在标准租约概念的基础上做到了更高水平的标准化。回到我们之前关于加油站和抵押贷款机构的比较，其中的思想会让贷款的比较变得更容易。为了做到这一点，监管者可以在相对较小的范围内划定抵押贷款类型，把每一位贷款申请人都会考虑的那些贷款囊括其中。它可能包括两大类，即固定利率和可变利率，每种分别提供15年和30年两种贷款期限，一共是4种贷款。我们姑且称它们为"容易"贷款。这种贷款合同里的所有小字部分都是统一的，都是监管机构在业内专家和消费专家的协商下敲定的。最理想的是除了公示的利率没有其他任何费用，用来计算可变利率贷款的公式都是一样的。它包括一项贷款与什么利率挂钩，利率的变动空间，变动频率如何固定，等等。[4]

这样一来，愿意把自己的选择限制在"容易"贷款范围内的人只需要决定选择固定利率还是可变利率，选择 15 年还是30 年。无论在什么类别中，人们都可以简单地选择年利率最低的贷款，都可以肯定自己选择的是最划算的交易。即使利率会随着信用等级和首付情况而发生变化，借款人仍然可以在适合的类别中搜索合适的贷款，迅速发现最好的选择。

因为我们是奉行自由意志家长制，所以我们不会禁止其他类型的抵押贷款，包括那些可能暗藏陷阱（比如诱惑利率）的贷款。（如果有证据证明，某些圈套可能会坑害消费者，而且助推无法解决这个问题，那么这个设想作废。）与此同时，这样的贷款必须告知人们，它们不属于"容易"贷款，有兴趣的申请者需要格外小心。我们可以理解，为什么有些人会进一步因为"危害金融健康"而禁止这类产品，不过我们也能理解，这类抵押贷款对某些借款人来说可能是不错的选择。无论在什么监管领域，监管者都必须选择在多大程度上干预买家和卖家的选择。我们提出的模式至少在这个市场里创造了一个围栏部分，能帮助人们在这个范围内更容易地选择贷款。它就像滑雪场里的初级道。

如果第一种建议和第二种建议得到采纳，我们的第三种建议可能就没什么必要了。不过，反正各国政府也没怎么听过我们的建议，我们不妨大方一点儿，再提出一种替代性的政策选择。我们会在这里用到"精明披露"。一项（不容易的）抵押贷款可能极其复杂，就算业内专家也不一定搞得清楚它的所有条款。监管者一直在不断尝试创造更简单的披露形式，我们很支持这一总体思路。但是，即使这样也可能很难做到，就算我们的第一种建议得到了采用，其中的重要细节也可能会以某种形式被淹没在可怕的小字部分里。解决的办法是，为所有的细节提供固定格式的电子版本，通过在线数据库不断更新，我们可以称为"贷款文档"。

一个让业内专家望而却步的难题可以在使用现代工具，如机器学习的计算机面前变得轻而易举。这意味着，如果"贷款文档"存在，健全的贷款市场就可能存在，其中的选择引擎与旅游网站的搜索引擎非常相似。借款人可以输入自己的信息，包括首付和信用评级等，选择引擎会为他搜索可用的最好选择。高级选择引擎还能帮助人们在固定利率与可变利率以及不同贷款年数之间做出比较和选择。当然，从专家变成机器人并不能保证借款人得到的建议是不带任何偏好的。通过程序设定，机器人既可以从贷款人提供贷款补助的角度提出建议，也可以从提供选择引擎的企业角度提供建议。但是，我们认为，选择引擎至少有一点明显优于人类顾问：它更便于审计。

恰当的监管会要求选择引擎保存自己做过的所有推荐信息（同时保护个人数据的私密性），并在监管者提出要求时提供这些信息。也可能出现选择引擎聚合企业，就像旅游搜索引擎服务商 Kayak。这能让消费者更方便地自己进行审计，尤其是针对"容易"产品的审计。我们还要强调在线比对贷款产品的最后一项优点：它尤其可能有利于女性和少数群体。一项针对汽车选购的研究发现，当在线选购汽车时，女性和非洲裔消费者支付的金额与白人男性相同，但前者在线下门店要多花钱，即使考虑到其他因素，比如收入等，情况也是如此。[5]

信用卡

信用卡有两大用途。第一，它提供了一种替代现金的支付方式。第二，如果你的支出大于手头的现金，信用卡可以提供现成的流动性来源。虽然借记卡看上去很像信用卡，但它只能满足第一项用途，因为它关联的是你的银行账户。除非开通信用额度，否则借记卡是不能借钱的。（提醒：有些借记卡提供信用额度，但是费用极高。如果你想用借记卡借钱，应该确保自己为此支付的费用低于使用信用卡的费用。）

信用卡使用非常方便。使用信用卡结算通常比支付现金还要快，而且不会产生零钱；人们不用再翻遍口袋寻找合适金额的零钱，也不用在家里放零钱盒子了。信用卡为我们免去了这些麻烦，更不用说常旅客积攒的里程了！美国的消费者当然不会看不见这些事实。2018 年，平均每位持卡人拥有 4 张信用卡。[6] 不过，如果人们不够细心，刷信用卡也可能成瘾，普通人常常会错误地使用它。下面的数字来自美国：

- 每个月无法还清全款的用户（这些人被称为 revolvers，即只还最低还款额的循环信用者）高达 43%，全额还款的比例只有 31%（其余的情况为信用卡未欠款或未激活）。

- 截至 2020 年 2 月，美国的信用卡账单总额为 1.1 万亿美元。

- 2019 年，美国每户家庭 3.1 张信用卡的平均未偿债务约为 6 000 美元。美国的信用卡总利息高达 1 210 亿美元，其中大部分利率为 14%～18%。

- 截至 2018 年，约 9% 的一般持卡人和 4.5% 的私有品牌信用卡持卡人在过去的 12 个月里至少有过一次严重逾期。

- 除了利息，用卡人还要支付大量费用。费用约占年度期末余额的 5.5%，其中近一半是滞纳金。

我们可以在很多其他国家找到类似的数据，在某些方面，长期来看，情况似乎正在变得更糟糕。回过头看第2章讨论的自我控制问题，我们会发现信用卡是如何在某些人身上引发严重问题的。在信用卡问世之前，家庭基本上不得不采用一种量入为出、现收现付的记账制度。这正是人们选择圣诞储蓄俱乐部的原因，也是人们设置存钱罐，并在上面按照用途或收款人贴上标签的原因。现在，你如果没钱给你的车加油，总还可以使用信用卡支付。信用卡还会在其他方面妨碍人们的自我控制。营销学教授德拉岑·普雷莱茨和邓肯·西梅斯特的一项研究发现，如果用信用卡购买篮球赛门票，人们愿意支付比现金购票多两倍的价钱。[7] 更不用提人们为了获得"宝贵的"常旅客航空里程而刷了多少卡，花了多少钱。一张卡刷爆了没关系，总会有别的信用卡可刷，或者你收到了那么多"预审核已通过"的通知，随便接受一个就能开个新账户。

应对这类问题的传统办法是实施监管。例如，2009年，美国国会颁布了《信用卡业务相关责任和信息披露法案》。该法案的设计是为了保护用户免受各种各样的风险和费用的影响，包括信用卡超额费和滞纳金等等。在行为科学的指导下，这项法案包含了多项助推，以披露要求的形式增加了几项内容，旨在确保隐藏属性不再被隐藏。举例来说，信用卡声明中必须清楚明白地披露，长期只还最低还款额会产生怎样的后果。有些种类的费用是被禁止的。在这种情况下，法令的作用远远超出了助推的范围。即使在这样的情况下，法令的设计也是为了保护普通人，让他们少犯错，其理论依据是金融机构可能会利用人们行为中存在的偏差（至少会利用人们有限的注意力和过分的乐观）。这项法令帮助消费者每年节省了119亿美元。[8] 这真是个好消息，它的分布效应也很令人满意：节省的部分主要集中于信用评级较差的人群。

然而，即使有针对复杂产品的监管规定，卖家也能想出新的招数来欺骗买家。我们能够也应该使用自由意志家长制的工具为消费者提供帮助，帮助人们做出更好的决策。应该认真思考更多更好的披露要求，重点保护那些处于经济阶层底部的人。对借记卡来说，可以进一步采取措施保护消费者免受透支保障项目的影响，这些项目会让人们欠下高利率贷款。美国联邦储备委员会的一些监管规定深谙行为科学的精髓，禁止银行在开设新账户时把透支保障作为默认选项。这是一种非常合理的提法，但是，我们已经看到，默认选项并不总是富有黏性。[9] 在开设新账户时，客户会被问及是否愿意选择一种令人兴奋的功能：在手头拮据时可以通过这个账户借钱。面对如此慷慨大方的邀请，几乎没人会深究其中的细节——银行正是通过这样的方式赚很多钱的。

与此同时，透支保障对一部分客户是有用的。人们不会在ATM上取不出钱来，而且支票因为无法兑现而遭遇退票的费用是很高的。透支保障实际上为客户提供了方便。这里存在一种很难保证的平衡。退一万步讲，美国联邦储备委员会至少应该考虑进一步助推，保护消费者免于因禁不住诱惑而加入本该用来保护他们的那些计划，并因此损失惨重。

我们认为，信用卡和抵押贷款一样，都是"精明披露"可以发挥作用的好地方。我们建议，应该要求信用卡公司通过类似"抵押文档"之类的在线数据库公示所有的规则和费用。和抵押贷款一样，这样有利于选择引擎更好地帮助人们对使用什么样的卡做出更好的决策。

举一个例子，信用卡公司偷偷摸摸提高价格的方法之一是缩短账单日与还款日的间隔天数。假如你错过了还款，需要支付的不仅仅是罚金，下个月的每一笔消费都要支付更高的利息，即使你随后正常全额还款也无法避免这一点。对经常使用信用卡的消费者来说，比如那些频繁刷卡的商务旅行者，只要迟还一次，哪怕只迟了一天，就有可能造成几百美元的额外费用。

精明披露的优点不止如此，它更大的益处是有助于改变人们的行为。还记得显示器和网球拍的区别吗？消费者怎样使用信用卡远比选择什么样的信用卡重要得多。我们已经看到，平均每个美国家庭使用 3.1 张信用卡，应还账单约为 6 000 美元。这代表他们要为利息和费用支付大笔金钱——在很多情况下，这些钱远远超过人们本来应还的金额。

可以用来说明家庭对待信用卡债务次优方式的例子是，他们如何选择在自己的多张卡之间分配账单金额。让我们通过一个简单的例子来说明这一点。丹的 A 信用卡欠费 2 000 美元，利率为 18%，B 信用卡欠费 1 000 美元，利率为 23%。他发现自己本月只拿得出 600 美元还款。两张信用卡当月的最低还款金额分别为 40 美元和 20 美元。面对丹这样的情况，人们会为每张信用卡还多少钱？

一个经济学家团队使用来自英国的数据研究了这个问题，后来又用美国的数据研究得出相同的结论。[10] 在谈到大多数人会怎么做之前，让我们先来问问丹会怎么做。他当然至少会先还清两张卡的最低还款额，因为如果没有还清这几十美元，他就要缴纳很高的滞纳金。那么，还清了最低还款之后，丹的最佳策略是用所有剩下的钱还利息较高的那张卡。这样的做法说起来很简单：先还清最低还款金额，然后还利息最高的信用卡。但是研究者发现，样本中只有约 10% 的人做到了这一点。

他们究竟是怎么做的？他们会遵循各种各样的启发法，包括每张卡还同样的金额，不过最普遍的做法是研究者所说的"余额匹配法"。如果把这一策略用在我们的例子里，丹会为 A 卡还 400 美元，B 卡还 200 美元。人们对利率的差异几乎无动于衷，实际上利率差可能达到 6 个百分点或更多。一个家庭拥有的信用卡越多，这种错误的成本就越大。当然，还有一种情况，账单金额越高，成本就越大。

需要强调的是，这样的具体错误只是冰山一角。很多家庭可能用到很多其他形式的套利交易，最明显的就是不要背负那么多债务。其他可能的省钱办法包括提取存款偿还更多的欠款。有的家庭一边把钱存在支票账户或储蓄账户里（什么都赚不到），一边欠着大量的信用卡债务。[11] 这样的情况并不少见。这算不算一个糟糕的选择？这取决于复杂的心理账户和自我控制问题。具备未雨绸缪的心理账户是很明智的，有些家庭会为信用卡账户设置最高限额，作为限制支出的自我控制手段。同样的问题出现在其他地方较低利率的借款上，例如房屋净值贷款或者 401K 计划资产支持的贷款等等。

让我们坦白地承认，很多人就连在多张信用卡之间合理分配还款金额这么简单的问题都解决不好，所以不大可能处理好其他问题，最重要的是，至少也应该按时还清最低还款额。这个问题可以通过设置从银行到信用卡的自动还款来解决，但是只有大约 15% 的持卡人使用这项服务来偿还账单。[12] 当然，考虑到支票账户在资金不足的情况下开出支票的高额费用，对那些从不在银行账户里放太多钱的用户来说，自动还款设置也许算不上最明智的选择。

希望读者能明白我们为什么反复强调信用卡最重要的问题是如何使用。在这里，心不在焉和不会算术的代价是很高的。尽管自动还款可以解决健忘问题，但是更好的策略还是把信用卡负债的管理交给别人，交给算术好、不忘事的人。交给谁呢？人们常说，无论想做什么，你都能找到应用程序来帮忙。这里也不例外，我们尤其喜欢一款名叫 Tally 的应用程序。[13]（完全披露：Tally 这款应用程序是贾森·布朗在芝加哥大学布斯商学院就读期间创建的。杰森上过塞勒的课，但是我们与这家公司不存在任何经济利益关系。）

还记得丹吗？就是那位两张信用卡欠下 3 000 美元账单的伙计。如果他注册使用 Tally 会发生什么？ Tally 会首先进行适当的信用核查，然后自动还清丹的整个账单（全部 3 000 美元），并负责管理丹的两个信用卡账户。Tally 接下来会监控两张信用卡和丹的支票账户中的所有活动，确保所有账单按时还清。最重要的是，Tally 每个月都会助推丹及早还清欠款。Tally 的具体方式是，根据丹的可用现金和未来支出推荐更高金额的默认支付。在这一服务过程中，丹要为自己从 Tally 借来的钱支付利息，Tally 的利息低于信用卡的利息。

Tally 可以保证丹不再遭受滞纳金的损失，也不会让他到了月末还有一大笔钱没还上，这等于帮助丹节省了很多钱，因为这些问题是使用信用卡代价高昂的真正原因。在信用卡没有欠款的情况下，如果你用它购买了 1 000 美元的商品，那么在收到下一期账单之前（可能长达 55 天），你不需要支付任何利息。但是，假如你有一个月少还了哪怕一分钱，信用卡公司都会按照 1 000 美元收取利息，而且是从购买那天算起的。哎哟！

Tally 是怎么做到这一切的？贾森是位好同志，但是 Tally 毕竟是一家企业，不是慈善机构。答案在于，信用卡的利率真的很高，即使持卡人的信用评级很高也是如此。这意味着，Tally 可以代表它的用户直接从银行借贷，而且利息低得多，银行会为此向 Tally 支付一小部分费用。

就算你从未错过信用卡还款日，而且你的银行存款很多，只要不小心迟还一次，你就会被收取近 20% 的高利率，即使现在银行拆借现金根本不需要支付利息。引人注意的是，在银行所有的滞纳金收入中，有 20% 来自"优质信用"用户[14]，因为高薪人士也有走神的时候。这也是信用卡这个行业如此赚钱的原因之一。假如你会在储蓄账户里保持一个合理的金额，但是常常像我们一样爱忘事，你一定要开通自动还款功能。

我们在前文提到选择与使用之间的区别，并且指出，对抵押贷款来说，如何选择更重要，而对信用卡来说，如何使用更重要。对于抵押贷款，我们希望精明披露和"容易"贷款能带来更好的选择，我们呼吁人们使用自动还款确保不错过分期付款。对于信用卡，精明披露同样有助于选择引擎的出现，尤其是在加入用户数据的情况下。如果你每个月都能按时还清信用卡账单，那么你可能最关心的是航空公司的里程积分。但是，如果还有账单没有结清，你最好多关心一下利率和费用问题。

不过，Tally 并不是选择引擎，而是用户引擎。生活中多一些 Tally 式的服务是不是更好？虽然我们都很喜欢贾森，希望他一切顺利，但我们还是希望他的商业模式能催生更多的复制者和竞争者。在我们看来，无论是谁，只要能帮助人们降低信用卡使用习惯带来的成本，都是值得大大赞扬的。我们的咒语是"让它变得简单"，做到这一点的方法之一就是"实现自动化"。

第 11 章
保险：别为小事烦忧

　　《别再为小事抓狂》是一本关于自我提升的畅销书。这本书传递的信息朴素而明智：我们不应该为鸡毛蒜皮的琐事烦恼不已，这些小烦恼本身并不是什么大事。这当然是个好建议，它几乎适用于我们生活的每个方面。（即使是一起写书几十年的合作伙伴有时也会忘记这一点。）虽然这本书讲的是情绪健康，不是财务规划，但它的书名可以为人们购买保险提供极好的方针。

　　经济学家普遍认同，应当对保险有正确的认知。它最重要的原则是保护人们避免因突发性的重大灾祸而蒙受经济损失。需要投保的风险有很多种，包括住房被洪水或火灾摧毁、重大健康问题、家庭劳力死亡或残疾、家庭用车遭遇车祸（如果汽车还存在维修价值）等等。这些事件都会让家庭负债多年，甚至破产。这样一来，花钱让一家企业来分担这些风险就成了顺理成章的做法。当然不是什么事都值得保险，比如我们的球队没有获得冠军，咖啡机坏了，甚至晚上停车入位时碰了个小坑，等等。

当然，什么才算"重大"损失取决于各人的财务状况。亿万富翁不需要任何保险，而贫穷的家庭处处都要小心。但是关键原则照样保持不变。"不用为小事投保"真的是个很好的建议，不过人们好像并没有听进这条建议。实际上，人们有时连重大问题都没有投保！那些生活在洪泛区的人们往往没有购买洪水险，结果遭遇了所谓百年一遇的洪灾（如今好像每十年就会发生一次），变得一无所有。这样的损失太过惨重了。不过在这一章，我们重点讨论的是另外一端的错误及其损失，那就是为小事投保。大家会看到，很多家庭会因为这样的错误每年浪费几千美元。

如今很多司空见惯的保险其实并不属于最早的保险形式之一。商人们购买保险，是为了抵御货船万一由于某种原因未能返航的风险。[1] 火灾保险是在 1666 年伦敦大火之后才被广泛接受的。[2] 如今的抵押贷款机构要求房主必须投保财产险，这是为了确保银行的抵押物不会因一场火灾而灰飞烟灭。由于保险合同非常复杂，而且充满了小字条款，所以普通人常常会在选择保险时犯错。相信读者对这一点不会感到太过惊讶。同时，我们认为选择架构的改进可以在这里发挥积极作用，相信这更不会让读者们感到惊讶。

即使还清了贷款，为自己的房屋投保也是一个完全明智的选择，这样可以避免火灾或风暴造成的损失。对很多家庭来说，房子是价值最高的资产，应该投保。万一发生完全损毁的情况，房屋（而不是土地）的重置成本要有保险覆盖，这是我们应当确保的。然而，和很多其他种类的保险一样，房屋业主保险通常带有免赔额，也就是投保人在出险时需要自己承担的部分。理解免赔额的原理非常重要，因为选错免赔额是所有保险购买者最普遍犯的错误。如果你看够了人们在钱财方面各种各样的失误，并且保证记住下面这条经验法则，那么你可以跳过本章的其余部分：**在购买保险时，选择最高免赔额。**

当然，任何经验法则都有例外，这条法则也一样。假如你面对的最高免赔额过高，可能造成严重的经济困难，那么我们允许你选择稍低的免赔额。但是，总体而言，人们选择的免赔额太低了。实际上，我们还专门为这种错误起了个名字：免赔额规避。

延保服务

我们关于免赔额建议的总体原则是：要尽可能多地"自我保险"。保险公司卖一份保险给你，之后处理索赔，这是需要成本的。这意味着，消费者为微小的风险投保是不划算的，所以，基本上，我们应该始终避免为小事投保。

想想下面这个例子。我们在网上购物时看到了一台很棒的微波炉，售价大约100美元。卖家提供延保服务，售价10美元。是不是很划算？你可以问问自己，你上次遇到微波炉故障是什么时候的事？对两位作者来说，答案是从未遇到过。但是你也许会问，万一熊孩子把金属物品放到微波炉里，把它烧坏了怎么办？我们想说两点，第一，这种情况保险可能不保，仔细看看小字部分就知道了。第二，那台微波炉才100美元，虽说100美元是一笔钱，但也不算太多，再买一台就是了！

为了让生活变得更美好，特别是如果你的配偶可能会因为意外事故而埋怨你为什么不买保险，我们建议大家建立一种专门的心理账户，我们叫它"自担风险账户"。你可以真的为它在银行专门开一个账户，也可以简单地设一个账本或一份电子表格。当每一次拒绝延保服务或旅行保险，每一次租车不买车辆碰撞险（你的信用卡可能提供了这种保险），或者每一次购买保险前选择更高的免赔额时，你都要记得把省下的钱存到这个账户里。万一不幸发生了糟糕的情况，取用这个"自担风险账户"里的钱。如果你按照我们关于免赔额的建议行事，这个账户里的钱就会迅速增加。

免赔额规避

保险中的免赔额通常是可选的，在美国，房屋保险、车险和医疗保险都是如此。经济学家贾斯廷·西德诺在一项名为"中等风险的（过度）保险"的研究中记述了选择更高免赔额的情况。[3] 他分析了一家此类保险公司在21世纪初5万名房屋险投保人的数据（结果与其他类型的保险很相似）。当时，保险公司一共提供4种免赔额的选择：100美元、250美元、500

美元和1 000美元。几乎没人选择100美元的免赔额（那样太贵了），所以我们建议不要选它。

我们想回答的问题是，消费者提高免赔额是否明智。让我们通过一个例子来分析其中的道理。平均而言，如果把免赔额从500美元提高到1 000美元，每位投保人每年可以节省100美元的保费。当然，如果发生理赔，他们需要额外负担500美元。也就是说，就算每隔5年就理赔一次，实际上也是收支相抵的。明白了吗？其实理赔的发生频率远远低于这一水平。在西德诺的样本中，每年只有大约5%的投保人提出理赔，所以说，提高免赔额确实是个好主意！

如果所有的投保人都按我们的建议提高免赔额，并把节省下来的钱存到"自担风险账户"里，每人的账户里每年会增加100美元，而且每20年左右才会动用一次。也就是说，20年后，这些投保人每人的账户里平均结余1 500美元（加上利息收入）。这真是个不错的选择！类似的做法同样适用于汽车保险和医疗保险，这也是我们现在所关注的。[①]

---

① 西德诺的论文还有一个有趣的发现，他发现了大量与惰性有关的证据。受通胀影响，免赔额会随着时间的推移而上涨。我们说过，只有大约5%的投保人选择了昂贵的100美元免赔额的保险形式。他们是谁？绝大部分是一辈子都在投保的人，而且他们的选择都是很多年之前做出的。平均而言，较新的投保人会选择较高的免赔额。这说明了人们一旦做出选择并在之后开启"自动驾驶"模式会发生什么，这和瑞典的社保系统的情况是一样的。也许现在大家都应该去看看自己所有保险的免赔额情况，同时开设自己的"自担风险账户"。

医疗保险：这些选择一定是糟糕的

还记得卡罗琳和她的食堂吗？我们在讨论这个例子时提到过，有些人认为，选择架构者应该努力创造一种被人们视为中立的选择环境，不把人们朝着任何特别的方向助推。我们说过，总体而言，这是不可能做到的。无论人们如何选择，某种基本结构都会存在。多亏行为经济学家沙鲁巴·巴尔加瓦、乔治·勒文施泰因和西德诺的研究，为我们关于结构影响的论述提供了极好的支持证据，说明了做到中立的难度。[4]我们还表明，一种看似合理的设计可能会带来糟糕的选择，造成代价高昂的结果。

这个团队还研究了一家美国大型企业改变员工医保选择设计后发生的情况。这家公司提供的是一种类似"自助沙拉吧"的方式，参与者可以选择自己想要的部分，加入自己的医保方案。这个案例研究的一个重要特点是，保险方案要素间的差异完全体现在费用方面，至于在哪里获得医治、由谁来医治、某些手续是否需要审批等等，每位参与者的选择完全相同。也就是说，"自助沙拉吧"的组合方式只与费用有关。

供员工选择的年免赔额共有 4 种（1 000 美元、750 美元、500 美元和 350 美元），超过免赔额之后的最高自费开支共有 3

种选择（3 000 美元、2 500 美元和 1 500 美元），超过免赔额但未达到自费限额的共保率有两种（80% 和 90%），挂号费共担费用有 2 种（普通号 15 美元 / 次，专家号 40 美元 / 次；普通号 25 美元 / 次，专家号 35 美元 / 次）。就算看不懂这些名词也不用发愁，那不会影响我们讲故事。这家公司允许员工任意组合，所以共有 48 种选法（4×3×2×2），每种组合的价格各不相同。

这种新的医疗保险方案在公司内部引发了不小的热议。公司鼓励员工动手打造自己的方案，就像瑞典政府鼓励民众打造自己的投资组合一样。不过被选为默认选项的是月保费最低、员工费用分摊最高的组合，凡是不愿完成选择流程的员工都会默认接受这一方案。好的，现在来考考你，你认为会有百分之多少的员工主动选择和设计自己的方案？

为什么人们认为有很多人会不做选择？支持这一猜测的论据似是实非。仅仅把这 48 种选择的说明读一遍，就足够让桑斯坦头疼了。另一方面，选择默认选项似乎有悖常理。这就像穿着自己周末的便服去参加化装舞会一样。无论如何，现在就猜猜看。

在公布答案之前，我们必须指出，准确了解多少人选择退出其实不大可能做到，这是因为，就像瑞典的例子一样，默认方案同时也是可供人们主动选择的选项之一。结果只有 14% 的员工加入了默认方案，研究者认为，这些人大多是主动做出这一选择的。按照研究者的估计，只有 2% 的员工是被动采纳默认方案的。不管这一估计是否准确，它都成了绝大多数人不选默认选项的又一个例证。它与瑞典案例的另一个相似之处是，默认方案都是比较不错的选择，而且我们会看到，默认选项显然比很多人主动选择的方案好得多。

选好一项保险计划看上去可能是件劳心费力的事，不过这家公司也采取了一些办法，让这个过程尽可能对员工友好一些。研究者指出："公司要求员工在 4 种成本共担属性中依次选择（比如，'哪种免赔额比较符合你的需求？'），以此建立初选方案。再敦促员工思考价格与保险范围之间的平衡问题（比如，'要知道，较低的免赔额代表较高的年工资成本'）。有了第一个方案之后，公司会帮助员工算好月保费。之后员工可以选择直接加入，也可以按照同样的流程找到替代方案。"

那么，员工作为方案设计者的表现怎么样？并不算好。有人可能认为这可不好说，说到底，桑斯坦选的沙拉就一定比塞勒的好吗？这应该由谁来决定？老话说得好，"萝卜青菜，各有所爱"。错了！它在这里并不适用，因为人们做出的很多选择违背了一项最基本的理性原则。我们很少在本书里提到理性二字（不仅因为它会带来很多麻烦）。这个原则就是支配原则：假如 A 选项至少在某一方面优于 B 选项，同时在其他方面不逊于 B 选项，那么 A 一定优于 B。假如给桑斯坦两罐一模一样的健怡可乐（那是他最爱喝的饮料），其中一罐比另一罐价格便宜，那么价格便宜的那罐可乐就在支配价格较贵的那罐可乐。了解这一原则的人不会故意去违反它。但是，令人称奇的是，绝大多数员工选择的计划都是受其他计划支配的劣势计划。

先让这个结果沉淀一下。这家公司给了员工完全的选择自由，还设置了功能齐备的交互界面，方便员工完成各种选择之间的比较。然而，大多数员工的选择明显比不上被他们拒绝的选择。不仅如此，这些糟糕选择的代价很高。假如能转到更好的方案，选择被支配方案的员工平均可以节省28%的医保开销。这篇论文的标题"选择损失"概括得很好。

这些糟糕的选择具有一个共同特征：多数免赔额较低。同样的方案，低免赔额选择是受高免赔额选择支配的。比如，一项保险方案的免赔额为1 000美元，年费为930美元，那么它会支配其他条件与之完全相同，但是免赔额为500美元、年费为1 568美元的方案。这是一道小学算术题。如果员工选择了后者，需要用638美元才能换来500美元的免赔额，其他所有条件不变，那么他们至少多花了138美元。如果没有出险，638美元本来是可以省下的。我们提出的原则简单易行：选择免赔额最高的方案。遵循这个原则的员工都能成功地绕开这个陷阱。

事实上，这家公司的很多低免赔额方案都是受高免赔额替代方案支配的，而且这一事实并不是这家大型企业独有的。刘晨源和西德诺开展的一项跟进研究使用了一家美国雇主单位医保计划大型样本的调研结果。[5] 他们还查找了其他提供类似保险计划，由员工自选高低免赔额的企业，结果找到了 331 家这样的企业。如果这些企业的员工采用了"选择最高免赔额"的经验法则，会有 62% 的企业获得改观，即使员工到了产生大量医疗账单的年龄也是如此。在大约一半的企业里，高免赔额计划可以切实保证较低的成本。选择较高免赔额的计划预计每年可以节省至少 500 美元，而且通常不会增加财务风险。也就是说，他们的家庭"自担风险账户"每年至少可以多出 500 美元。①

免赔额规避并不是美国独有的麻烦，荷兰同样深受其苦。在荷兰，每个人都必须购买医疗保险，而且（截至 2020 年）所有保险方案的免赔额不能低于 385 欧元。[6] 但荷兰的家庭可以选择最多 500 欧元的免赔额。大致而言，免赔额每提高 100 欧

---

① 既然如此，这些公司又何必提供被支配方案呢？这是个好问题！不过它并不存在确切答案。多数美国大型企业都是"自我保险"的，也就是说，这些企业会承担员工医疗开支的全部风险，它们使用保险公司的目的只是安排医疗服务网络和管理理赔。所以用人单位和员工的利益是高度一致的。刘晨源和西德诺这样解释为什么高免赔额计划会如此便宜："它的工作机制是这样的，同简单地减少两种方案之间保险额度的预期效果相比，逆向选择和道德风险的结合可能会在高免赔额参保人中间造成比低免赔额参保人更大的平均成本差异（从承保人的角度来看）。企业似乎希望在自己给出的所有医保方案之间做到总体费用的大致平均。这就意味着，它们会把这些大的平均成本差异传递到加入高免赔额方案的员工身上。这会让选择高免赔额方案的员工明显更省钱。当两种方案中的免赔额与自费限额差异不大时，这会让高免赔额方案在财务层面上成为支配性方案。"

元，保费就会降低 50 欧元。很明显，我们关于免赔额的经验法则在荷兰（目前）还鲜为人知，因为只有大约 10% 的民众选择了高于最低免赔额的保险。[7] 不过，一个来自加州大学伯克利分校和伦敦经济学院的经济学家团队发现，绝大多数提高免赔额的人都能获益。[8] 这一点甚至适用于那些明显应该做此选择的人，那些最不可能超出最低免赔额，因此承担很小的风险并不得不支付更高费用的人。即使是这些人，也只有 15% 选择了更高的免赔额——如果他们是经济人，每个人都会选择更高的免赔额。

在美国，选择较高免赔额的家庭可以创建一种比假想的"自担风险账户"更好的计划，说到底，"自担风险账户"毕竟只是一种心理账户。他们可以开设一种"健康储蓄账户"（HSA）。存入 HSA 的钱是可以避税的。很多雇主鼓励人们选择高免赔额方案的办法就是为这样做的员工开展 HSA 缴存。如果存入 HSA 中的钱在当年年底前没有花完，会自动滚到下一年，最终变成员工的养老金储蓄账户。它们简直是万无一失的省钱捷径，所以，这些账户的存在让人更加大惑不解：选择高免赔额方案的人怎么会那么少？

高免额赔方案低吸纳率的部分解释也许在于，消费者没有意识到，HSA 几乎处于人们求之不得的零胡推状态。该账户是由雇主自动开设的，起始余额通常在 1 月 1 日就已经存入了。投保人会收到一张与之关联的借记卡，所有的医疗账单或购买都可以用这张卡来结算。不需要填写表格，也不需要事先审批。员工可能会把它与一种较早（但仍然存在）的福利混为一谈。那就是我们在前面提到的灵活支出账户。实际上，灵活支出账户堪称一场混乱的噩梦，每个环节都充斥着胡推。人们要为此提供票据，而且经常被无缘无故地拒收。更糟糕的是，用户不得不猜测自己下一年可能发生多少医疗支出。到了下一年的 3 月 31 日，如果人们没有用完账户里的钱，那些钱就算打水漂了。这一规定为眼镜店带来了大笔的生意——当账户里的钱即将作废时，人们都跑去买眼镜了。

如今，家庭计划中的免赔额可以达到 4 000 美元，甚至更高。所以人们可能会简单地认为，更多人没有选择它们的原因在于规避风险。然而，支配方案的存在让其没有风险可言。无论这些家庭使用了多少医疗服务，其花费都更少！请考虑这个（简化之后的 [①]）例子：雇主提供两种免赔额选择，1 000 美元和 4 000 美元，并为所有选择高免赔额的员工的 HSA 缴存 1 000 美元。高免赔额方案的保费每个月低 300 美元，一年省出 3 600 美元。假设某家庭把缴纳保费节约下来的钱全部存入 HSA，并把它看作"自担风险账户"。这样一来，到年底时，这个家庭的 HSA 中会有 4 600 美元的存款，足够冲抵免赔额，而且几乎

[①] 为了计算简便，我们暂不考虑其他成本因素，例如共同保险等。在高免赔额方案支配低免赔额方案的情况下，这样的简便做法不会影响分析结果。

可以肯定的是，它也足够覆盖其他的自费开支。

我们建议这个家庭采用这样的心理账户：无论何时发生医疗费用，只要没有达到免赔额，都使用 HSA 附带的借记卡来支付。之后，保险公司开始接手。请注意，这个家庭不需要自掏腰包，除非（这种情况并不多见）当年产生的医疗费用差额巨大，而且上一年没有结转多余的钱。那么，预算比较紧张的家庭可能会发生财务危机，不过这个问题也不难解决。

不要忘了，为了鼓励人们加入高免赔额方案，用人单位会为员工的 HSA 存钱。如果这真是用人单位的真实目的，它们通常还会提供一种额外的福利：为当年发生大额医疗费用的员工提供免息贷款。只要宣传得当，这也会提高低收入员工的接受度，他们是最有可能担心现金危机的人。同时要注意，因为高免赔额方案比较便宜，所以这些家庭可能会从额外的现金中获益最多。

一个重要的附带条件是，虽然我们始终坚持消费者对免赔率选择的经验法则，但是我们仍然不知道高免赔额能否切实地让医疗保障体系变得更加高效。在免赔额的支持下，消费者的花费看上去变少了，但这一定是好事吗？我们还不清楚。人们支持高免赔额的通常说法是，它会降低经济学家所说的"道德风险"，即如果看病不花钱，人们就会故意多花钱。他们希望消费者能"利益与共"。想想免费酒吧和不限量自助餐，你会明白它的意思。如果患者必须分担一部分费用，他们自然就会在就医或开药时三思而后行。问题在于，他们真的会在正确的事情上削减开支吗？不幸的是，证据表明，事实并非如此。

经济学家凯瑟琳·贝克尔、塞德希尔·穆来纳森和乔舒亚·施瓦茨斯坦提出，医保设计者还有必要注意"行为风险"。至少要像重视"道德风险"一样重视"行为风险"。[9] 回想一下，很多医疗情况需要克服的一大问题是医生们所说的"药物治疗依从性"或"服药依从性"问题。对很多疾病来说，如糖尿病、高血压和高血脂等等，服用处方药是保证良好健康状况的关键，做不到这一点就可能引发紧急医疗事件，代价极其惨重。在一个设计良好的系统里，这些药品的价格是负数，也就是说，我们会奖励患者按照医嘱服用处方药的行为。证据表明，当患者必须支付部分或全部药品的费用时，他们可能会减少高价药的使用，例如胰岛素或 β 受体阻滞药等，就像他们会减少使用低价药，如那些治疗普通感冒的几乎无用的药物一样。

一个由尼泰什·乔杜里带领的医疗研究团队开展过一项实验，特别能说明问题。[10] 他们把治愈出院的心脏病患者随机分为两个小组，其中一组是对照组，采用通常的医疗保险，组内患者每次拿药需要支付 12~20 美元的费用。另一组是实验组，为组内患者免费提供他汀类药物、β 受体阻滞药和 ACE 抑制剂（一种对此类患者具有明显治疗效用的药物）。在接下来的一年里，研究团队跟踪检测了两组患者的依从率和临床结果。

面对更低的价格，患者使用了更多的药物，正如经济理论所预测的那样。但是这种行为是如何影响健康结果的？一项最近的实验跟踪研究了（美国）联邦医疗保险处方福利计划的新加入者。[11] 由于资格审核的某些怪异之处，上半年出生（比如2月出生）的人比下半年出生（比如9月出生）的人更有可能在年底面临费用分担的情况，也就是说，前一类人在购买每种药品时都要多掏腰包。虽说这一差异并不算大，大概每种药多花10美元，但是这些患者却缩减了药物开支，这和前面提到的研究里的情况是一样的。但是正如医学科学预测的那样，减少服药的患者面临更高的死亡风险——大约高出33%！更加令人不安的是，问题风险最高的人群，例如心脏病和中风患者——经济理论认为，这些人最不应该减少服药——恰恰最有可能在药物价格上涨时减少服用救命药物，如他汀类药物、β受体阻滞药和ACE抑制剂。这样一来，让人们为实践证明有效的药物付钱的代价就不仅是金钱（表现为更高的医疗成本），还有生命。因此，要求患者分担医疗支出成本的做法也许能在短期内降低开支，但是长期来看，这样做是否能降低成本，以及就算能，这是不是一个好主意，现在下结论也为时尚早。

有鉴于此，我们认为，我们提出的自担风险—健康心理账户可能会在以下两方面发挥有利作用。首先，它能帮助更多家庭选择财务上更胜一筹的方案。为了减少500美元的免赔额而支付800美元实在不划算，简直是不可理喻。我们之所以鼓励人们使用自担风险账户来"支付"免赔额之内的医疗费用，就是想把下面的几点串联起来：我们希望广大家庭不要因为自掏腰包而在必要的医疗服务上省钱，同时，我们还要提醒大家，要把 HSA 里的钱投入未来的医疗开销，或者作为养老金使用，这样也可以避免医疗支出中的挥霍浪费。如果这种方法奏效，那么通过心理账户助推将是有益的。

虽然这里重点论述的是美国的医疗保健系统，但是类似的机制也存在于很多其他国家。我们关于选择最高免赔额的准则适用于全球很多国家，它能够发挥积极的影响。

第四部分

社　会

我们在第三部分阐述的是与金钱有关的话题，其中分析的重点主要集中在个人层面和家庭层面。虽然有些地方的背景中隐藏着第三方的身影——比如那些未能服用药物并因此增加其他人医疗服务价格（或者就诊等候时间）的人，但是他们并不是我们讨论的重点。在接下来的两章，我们将以更宽广的视角讨论两大主题，主要目的是鼓励人们行动起来，更多地帮助他人。以新冠病毒感染疫情为例，我们会超越助推，更多地鼓励人们远离可能感染的人群；我们会助推人们做到在接触阳性病例之后尽可能待在家里。

　　首先讨论的是器官捐献问题，我们的目的是增加器官供应量，帮助需要移植的人，同时尊重决定捐献器官者的身体权利，即使捐献人身故。其次是气候变化问题，这是一个人人有责的问题。为了创造人人受益（包括尚未出生的人）的局面，每个人都要做出牺牲。令人欣慰的是，选择架构工具对这两个问题的解决都很有帮助。希望我们的分析能带来更广泛的经验，帮助人们用好这些工具，更好地解决很多问题，尤其是在很多个人行为容易受到第三方强烈影响的情况下——无论是好的影响还是坏的影响。

第 12 章
器官捐献：默认解决方案的迷思

为了实现政策目标，政策制定者如今对选择架构的使用正在变得越来越纯熟老练。这也就是我们会对在一个选择架构细节被重点高调讨论的领域依然做出糟糕选择感到震惊的原因。我们说的这个领域就是器官捐献，本书第一版用单独的一章讨论过这个话题。与本书一样，器官捐献的章节被放在了比较靠后的位置，所以可能没人读过它。也许是因为我们写得不够好，也可能是因为人们觉得，不用读就能猜到我们的立场。因此，我们决定采用高尔夫球中的一项术语 mulligan。它是一种委婉的说法，是指打出一杆坏球后假装什么都没发生，若无其事地再来一杆。好的，我们开始。

我们在撰写第一版时列过一张清单，写下可能在书中谈到的话题。器官捐献是第一批被我们纳入清单的主题之一。我们读过好朋友埃里克·约翰逊和丹·戈尔茨坦的一项相关研究结论[1]，所以我们觉得这是个很好的话题。他们讨论的问题是，默认规则对那些决定在突然死亡情况下捐献身体器官的人表达意愿的影响。约翰逊和戈尔茨坦在这里获得了引人注目的发现。在那些把人们默认归类为自愿捐献者的国家里（这些国家被称为"推定同意"国家），几乎没人主动选择退出这一默认选项。然而，在另外一些国家，人们要采取一些行动才能成为捐献者（这种政策被称为"知情同意"或者"明确同意"，在美国被称为"明确授权"），大多数人都没有选择加入。他们论文中的图表成了社会科学中最著名的一张图表。

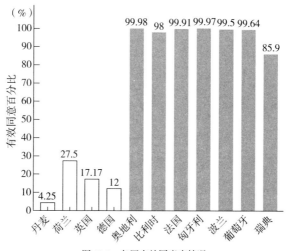

图 12.1　各国有效同意率情况

资料来源：约翰逊和戈尔茨坦，2013

　　对读到这里的读者来说，这样的结果本来算不上多么出人意料，但它们仍然令人震惊。只有 12% 的德国人同意器官捐献，同时有 99% 以上的奥地利人没有选择退出捐献器官的默认选项。这简直令人难以置信！

因此，在关于器官捐献的章节里，读者自然而然地认为，我们应当支持推定同意规则。于是，大多数知道我们那本书的人——其中一些人甚至还读过它——得出了相同的结论。但令人惊讶的是，那并不是我们最终的结论。经过对这一主题的研究，我们支持的是另外一种策略，我们称为"提示性选择"。

令人沮丧的是，在那之后的几年里，有几个国家和地区（包括威尔士、英格兰和德国在内）已经考虑或转向了推定同意。每当相关的法律获得通过时，我们总是会在推特上收到人们发来的祝贺信息！但就默认规则的选择而论，人们完全会错了意，一些国家和地区采用了我们认为是错误的体系。这太让人沮丧了。为什么会这样？一种可能是，我们的结论是错误的，这也是我们准备撰写《助推》终极版的原因之一。我们想深入研究这个问题，认真思考各项政策选项的优劣。展望未来，我们认为这项政策的目标还存在一定的混乱情况。这个目标并不是选择一套体系，并把它的标准定得尽可能地高。其核心目标是，通过提供更多的可用器官来拯救生命。但这并不是唯一的目标，全面考虑潜在的利益之争、相关的偏好和权益同样非常重要。

为了明确这一政策的思考之道，最关键的是区分三类重要（彼此存在交集）的人群。第一类是现在或将来需要器官挽救自己生命的人，我们称为"患者"。第二类人也许会在生命的某个阶段濒临死亡，而且他们的身体器官可以挽救他人的生命。他们正是默认规则直接适用的那些人，我们称为"潜在捐献者"。这类人包括一个国家里所有健康的成年人，有关政策的讨论往往会自然而然地集中在这个群体身上。这里顺便普及一个很有用的事实：一个人成为患者、需要移植他人器官来救命的可能性是成为器官捐献者的 3 倍。

潜在捐献者会在死后捐出健康的器官，挽救他人的性命，我们要讨论的第三类人是捐献者的家庭成员，我们称为"家属"。家属其实很重要，因为移植团队一般要在摘除器官之前与直系亲属商谈。这样的对话通常发生在极其艰难的情况下，因为亡故的人可能是他们的子女或终身伴侣。这些对话的性质在不同的国家差别相当大。我们认为，这些悲痛欲绝的家属发挥着非常重要的作用，但他们在政策讨论中经常被忽视。

虽然这一领域的主要目标是最大限度地拯救患者的生命，但是政策还应当尊重潜在的捐献者和家属的权利和选择。哲学家约翰·罗尔斯提出的"无知之幕"恰好适用于这样的情况。每个人都是潜在的捐献者，同时，在生命的某个阶段，每个人也可能成为患者或家属。我们应该在人们知道他们可能扮演哪一种（或几种）角色之前设计一个最好的政策。

之所以对这个问题详加讨论，不仅因为它本身非常重要，而且因为它为默认选项的作用带来了一些总体经验。就像我们在养老金的例子中提到的，自动加入某些计划的人不一定能得到与主动加入计划的人一模一样的对待。这里同样存在这个问题。在推定同意的国家里，没能选择退出的人会成为潜在捐献者；在法律规定明确授权的国家里，人们主动登记加入，也会成为潜在捐献者。同为潜在捐献者，两者得到的对待是不一样的。这一重要区别使得分析工作变得比平常描述的更复杂。我们偏爱提示性选择政策，因为没有证据表明，还有更可行的替代制度能够挽救更多的生命（从患者的利益来看，它是更优越的制度），因为我们认为它在尊重潜在捐献者及其家属权利和利益方面做得最好。与此同时，我们更喜欢通过更多的助推和更好的选择架构来增加提示。

一些背景信息

人类历史上首例成功的器官捐献发生在 1954 年，一名男子向自己的双胞胎兄弟捐献了一个肾脏。首例来自已故捐献者的肾移植发生在 8 年后。接下来就像人们常说的，之后的事情大家都知道了。

1988 年至今，美国共计完成了 81.9 万例器官移植，其中近 80% 来自已故捐献者。[2] 不幸的是，器官的需求远远大于供应，这就意味着，如果我们能想到办法增加可用的器官数量，就能挽救更多的生命。截至 2020 年 11 月，仅美国就有 10.8 万名患者在等待器官移植，其中大部分是肾移植，全球等待的还有几十万人。[3] 虽然等候名单上的人数近年来有所下降，但是仍有很多患者（可能多达 60%）会在等候的过程中死去。多年来，器官捐献数量始终远远低于需求数量。在美国现在的器官等候名单上，排队时间超过 3 年的人有 3.5 万。美国政府估计，每天有 17 人在苦盼中死去。[4]

器官的主要来源是被宣布脑死亡的患者，也就是说，这些患者已经不可逆转地丧失了所有的大脑功能，但仍在通过呼吸机暂时维持生命。美国这类潜在捐献者每年有 1.2 万～1.5 万人，但其中只有不到 2/3 的人实际完成了捐献，要么是由于捐献者的患病情况不允许移植，如癌症或传染病，要么是由于移植没有得到授权。[5]

因为每个人都有两个肾脏，所以肾脏可以来自活体捐献者。向捐献者购买肾脏是违法的（尽管有些国家对黑市交易睁一只眼闭一只眼）。不过，捐过肾脏的人可能会在自己需要移植时获得某种优先权，不需要长时间等待。活体捐献者通常是需要肾脏的患者的朋友或亲属。不过，如果捐献者与受捐者不匹配，医院可以为此建立一种匹配机制——这种机制非常接近市场机制。简单来说，如果一名患者是 A 型血，愿为他捐献器官的人是 B 型血，那么匹配机构会为他寻找一位拥有 A 型血捐献者的 B 型血患者。接下来，该机构会为他们安排同步手术。不过这种双向交易是很难安排的，尤其是在涉及罕见血型的情况下。以阿尔文·罗思为突出代表的经济学家提出了很多方法，协助多名捐献者和多名患者组成交易链条，促成更多的成功配型，解决了这个难题。[6] 当然也有一些菩萨心肠的人只是为了行善而捐出自己的肾脏。但是，这样的人毕竟太少了，不足以满足需求。

在出现类似这种需求大于供给的情况时，经济学家通常建议利用价格来解决短缺问题。比如加里·贝克尔和胡利奥·豪尔赫·伊莱亚斯就提倡建立肾脏交易市场。[7] 这样的市场会把可用的肾脏分配给愿意支付最高价格的患者，这和拍卖玛莎拉蒂或（法国）圣特罗佩的别墅是一样的做法。愿意付钱的患者越多，愿意提供肾脏的人就越多。持这种看法的不仅仅是经济学家，一些哲学家也强烈支持这样的主张，认为应当允许肾脏交易。[8]

不过这样的政策并没有走太远。目前全球只有一个国家允许合法的肾脏交易。[9] 阿尔文·罗思说得很对，大多数人都觉得这种市场的想法本身是"令人反感的"。[10] 人们并不认为肾脏应当严格地（甚至是部分地）按照支付金钱的意愿（和能力）来分配。奢侈品也许可以仅供富人使用，但是大多数人认为，救人性命的手术可不能这样。很多国家的决定恰好与市场化主张背道而驰，它们认为，肾脏（以及其他器官）移植等候名单上的优先顺序应当由医学因素来决定，例如患者对肾脏需求的紧迫程度、患者的预计存活时间等等，另外还要考虑患者已经等待的时长。

这一切意味着，我们还是只能依赖已故捐献者的器官来满足人们对肾脏的需求，其他器官同样如此，如心脏和肝脏，这些器官是不可能做到活体捐献的。因为每位捐献者理论上最多可以移植 8 个器官，所以每增加一位捐献者都是极富价值的。[11] 潜在捐献者及其家属的行为（其中家属常常是实际表达意见的人）决定着实际能够获取的器官数量。默认规则正是在这里发挥作用的。在一位潜在器官捐献者被宣布死亡之后，政策应当是怎样的？可供思考的选择有很多。

径直摘取

最强势的做法莫过于径直摘取。在这种情况下，国家拥有对死者身体器官的处置权，可以在不经任何人允许的情况下径直摘取。虽然这听上去让人毛骨悚然，但是径直摘取确实能最大限度地挽救患者的生命。如果仅仅把救死扶伤当作唯一的目标，那么径直摘取也许是最好的办法，而且它的有利影响并不是通过侵犯任何一个生存有望的人而获得的。

美国没有一个州实施这种办法。不过，有些州曾经允许验尸官在未经任何人允许的情况下摘取死者的眼角膜。在这种做法的推动下，角膜移植手术一度暴增。以佐治亚州为例，在径直摘取的作用下，角膜移植数量从 1978 年的 25 例蹿升到了 1984 年的 1 000 多例。[12] 如果肾脏可以被径直摘取，并且得到广泛推广，无疑能让成千上万人不再过早地死去，但是，在很多人看来，这是对潜在捐献者权利的无情践踏。很多人本来愿意成为器官捐献者（包括两位作者在内，实际上我们早已签好了同意书），但是，当面对一项允许政府在未经明确同意（即使是将死之人的同意）的情况下摘取死者器官的法律时，这些赞同者会变成反对者。这样的做法违反了人们普遍接受的原则，那就是在广泛的范围内，个人应当有权决定如何使用和处置自己的身体。因此，虽然深知径直摘取的潜在益处，但我们仍然旗帜鲜明地反对这种做法。

推定同意

有些国家采用了一种选择退出式的政策，这项政策通常被称为"推定同意"或者"视为同意"。这样的政策一旦得到严格执行，就会推定认为所有民众同意捐献自己的器官，除非明确登记成为不愿捐献的人。我们已经从那张著名的图表中得知，实际上几乎没有人选择退出，那么，这种政策还是相当有吸引力的。从拯救生命的角度来看，这可能具有明显的益处。从潜在捐献者的权利来看，它似乎也不错。毕竟人们总是可以选择退出的。由于这个原因，从家属利益的角度来说，推定同意似乎也是无可非议的。

但是，请稍等一下！无论何时，几乎每个人都选择了默认选项的情况可能会让我们变得踌躇，至少也会让我们想问一问到底发生了什么。人们没有选择退出，有没有可能是因为漫不经心或惰性，而不是因为默认选项准确捕捉到了人们在主动决策时可能会怎么做。如果大多数人没有认真思考过这一选择，甚至不知道这项政策的存在，那么我们也许不应该如此坦然地把推断而来的人群偏好太当回事。事实上，我们认为，在那些仅有极少数人选择退出（默认选项）的国家里，在人们未能选择退出这件事上大做文章是说不通的——仅凭人们未选择退出这一情况，我们无法断定它反映的是不是人们的真实意图。

为了进一步研究这个问题，我们要对选择默认规则的道德性再做一些思考。我们已经提出，选择架构者尽力选出的默认选项应该与人们在拥有全部相关信息时做出的选择相一致，应该与人们在不受行为偏差影响时做出的选择相一致，应当与人们在有时间充分思考后做出的选择相一致。因为调查指出，很多国家的大多数民众是希望捐献器官的，所以推定同意看上去与这一规则取得了广泛的一致性（而且它似乎再次成了一种救人性命的办法，我们还会在下文谈到"似乎"这个词）。但是，我们还需要考虑另外一个因素：我们想从人们未能采取行动的事实中推断其偏好的意愿究竟有多强烈。尤其在选择退出率相当低的情况下，不作为有两种解释，而且它们看上去同样可信：缺乏突出性（人们不知道自己有选择）、胡推（选择退出的成本太高）。

既然未能选择退出并不能一以贯之地成为人们偏好的清晰信号，我们就必须在选择默认选项时倍加小心。为了说明这一点，我们来对比两项选择退出政策：推定同意和养老金储蓄计划的自动加入。假如一个人默认加入了一项养老金计划，必须有人明确地通知她这件事，这一点非常重要，明确通知是确保选择退出权利真实有效的前提。如果她过了一段时间才注意到这一事实，或者她不假思索地说了句"哦，管它呢"，并且真的不想存钱，她就可以随时选择退出，或者停止定期缴款，或者把账户里的钱全取出来。无论怎样，她都可以退出这项计划。提前支取可能会产生税务罚款，但是，无论如何，对自动加入计划的人来说，它造成的损害都是相当有限的。

相比之下，有些人强烈地反对任何人乱动自己的遗体——但是他们甚至可能不知道这项政策的存在，更不可能知道自己应当怎样选择退出。提醒也许是有用的，但它们可能不够明显，而且人们可能会拖延耽搁。如果他们不想成为器官捐献者，那么这样的愿望应当被无视吗？我们说过，很多人对此的一贯回答是一个响亮的"不"字。作为法律文件，遗嘱可以决定一个人的财产和其他财富如何在继承人之间分配。难道遗嘱不应该同样有权决定人们遗体的处置方式吗？同样的道理，我们也会尊重患者在临终救治阶段对这一问题表达过的明确愿望。

再来看前文提到的第三方群体的利益问题，那就是死者家属。实际上，严格落实（或者"硬性"落实）推定同意政策的国家几乎不存在，也就是说，几乎没有哪个国家会在不通知家属的情况下摘取死者的器官。（我们会看到，这一点对我们的分析至关重要。）恰恰相反，死者家属会收到相关机构希望使用器官的通知，如果家属反对，就不会有人打扰死者的遗体。实际上，很多近来采用推定同意的国家都明确地称其为"柔性"推定同意，因为法律强制要求，必须始终征求并尊重家属的意见。在我们看来，这一政策是在对家属施加一种残酷的、非比寻常的惩罚。这些家属大多沉浸在失去亲人的悲痛中无法自拔，因此常常无力顾及其他事情。（类似高速公路车祸之类的事故致死常常成为年轻的健康器官的一大来源。）

在推定同意的情况下，我们看到的问题是，它实际上是一种家属同意的政策，然而**家属对捐献者的意愿知之甚少**。一个人没有选择退出一项政策，这一事实也许并不能提供太多的信息，尤其是在几乎没人选择退出的情况下。很多实施推定同意制度的国家，根本不存在一个可供人们主动决定成为器官捐献者的注册机构。威尔士和英格兰最近转向了柔性推定同意政策，这两个地区算是例外。两地都在挽留已有的登记器官捐献人，同时鼓励更多的人加入。不过我们仍然担心，长此以往，人们可能不会选择主动登记成为捐献者，因为他们会认为，推定同意政策的存在意味着他们已经默认成为捐献者。如果我的同意已经被推定了，为什么还要花费力气去登记呢？

还有一点值得注意。如果一个国家准备采用硬性推定同意规则，而且几乎所有人都会默认加入，那么推定同意会成为与径直摘取几乎相同的政策。然而，为什么这两种政策一个听上去很怪异，而另一个听上去那么思虑周全、文明现代呢？这真叫人百思不得其解。在这种情况下，如果选择退出没有增长（这个假设也许不成立），推定同意确实会挽救大量患者的生命。和径直摘取不同，在推定同意的情况下，潜在捐献者确实有机会选择退出，至少在理论上是这样的。如果他们得到明确的机会，如果选择退出没那么麻烦，那么道德上的反对一定会大大减少。

同样值得注意的是，自动加入储蓄计划与自动成为器官捐献者之间存在很多不同。前者的目标是帮助员工存钱，后者的目标是拯救他人的生命。一些人认为，当人们的健康受到威胁时，使用更有力的助推，甚至使用强制命令，也许是合理的。我们也是这样想的！但是，在目前的情况下，我们认为，只有潜在捐赠者才能决定怎样支配自己的身体，选择架构者不应该违背捐献者的意愿。幸运的是，我们还有其他选项可以考虑。

明确同意

推定同意属于一种选择退出式规则。显而易见的替代选择是采用某种选择加入式规则，其中最广为人知的是"明确同意"（或"知情同意"）。也就是说，人们必须通过具体的步骤明确地陈述自己希望成为捐献者的意愿。通常来说，这需要人们加入一个在线登记平台，成为志愿捐献者。很多声称愿意捐献的人并没有完成必要的步骤，这一点表现得非常明显。这也是约翰逊－戈尔茨坦图表的重点所在。

比如，盖洛普最近的一项民意调查显示，90%以上的美国人声称，他们支持或强烈支持器官移植捐献，但只有55%的人承认自己已经登记成为志愿捐献者。[13] 的确，可能人们不大愿意在调查中说明真相，但也可能因为人们注意力有限、惰性或拖延，而必需的登记手续阻碍了潜在捐献者完成注册。如果是这样，那么选择加入的方法也许不能反映潜在捐献者在某些情况下的真实意愿，比如当他们专注地回答这个问题时，当他们掌握充分信息时，当他们合理地相信成为志愿捐献者不会对他们住院期间的救治造成不利影响时，以及当他们没有拖延时，等等。如果选择加入的方式"素颜出镜"——如果它没有得到某种方式的补充，那么从取得潜在捐献者真实意愿的角度来看，它真的算不上很好的选择。人们也许还需要一些助推。

提示性选择

如何吸引更多愿意捐献器官的人登记注册？默认他们加入捐献计划当然是一种办法，但我们也看到这种做法存在种种弊端。幸运的是，默认规则并不是选择架构者唯一的办法。我们把自己喜爱的方法称为提示性选择，因为它会借助协同努力来强化明确同意，助推愿意捐献的人成为登记捐献者。提示性选择的主要功能是克服拖延、惰性和漫不经心。

按照顺序，第一步仍是我们的咒语：让它变得简单。如果你生活在美国，只要几分钟就可以在 Donate Life 网站上完成登记。在过去，人们被要求在自己的驾照背面签字，或者在两位见证人签字的情况下签署一种专门的捐赠卡，这些都曾经是非常普遍的做法。这些登记注册的障碍如今已经被现代社会和明智的法律去除了，这是非常有利的。胡推正在减少！

下一步是引起人们的注意，这也是"提示性"发挥作用的地方。我们不能指望每个人都不厌其烦地自发签字，虽然那非常简单。所以，为什么不让他们在我们引起他们注意时请他们签字呢？如今，美国的每个州都在更新驾照时请人们签字，虽然有些地方的更新频率不算高。拍照付费之后，人们会被问及是否愿意成为器官捐献者。如果是，他们的名字会被录入登记簿，这些人的驾照上会出现"捐献者"的标记。① 这种做法如今越来越多地转入线上更新流程。美国现在大约有 1.7 亿登记捐献者，他们几乎都是通过驾照手续完成登记的。[14]

---

① 这里有一个颇为微妙的问题值得我们思考：在实施这种办法的地方，当上次已经同意成为捐献者的驾驶员更新驾照时，应当再问一遍他们的意见吗？还是按照上次的回答推定同意？塞勒上一次更新驾照时，办事人员给了他一记柔和的轻推："您仍然希望成为一名光荣的捐献者，对吗？"

最后一步是确保捐献人的意愿得到履行。美国的每个州都通过了"第一人称同意法"，明确要求精准落实这一规定。一个人一旦登记成为捐献者，就构成了其身故之后器官捐献的法定许可。这项法律甚至还为依据法定授权行事的团队提供了善意豁免。虽然反对此举的家属可能会闹事，但是法律的明确性可以帮助捐献团队明白地告诉家属，丧失至爱固然可惜，但他们也是在依法履行死者的生前愿望。这对家属来说是一种巨大的帮助——他们不再需要在高度不确定性和巨大的情绪压力下做出决定。它对患者同样有利，在美国，亡故捐献者向医学上适合捐献器官的捐献者的"转化率"几乎达到100%。

我们认为，这里的选择架构仍然存在可改善的空间。人们在每次更新驾照时都要被问一次要不要进行器官捐献登记，我们可以理解这样的做法。一些人上次曾经拒绝，这次改变了主意，我们为这种做法鼓掌喝彩。但我们仍然想问，上次更新驾照时已经同意的人，这一次还用再问一遍吗？推定上次的同意依然有效，这样的做法是不是行得通？有没有这样一种可能性：当上次同意的人又一次被问到时，他们会在无意间得到一种信号，比如，是不是人们不再需要他们的器官了？是不是官员们认为他们搞错了？确实，曾经同意的人有可能改变主意，决定不再捐献。我们同意这样的说法，但是我们也不确定隔多久提示人们一次才算合适。

不仅如此，美国车辆管理局也许不是人们做出器官捐献决定的好地方。既然随时可以在线上把人们的名字加入登记簿，那么随便在哪里都可以做到。沿着这样的思路，我们可以看看以色列的例子，那里的民众会在选举投票时被鼓励成为器官捐赠者。这个聪明的想法成了一种非常成功的创新。美国有些州（比如纽约州）的民众可以在选民登记时顺便登记成为捐献者，这是另一个绝妙的好主意。[15] 把它设置为纳税申报手续中的一个选项也是个不错的办法。

还有别的方法可以助推人们完成登记，比如构思巧妙的媒体宣传。这种宣传的卓越典范来自巴西累西腓体育足球俱乐部。在主场比赛时，这支球队会播放一段视频来鼓舞球迷登记成为捐献者，并获得一张带有球队标志的捐献卡。只要搜索 "Immortal fans"（意为"不朽的粉丝"），就可以在网上找到这段视频。[①] 它非常值得一看。一位接受了心脏移植的女士说，从今以后，她的心永远为累西腓而跳动！负责这次推广的工作人员统计，这段视频吸引了 5 万多人注册。我们希望其他俱乐部也能效仿这样的做法，如果体育联盟能加入就再好不过了。

比利时，尤其是佛兰德，堪称这种招募行动的先驱者。2018 年，电视节目《让比利时再次伟大》专门用一集讲述器官捐献的故事，它把情绪感召与明确的行动呼吁完美地融为一

---

① 你可以直接前往这个网址观看：https://youtu.be/E99ijQScSB8。还有一段视频我们特别喜欢，虽然它有一点点（或者正因为它有一点点）前卫。这段视频来自 Donate Life：https://youtu.be/BH04JOjzYu4。

体。制作方还与佛兰德的 240 个市镇当局合作，在接下来的那个星期日开门办公，接待专程赶来填报器官捐献表格的人。这项倡议带来了超过 2.6 万名新捐赠者。这是个了不起的成绩，因为此前平均**每年**登记的捐献者为 7 000~8 000 人。[16]

2020 年，这档节目还播出了特别剧集，宣传一种新的在线登记功能。为了配合这集节目，人们还在佛兰德的科特赖克市专门举行了一场宣传活动。一夜之间，这座城市的自行车道上刷满了宣传标语："终身大事，拨打 0491 75 71 63。"只要拨通了这个号码，人们就会听到该市市长和节目主创人员的留言，鼓励他们在线登记，成为器官捐献志愿者。比利时还接受民众在市政选举时登记成为捐献者。2015 年至 2019 年，比利时政府还推出了"联邦的卡车"活动，在全国巡回演出，向学龄儿童普及器官捐献知识，并在捐献者家属中开展有关捐献的讨论活动。不出所料，在这些举措的推动下，比利时全国捐献者的登记人数是 2009 年的 3 倍（该国的选择退出政策在 2009 年陷入停滞不前的境地）。[17]

最后，我们还要为苹果公司的一项倡议欢呼，它真正称得上积德行善的助推典范。这家公司的创始人乔布斯曾经接受过肝移植。美国用户在购买每一部新的苹果手机时，或者在第一次设置"健康"应用软件时，都会看到注册 Donate Life，成为器官捐献者的提示。这项倡议在 2016 年首次推出，至今已经带来了 600 多万名登记捐献者。

强制性选择

还有另一种方式，那就是**要求**每个人明确表态，他们是否想成为器官捐献者。这种做法在实际生活中是否可行，每个国家的情况都不一样。在美国，好像没有特别容易的办法可以联络到每个人，因为并不是每个人都有驾照或护照。尽管如此，在询问驾照申请人是否愿意成为捐献者时，它仍然可以成为必答题，而不是选答题。有些国家规定，每个人都要持有居民身份证，而且要在恰当的时间定期更新。（但器官捐献并不属于那种你在 18 岁就可以决定，并且终身不变的问题。）在这样的国家里，这种做法可以得到更普遍的实施。如果目标就是拯救生命，那么强制选择似乎比提示性选择略好一些，因为会有更多的人登记选择。从潜在捐献者及其家属的角度来看，它至少看上去也是好的。是这样吗？

要回答这个问题，我们首先要搞清楚另外一个问题：提示性选择和强制性选择之间的区别是什么？二者之间的区别其实非常微妙，实际上，我们所说的提示性选择在器官捐献领域的语言中长期被称为强制性选择，这引起了相当程度的混乱，需要在此明确一下。如果驾照的申领变成在线管理，如果必须回答器官捐献问题，那么在这个问题得到答复之前，申领驾照的手续就不会被视为已经完成。而如果它仅仅是一个提示性问题，那么很多人会选择不予作答。[①]不仅如此，没有登记并不代表拒绝进行器官捐献。它不是决定，所以我们依然可以在潜在捐献者去世时询问其家属的意见。有些人希望由家属来决定是否捐献器官，这在有些文化里尤为突出。如果强迫人们对捐献器官表示同意或不同意，那就等于抹杀了选择加入式架构最好的一个方面，它有两种途径取得同意。

强制性和提示性，哪一种更好？答案并没有那么明显。如果人们对这个问题漫不经心，强制性方法也许能获得更多支持，但也可以通过温和的提醒做到这一点："您还没有回答关于器官捐献的问题。为了完成申领流程，您希望现在作答吗？"

作为推行的人，我们会在可能实施强制的情况下尽力避免它。在这种情况下，我们能清楚地看到一些反对强制的确凿理由。首先，有证据表明，强制选择可能引发反作用。也就是说，从挽救生命的角度来看，强制似乎不如提示。当得克萨斯州实行强制选择办法时，只有 20% 的民众同意捐献器官。[18]弗吉尼亚州的结果略好一些，但也相当类似，只有 31% 的人登记。[19]与此同时，来自经济学家贾德·凯斯勒和阿尔文·罗思

---

① 纽约州现在采用一种混合的特别办法：要完成驾照申领手续，就必须回答关于器官捐献的问题。不过人们可以选择"跳过这个问题"。这种做法算是提示性还是强制性，我们也说不好。如果可以"跳过"，它还能算"强制"吗？我们觉得它更像一种语气强烈的提示或提醒。

的实验证明，如果选择是强制要求的，会有更少的人选择加入。他们的论文题目完美地概括了他们的结论：不要把"不"当作答复。[20]

民众的强烈反对是我们偏爱提示性选择的另一个原因，美国的大多数州都采用了这种办法。选择不回答这个问题的人不会被记录为器官捐赠者，但是仍然会获得驾照。同时，这些州只记录那些选择加入的人，不记录选择退出的人。这是一个捐献者的登记簿，而不是关于捐赠决策的记录单——这是非常重要的区别。这提出了一个关于强制性选择的有趣问题：拒绝捐献的答复会被正式记录下来吗？这似乎是强制选择的一种合乎逻辑的内涵，如果是这样，它必然会被视为法律意义上的正式拒绝，并被分享给当事人的家属。留存拒绝捐献者的正式记录几乎肯定会减少捐献数量。

如果强制选择能挽救生命，这肯定是一个强有力的支持，但是我们认为，在这种情况下，证据已经表明，应当优先采用提示性选择，而不是强制性选择。

激励因素

虽然一些社会明令禁止有偿活体捐献，但是使用额外的激励因素来增强一种捐献体制仍然是有可能的。比如，肾脏的活体捐献者如今可以报销所有的医疗费用和（一定限度内的）误工费。① 比如，以色列按照这样的思路实施了一种有趣的激励政策，为我们带来了有益的经验。

尽管以色列实行的是选择加入式的捐献名单制，但它把最终的捐献决定权交给家属，所以获得同意是其中的关键（以色列没有"第一人称同意法"）。以色列议会发现了这一情况，在2008年首次通过一项法律，凡是登记成为器官捐献者比登记成为等候器官者早3年的人，在等候名单上拥有优先权。随后，以色列又规定，凡是直系亲属死后捐献器官的人，在器官等候的排队名单上拥有更高的优先权。② 第二项因素意味着，拥有器官捐献最终决定权的家属可以因同意捐献而成为直接受益者。新加坡也推出了激励政策，但它采用的框架是从反面入手的。新加坡实施比较严格的推定同意制度，并把选择退出的人员记录在案。每一位选择退出的人都会被告知，如果有一天需要器官捐献，他们将被排在等候名单的最后。

以色列的政策看上去更有帮助。在这一政策改革后的5年里，家属授权率从45%上升到55%。[21] 该宣传活动还提高了登记捐献者的人数。它似乎值得我们认真思考，尤其是登记率较低的国家。（回想一下，美国完成器官捐献登记的成年人口比例是约55%。）

---

① 参见 https://www.donorcarenet.org/donor-protections/。
② 活体捐献者被授予最高优先权，以色列以外的其他国家也是如此。

挽救了生命?

近年来,有几个国家从选择加入制转向了推定同意制,美国有些州也在考虑同样的做法。这一改变的依据通常是因为推定同意制有利于挽救生命。这个问题并不能一概而论,但我们依然认为,支持这一说法的证据并不充分。不仅如此,我们还认为,本章提到的几个问题仍然存在一定的混淆。

首先,我们认为人们从那张著名的约翰逊－戈尔茨坦图表中得出了错误的结论。很明显,它的正确结论应该是默认选项对诱导人群的偏好具有极大的影响。本书通篇充满了足以证明这一结论的证据。这个例子仍是对这一结论的最好的经验验证。不过,由此推出"采用推定同意政策、获得较低选择退出率就**必然会**挽救生命"的结论是错误的。

如果国家实行较严格的推定同意规则,这可能是比较合理的推论,也就是说,不需要咨询家属的意见。捐献者的同意会被真正地推定得出。也就是说,器官捐献是个争分夺秒的过程,这样的政策能够彻底省下取得家属同意所需的时间和精力,同时消除家属阻碍器官捐献的风险。但是,我们发现,真正如此施政的国家寥寥无几。以意大利为例,它是一个名义上的推定同意制国家,它在官方网站上这样描述捐献者家属的作用："如果死者没有留下关于器官捐献的任何声明，只有在其家属（优先顺序为配偶、伴侣、成年子女、父母）不反对捐献的情况下方可进行。如涉及未成年人，应由其父母决定；父母双方只要有一方反对，捐献应立即停止。"[22]

即使是在法律上采取严格推定同意制的国家，如奥地利和新加坡，医生也会在进行器官移植前先咨询家属的意见。瑞典也是一个执行严格推定同意的国家，但是家属只有在捐献者生前没有主动选择加入捐献计划的情况下才可以否决捐献。这些政策都是可以理解的。在高度情绪化的情况下，在死者意愿无法确定的情况下，医生只能硬着头皮要求悲痛欲绝的家属决定器官捐献问题，虽然从法律上来说，医生有权进行这样的沟通。这样的做法还有一种风险：可能让人们对器官捐献产生反感和抵制。

英格兰、威尔士和其他很多国家和地区近年来采用了较为温和的推定同意制度，并明确写入其国家法律。在器官捐献之前，必须始终咨询家属或亲密朋友的意见。假如无人可问，手术是不能进行的。考虑到这些规定和习俗，实际上我们很难明确地说，推定同意政策实际上是可以挽救生命的。

为了清楚地说明我们对这一政策的看法，让我们先把人们按照国家现行制度（选择加入制或选择退出制）以及人们通过行动（明确表达）或者不行动（未明确表达）表现出来的喜好进行分类。由此得到 4 种可能的结果，如表 12.1 所示。

表 12.1　器官捐献方案中行动和不行动表达的隐含偏好 [①]*

	偏好未明示	偏好已明示
选择退出制国家 （推定同意制）	A 不明确。请征求家属的意见	B 不同意，不要捐献我的器官
选择加入制国家 （明确同意制）	C 不明确。请征求家属的意见	D 同意，捐出我的器官

　　当 A 组成员和 D 组成员（这两类人要么明确同意捐献器官，要么含蓄地同意捐献器官）处于同样条件下，甚至是相似条件下时，默认制度发挥着关键的作用，但是二者实际上受到的对待是截然不同的。由于"第一人称同意法"的作用，美国的 D 组成员（登记捐献者）面对的是最有利于器官捐献的对待：法律支持捐献者主动表达意愿。然而 A 组的成员由于没有主动选择退出，得到的是近似于 C 组成员的对待（C 组根本没有登记）。其中存在一定的逻辑性：**用同样的方式对待那些未曾明示自身偏好的人，无论其身处什么样的制度之中。**根据那张著名的图表，我们可以得知，这适用于大多数人。

---

① 敏锐的读者也许会反对这种简化的分类，因为它明显遗漏了两类人，我们可以称它们为 A* 和 C*：那些希望在可能的情况下主动登记成为捐献者或拒绝捐献者的人。实际上，如果所在国建有捐献者和拒绝捐献者登记的全国记录，这是可能做到的。现在有越来越多的国家保留了全国捐献登记记录，不过，采用明确同意制的国家不大可能保存拒绝捐献者的记录，而采用推定同意制的国家不大可能保存志愿捐献者的记录（有几个国家明显例外，如比利时、英国和荷兰）。这是因为各国保留的都是捐献者的登记记录，而不是捐献决策的整体记录。

相比之下，由于 B 组和 D 组成员主动做出了选择，所以他们的愿望大体得到了接受。选择加入制体系的一大益处是多出一次同意的机会——如果一个人没有登记，他的家属会被再问一次。器官捐献专家亚历山德拉·格莱齐尔把这种情况称为"第二次机会"。[23] 相比之下，在推定同意的制度下，尤其是在缺少登记捐献者名单的情况下，同意的机会只有一次，它来自捐献者家属。

这些都意味着，在实际操作中，"推定同意"这一说法带有误导性。没有谁的同意是被推定得出的。我们认为，推定同意相关法律的部分吸引力在于对更改默认规则含义的困惑。假如推定同意得到实施，也就是说，任何一位捐献者，只要他（她）没有主动选择退出，医生就可以径直摘取其器官，那么它当然能够挽救生命。但是，正如我们强调指出的，我们还没有发现**任何**国家在实践中如此行事，即使是奥地利和新加坡也没有这样做，即使它们的法律从技术上允许和要求如此。

面向推定同意的转变能挽救生命吗？这又是一个实证问题。很多项研究试图通过对比各国器官捐献的实际情况来回答这个问题，但是结论不尽相同。清晰性缺失的原因之一在于，研究涉及的国家数量不到 50 个，样本量过小，而且这些国家在很多重要方面差别很大，这些方面有可能对器官捐献造成影响。举一个例子，天主教徒往往更愿意支持器官捐献，因此，绝大多数的天主教国家更有可能采用推定同意制度。所以，如果实行推定同意制的国家其器官捐献率比较高，那是因为宗教原因还是公共政策？是的，多变量分析可以解开这团乱麻，但这同时也是小样本不如大样本的原因所在。①*

实证分析的一个更基本的问题是，应该把哪些国家归类为推定同意制国家。以西班牙为例，多年来，该国一直在器官捐献领域处于世界领先地位。西班牙通常被归入推定同意制国家，部分原因是它在 1979 年就颁布了推定同意的法律，属于全球首倡国家之一。但是，仅在一年后，西班牙就对这部法律做出了解释，明确要求器官捐献必须首先征求家属的意见。捐献者的同意从未得到推定，西班牙甚至没有建立登记名录，记录哪些人希望选择退出。这样一来，西班牙实际上等于（家属）选择加入制国家。既然如此，我们就不能说西班牙原有的法律带来了傲视全球的器官移植纪录，这根本说不通。

西班牙国家移植组织创始人拉斐尔·马特桑斯和该组织的现任总干事比阿特丽斯·多明格斯－希尔都曾明确指出，不能把他们的成功归于那部法律："恰恰相反，我们认为，成功的关键在于基础设施、围绕死者捐献过程的组织和持续不断的创新。"24 "西班牙模式"的一个关键是该国的三级移植协调人网络。在地方一级，每一家需要器官的医院都会指定一名专门的

---

① 这条脚注是专为统计学极客准备的：很多研究采用了针对各个国家的多种观测，但这只能造成样本规模更大的假象。对单一国家的多重观察并不是独立的。一旦考虑到这一点，你得出的结论就没有足够的说服力。

器官移植协调人，该协调人由医生担任，主要负责在自己的医院里提早发现和推荐符合条件的器官捐献候选人。整个捐献过程涉及的移植医护人员也会接受特别的培训。危重症病房里的死亡病例都会照例由内外部专家审核，确定是否遗漏了潜在的器官捐献者，以及如何进一步改善这一体系。还要重点强调的是，它会保证全额报销医院的器官移植费用，确保消除任何可能降低捐献的财务激励因素。[25]

当然，把西班牙错误地归类为选择退出制国家可能会歪曲实证检验的结果，西班牙的人均死亡捐献水平是全球最高的。更根本的是，几乎没有国家实际推行严格的推定同意制度，所以我们甚至无法确定把任何一个国家纳入这一类型的真正意义。在我们看来，一个国家在很久之前颁布了一项法律，如今它并没有按照书面规定来执行（由于其他法规或风俗习惯）。更准确地说，这样的事实应该被看作一种信号，说明这个国家对器官捐献抱有（或者曾经抱有）支持的态度，而不是教条地执行一个用来解决如何从脑死亡患者家属那里取得器官捐献许可问题的法律框架。

还有些研究对改变政策的国家和地区开展了前后比对分析，但这些研究同样不是确定的。1997年，巴西引入了推定同意制度，但是该国政府未能对其他方面的基础设施完成投资，短短一年后就改弦易辙了。威尔士同样改变了捐献政策，来自已故捐献者的器官捐赠大幅增加，但它同时存在很多其他的贡献因素。在推行选择退出制度的同时，威尔士还开展了大量的其他活动，包括一场耗资 200 万英镑的大规模宣传活动，增加工作人员培训，持续不断地鼓励人们主动登记成为志愿器官捐献者，等等。① 从 2016 年到 2020 年，威尔士有超过 15 万人主动登记成为器官捐献者，选择退出的人只有不到 1.7 万。[26] 诸如此类的因素的存在使得人们很难把器官捐献的增长单纯地归结为任何一项具体原因。事实上，如果威尔士把所有的精力用在其他活动上，不去理会一项名存实亡的政策的改变，它本来可能会取得更大的成功。

评价一个州或一个国家器官捐献流程的一个简单的方法是，看每 1 万例死亡中的器官捐献数量。事实上，有些行政辖区的死亡率高于其他辖区，这也会影响衡量结果。按照这种衡量标准，美国在提示性选择加入制度的作用下，拥有全世界最高的器官捐献率，其中个别州的捐献率比西班牙还要高。[27] 实际上，如果把美国的州视为国家，按照亚历山德拉·格莱齐尔和汤姆·莫内的估计，选择加入行政辖区的器官捐献率要比选择退出行政辖区的高 27%。在考虑转换不同制度的潜在益处时，不要忽略了可能风险的评估，这一点至关重要。有些国家只看到了转向推定同意制的一些明显益处，这些国家一开始的

---

① 英格兰和威尔士仍在鼓励人们加入登记名录，我们不禁为此击掌赞叹。这也突出说明了这样一种事实：这些国家或地区早已认识到，推定同意制本身并不能解决问题。

捐献率远远低于美国现在的水平。此外，前面提到的2019年的盖洛普民意调查也发现，高达37%的美国受访者明确指出，如果美国转向推定同意制度，他们一定会选择退出——这一数字可能包括心理逆反的情况，也就是说，无论什么事，一旦自己的偏好遭到他人的推定，有些人就会做出不好的反应。[28]如果这个数字得到证实，那么一旦改为推定同意制，美国现有的捐献率就会大幅下降。

底线

我们强调过，虽然默认选项可以成为一种强有力的工具，但是改变默认规则并非解决所有问题的万能钥匙，器官捐献的问题很好地证明了这一点。最关键的因素在于，潜在捐献者并不是唯一的相关行为者。挑战在于，捐献者家属同样是整个过程中的一部分，这大大削弱了推定同意这项工具的力量，让它变得远不如看上去那么强大。我们都看到了，组织流程的其他方面才是成功的秘密所在。西班牙对这些流程的管理极其出色。它们是组织选择架构与设计良好家属沟通策略的结合体——事实证明，这些因素比默认选择本身重要得多。

在美国，这些工作是由不同地区的58个"器官获取组织"（OPO）具体执行的。它们在各自的区域内负责死者器官捐献工作。[29]比如"生命捐赠计划"是一家总部位于费城的OPO，具体负责宾夕法尼亚州东部和整个特拉华州的器官捐献工作。该组织的优秀业绩有目共睹，所以，宾夕法尼亚州和特拉华州的器官捐献率一直很高。不过，各个地区潜在捐献者的基础人数差别较大，而且各个 OPO 的手续也不够透明（至少在我们看来如此），这就很难判定是 OPO 的哪些具体做法带来了较高的捐献率。

在这种情况下，我们的目标应该是挽救患者的生命，尊重潜在捐献者的权利，并尽一切可能保护家属的利益。我们认为，一旦树立了这些目标，各州和各国在处理这件事上就应该聚焦两大问题。第一，学习西班牙和其他地方的先进经验。第二，尝试不同的替代方案，推动更多人登记加入志愿捐献者行列。要多管齐下，包括促进地点的选择、对登记行为的激励和媒体宣传等。这些方法具有广阔的前景，相比之下，默认规则的改革更像一条有损无益的歧路。

第 13 章
拯救地球

只要稍加留意，大家就会发现，这个世界正在面临一场巨大的危机——气候变化。地球正在一点一点变暖，气候正在变得越来越反复无常，并对公众健康和福祉带来了各种有害影响。贫困国家的人民尤其脆弱无助，富裕国家的民众同样处在严重的危机之中。在狂怒的风暴和猛烈的大火面前，没有谁能置身事外。

这些问题如此巨大，所以我们可能认为每个人都会团结在一起共同应对。实际上，一些国家采取了比较大胆的做法，为降低温室气体的排放投入了可观的成本。但是，到目前为止，这些努力可以说收效甚微。一个关键原因是可观的成本，大幅减排需要资金的大量投入。

完美风暴

行为经济学的一些基本经验可以帮助我们解释，为什么世界各国没有采取更多措施。可悲的是，是我们一手打造了完美风暴，一系列因素的叠加使得团结一致的行为变得更加困难。其中的主要障碍包括：

- **现时偏误**。我们已经看到，人们往往更多地担忧当下，而不是将来。尽管科学家几十年来不断地发出关于气候变化危害的警告，但是人们总是觉得，最严重的危机是未来的事，也许还要几十年之后才会发生。可账单是现在就要付的！全球各地的人们如今都面临着气候变化的问题和危机。然而，在一些重要时刻，很多领导人和选民还是把气候变化看作子孙后代的挑战，事不关己，因此他们选择不支持。这和新冠病毒感染疫情形成了极大的对比，当亲人朋友和政府首脑纷纷患病时，人们此时此地就能感受到它带来的沉重代价。
- **显著性**。雾霾人人可见，人人憎恶。肮脏的空气和污浊的水都是既可见又可怕的。在包括美国在内的很多国家，公众纷纷要求（并且常常能够得到）更清洁的空气和水。相比之下，温室气体是看不见摸不着的。如果连看都看不见，人们可能就不会为它挂怀。

- **无的放矢**。有些威胁是由明确可辨的作恶者实施的——一个做坏事的人，公众知悉他的可耻行为。如果是为了打击恐怖分子，那么调动民众的注意力和投入资源并不难。如果有臭名昭著的人指挥，铁了心发动恐怖袭击，那么对它的打击就会变得更容易。然而，气候变化是无影无形的。它是数之不尽的各种人类活动的产物——准确地说，它是我们所有人在很长一段时间里各种活动的结果。"9·11"恐怖袭击事件发生后，一个恶棍（本·拉登）的存在有助于人们做出激进的回应，然而，气候变化不同，尽管人们早已提出，如今也许可以更容易地指出，从生命损失的角度来说，气候变化造成的威胁远远大于恐怖主义。

- **概率性危害**。有些行为引起的危害是显而易见的——比如，一个人殴打另一个人，或者一家企业向当地的湖水里倾倒有毒物质。然而，气候变化引发的危害常常是概率性的，这使得人们更难达成共识。假如我们看到世界某地的飓风、火灾或暴风雪变多了，它们一定是气候变化造成的吗？为了明确这一点，气候归因科学正在飞速进步[1]，很多科学家正确地强调指出，气候变化增加了飓风和火灾的预期频率和严重程度。

即使如此，我们可能也无法坚称任何具体事件是由气候变化引起的。对那些试图调动民众的人来说，这是个问题。即使是恰如其分的谨慎语言，有时也难免遭到气候变化怀疑论者的利用。

- **损失规避**。我们在前面讲过损失规避问题，这意味着人们对预期损失造成的消极态度比预期收益带来的积极态度更强烈。因此，减少温室气体排放的努力需要立即造成损失。如果每个人都要交一种新型"气候税"，损失规避就会立刻发挥作用。气候变化本身也会造成损失，这没错，但是最严重的损失发生在未来，而且这些损失的剧烈程度在很多方面是不确定的。

我们并不是说这些问题是无法解决的！世界各地涌现出大量的气候行动主义者（尤其是但不限于年轻人），这促进了大量的监管活动。（普通人能够克服现时偏误；他们通常是关心后代的；气候变化造成的损失正在变得越来越明显，很多人正在经历许多这样的损失；人们之所以买保险，是因为他们知道这样有利于规避概率性危害；我们可以找到最大的排放者。）但是，还有两个与气候变化有关的大问题，实际上，它们同样适用于整个环境保护领域。这两个问题也能帮助我们解释，为什么做出恰当的应对如此具有挑战性。

第一个问题是，人们对自身行为将造成怎样的后果并没有得到清晰明确的反馈。如果你在使用能源的过程中造成了空气污染或水污染，或者造成了碳排放，你可能没有意识到这个事实，至少没有持续意识到。即使有人告诉你其中的联系，也无法影响你的行为。那些把恒温器设为自己舒服的温度，任由暖风和冷风吹个不停的人不大可能每一天甚至每时每刻都想到自己的决定给别人带来了怎样的代价。就算知道自己多开车会加剧气候变化，难道你就会减少开车或者换成电动汽车吗？也许你会，也许你真的不会。同样的道理甚至更适用于那些大多数人普遍认为与气候变化无关的决定，比如吃什么样的食物，或者购买什么材料制成的产品。

第二个问题也是最根本的，那就是"搭便车"问题。气候变化取得的进步取决于很多国家及其国民的行动。如果一个家庭、一家大企业，甚至一个国家降低了排放，那当然是一种进步。但是，如果其他家庭、其他企业或国家增加了它们的排放，这个世界最终也许只能节节败退。比如，美国有些知名领导人有时会想：中国和印度都没有大规模减少排放，美国为什么要这么做？如果其他国家都在我行我素，并且对我们构成了损害，我们为什么要以德报怨，投入大量资金去帮助其他国家？反过来，印度和中国的领导者也可能会想：气候变化问题最早是那些富裕国家造成的，我们为什么要积极采取行动减少排放？（下文很快会谈到这一点。）

这就是人们常说的"公地悲剧"。每个奶农都愿意为自己的牧场增加奶牛，这样他们可以增产获益，而且只需要承担极少一部分增加奶牛产生的代价。但是，奶牛太多了最终会毁掉整个牧场。奶农需要找到一些方法来避免这一悲剧。类似的问题也在荼毒捕鱼业，它们还可以解释空气污染和气候变化问题，后者有时还被描述为一个"恶劣的"公共问题，这主要是因为它造成了极其严重的威胁，影响了绝对数量极大的人和国家。[2] 凡是涉及"公地悲剧"的情况，标准的补救措施是所有人都同意的强制措施。比如，奶农可能会全部同意限制每户增加的奶牛数量，他们也可能会同意惩罚违反这一决定的奶农。社会规范也会有帮助[3]，选择架构可以帮助建立这些规范，但这需要时间。

如果有读者看到这一章，可能会希望作者说：不必担忧，只要成本极低的助推就能让这种问题消失于无形。这些读者恐怕要大失所望了。就像我们经常强调的那样，并不是所有问题都能通过轻触式干预来解决。假如地震引发了海啸，滔天巨浪朝着你所在的城镇席卷而来，我们认为你应该不会对大家说，别担心，99% 的海浪会在到达海滩之前掉转方向。赶快往山上跑可能是个更好的办法。

令人遗憾的是，我们无法像逃避巨浪一样逃避气候变化，不过和海啸的例子不同的是，我们还有些时间采取行动。虽然助推无法解决问题，但它能发挥有利的作用，而我们需要调动所有可以调动的有利因素。我们也可以把气候变化看作一个全球规模的选择架构问题，这同样会很有帮助。心理学和行为经济学的发现能帮助我们更好地理解怎样取得进步。

建立合作

1968 年，加勒特·哈丁发表的一篇文章让"公地悲剧"这一说法广为人知，不过，它是在很久之后才被社会学家熟知的。[4] 1954 年，经济学巨擘保罗·萨缪尔森在一篇 3 页（！）纸的论文里论述了"公共物品"问题。[5] 他把公共物品定义为一种每个人都可以消费，而且不会因此减少其对他人可利用性的产品。山间的清新空气就是个很好的例子。当你站在山巅时，无论你的肺活量多么惊人，无论你做多少次深呼吸，总是有足够的新鲜空气供其他人享受。

萨缪尔森这一分析的立足点是当时经济学界普遍认同的一项假设，即人们都会像经济人一样行事：他们总是理性的和利己的。[①] 由此而论，它意味着人们能够理解自己的处境（尽管萨缪尔森自己刚刚弄明白这一点），并且通过行动实现自身

---

① 我们在这一章暂时解除了自我设定的戒律，允许自己使用"理性的"这个词语，但是我们将使用这个词来简单地表示人们能做正确的计算。我们还破例使用了"利己的"，因为它在这里是一个全然不同的概念。人们关心他人福祉的做法可以是完全理性的。一般来说，标准经济模型假定我们只关心自己，也许还会关心我们的家人和直系亲属，或者至少关心他们中的大多数人。

福祉的最大化，同时对其他人的喜好视而不见。在这样的假设下，公共物品带来了一个真正的问题，因为没人愿意为公共物品的建设做出任何贡献。我们可以很容易地看到它是怎样作用于个人的：假如你在生活中做出了有利于环境的选择，那么每个人都能享受你创造的益处，所以你可能不会做出那些选择。谢天谢地，普通人不像经济人那么自私，有些人和一部分政府确实采取了行动，虽然这样的人和政府远不如我们期待的那么多。

当应用于公共设施和汽车制造业等大型企业时，这一分析会变得更为重要。这些大企业在全球碳排放中占据了很大比例。通常来说，它们的首要目标是赚钱。对它们来说，大幅减少污染也许是无利可图的（除非消费者为此奖赏它们）。毫无疑问，用人单位和员工都会受到气候变化的影响，但即使考虑到这一切，狭隘的利润最大化分析也无法推动温室气体排放的大幅减少。我们知道，即使如此，很多企业也在采取实质性措施减少排放，并为此付出不菲的代价。公司的管理者也是心怀良知的人——他们可能被员工、投资者和用户助推，尤其可能被自己的子女助推。尽管如此，投资者最关心的还是利润，这形成了真正的挑战。

搭便车的问题在政府层面更加严重，这是因为，想要在气候变化问题上取得必不可少的进步，唯一的办法就是各国政府一致行动。我们可以把各国政府看作同一片牧场上的奶农，他们要决定自家增加多少头奶牛。在缺少公众压力或他国压力，或者在本国领导层未能坚定地致力于解决这一问题的情况下，印度、美国和中国这些国家也许不大情愿独自大幅削减碳排放，这些国家也许需要某种可强制执行的协议。（我们要强调指出，这三个国家已经在不同时期完成了大幅减排，而且主要是自发自觉完成的。唯一的问题是，由于存在搭便车的情况，所以很难要求这些国家，或者任何其他国家去做它们该做的事情。）

社会学家针对一种非常有趣的实验游戏开展研究，由此获得的发现可以帮助我们理解这种情况的一些微妙之处，这种游戏为我们带来了一些有用的发现，可以帮助我们深入洞察很多国际协议，包括 2015 年签订的《巴黎协定》。这种公共物品游戏的玩法是，假设你和 9 个陌生人组成小组（你们以后都不会再见面），组织者给每人发 5 张 1 美元的钞票，你们可以把钱放进自己的口袋里带回家，也可以匿名拿出其中一部分，放入"公共物品罐子"。无论是谁，当有人把钱放进那个罐子时，组织者都会放入同样多的钱，等到游戏结束时，罐子里的钱会被平均分给 10 个玩家。如果没人出钱，每个人拿 5 美元回家；如果每个人都把自己的 5 美元放到罐子里，那么每个人能带走10 美元。

你会放多少进去？如果希望自己思考得更用力些，你可以把 5 美元换成 500 美元或者 5 000 美元试试。

在你做决定的同时，让我们帮你把数字算清楚。假如你拿出 1 美元，那么公共物品罐子里就会增加 2 美元，你会得到自己的那一份（10%，20 美分）。也就是说，你放进那个罐子里的钱越多，能拿回家的钱就越少。不过别着急，先不要决定自己一毛不拔，不要忘了，大家拿出的钱越多，每个人最后拿走的钱就越多。如果能完全彻底地合作，只要几分钟，每个人手里的钱都能加倍！

好的，你的决定是什么？你会做一个利己的经济人还是大方的普通人，或者你会选择二者之间的某个点？

这个游戏的不同版本已经上演过几百次，甚至几千次了。事实证明，人们并不像经济学家想的那么自私自利，也就是说，认为没人拿钱出来的预测是错误的。平均而言，每个小组会拿出大约一半的钱投入公共物品罐子。这（基本上）是个好消息。坏消息是，如果在同一小组内多次重复这一游戏，出资率会稳步下降，最后降到 15% 左右。大体而言，人属于"有条件的合作者"：人们愿意为公共物品出一份力，条件是其他人也这样做；如果别人都在搭便车，出钱的人就会慢慢变少，直到彻底消失。有趣的是，如果让组内成员相互交谈再做出决策，出资率就会变高。[6] 参与者会通过自己的发言促成合作，并且保证自己会出钱，即使这样的保证并不具备约束力（经济学家称这样的发言为"廉价磋商"），但它仍然有助于提高出资率，并且长期有效。

这个简单的游戏或许可以帮助我们理解一些对抗气候变化的国际合作不太成功的原因。就像游戏允许成员交谈一样，最高级别的国际对话始于高屋建瓴、充满理想主义色彩的语言，讨论合作的必要性，以及我们如何团结所有人，提出一个普遍的呼吁：如果我们都参与进来，子孙后代就更有可能长久地生活在地球上，我们的地球就能持续拥有宜人的气候。这当然是有帮助的。但是，各国最终还是会为各自努力的多少（通过减少排放）争论不休，接下来会讨论可能的长期计划，以及如何坚定地履行这些计划。正如这场艰难的谈判最终促成《巴黎协定》所表明的那样，事情正在变得棘手。不同的国家各怀己见，**每个国家要为公共物品罐子贡献多少才算合适？**

为了说得更具体一些，我们先对气候变化科学进行极简处理。自从人类出现在地球上，或者从人类懂得用火时算起，我们就一直在排放温室气体。这些气体会在大气层里滞留很长一段时间。北美和欧洲的富裕国家在温室气体的累计总量中占了很大的比重，因为现代发明，如电力、交通、工厂、供暖、制冷等产生了大量的排放。美国一直是最大的累积排放国，在1751 年至今的累积排放中，美国占了大约 1/4。[7]（不过，事实上，美国的这一占比也在逐年下降。）

与此同时，历史上曾经比较贫穷的国家，如中国、印度和巴西，一度排放较少。因此，它们在国际谈判中提出，富裕国家是通过使用大量能源而致富的，所以对贫穷国家突然施加严厉的排放限制是很不公平的，而且完全不符合这些国家的切身利益。实际上，中国在 2006 年超过美国，成为世界上最大的碳排放国。[8] 中国认为，让中国面对与富裕国家同等的排放限制是不公平的，因为富裕国家比中国多排放了好几个世纪，并因此而变得富有。

就算争辩到天荒地老，我们也很难说清这种情况下什么才算公平，但是我们可以肯定地说，面对这个问题，想取得一致的意见实在很难。其中涉及的哲学问题极其复杂。无论在什么样的情况下，只要涉及什么是公平的这一判断，人们总是会表现出自利性偏差。[9] 如果你想近距离观察这种行为，只要看看一对夫妇在离婚时怎么分割财产就全明白了。在气候变化这个问题上，关于公平问题的自利性判断在国际谈判中随处可见，它是实现进步的严重障碍。

行为经济学文献为我们指出了一条可能的前进之路。公共物品游戏告诉我们，人都是有条件的合作者，人们会在别人选择合作时选择合作。行为经济学家恩斯特·费尔和西蒙·加赫特通过一系列实验告诉我们，在重复进行的公共物品游戏中，如果允许玩家惩罚不合作者，让他们付出代价，那就可以有效地加强合作。[10] 前面提到的那个游戏的工作方式是，如果玩家 A 发现玩家 D（他的身份是保密的）没有出钱，那么 A 可以惩罚 D。A 每拿出 1 美元，D 的回报就要减少 3 美元。请注意，A 并没有从这一惩罚中直接获得任何好处——实际上，为了获得惩罚不合作者的权力，A 还要自掏腰包。因此，经济人在这个游戏里不会惩罚任何人，反而是善意的（或者恶意的）普通人会做这样的事！结果证明，经济人无论如何都不会选择的做法反而极大地加强了合作。实际上，有了这样的规则之后，当这一游戏被不断重复时，参与者之间的合作得到了加强——这和之前实施常见规则时看到的情况正好相反。

我们认为，这些发现为威廉·诺德豪斯提出的一种思想提供了有利的行为基础。诺德豪斯是诺贝尔经济学奖得主，也是一位气候问题专家，他曾提议世界各国组成"气候俱乐部"。[11]和其他俱乐部一样，比如网球俱乐部，气候俱乐部的成员都享有某种权益（比如使用网球场），同时必须遵守俱乐部的规矩（比如不许扔球拍，按时缴纳会费等）。违反规矩的人可能会被请出俱乐部。不过，气候俱乐部这一想法的关键之处有所不同，不同意加入俱乐部的国家和不遵守规则的国家会被俱乐部其他成员惩罚（可能是通过某种关税的方式）。

我们热情地支持气候俱乐部这一想法，只不过我们对它的名称稍有疑虑。这样的叫法听上去有点儿可爱，对真正的国家来说不够严肃。国家都喜欢条约和协议之类的东西，而不是俱乐部，毕竟名字还是很重要的。话虽如此，这个概念还是非常有启发性的——值得广泛关注，并且立足于良好的社会科学研究。事实上，这一思想与 2015 年在巴黎达成的《巴黎协定》紧密相关，《巴黎协定》于 2016 年正式生效。根据《巴黎协定》，全球大多数国家都加入一个类似"气候俱乐部"的组织。缔约方一致同意"国家自主贡献"。按照该协定的设想，这样的目标会变得越来越雄心勃勃。2020年，乔·拜登当选美国总统后，美国立即恢复了其在《巴黎协定》中的重要角色，我们希望能够取得真正的进展。为此，我们翘首以盼。

但是，各国应当怎样履行自己做出的承诺？它们将如何实现必要的减排？可能的答案有很多。最理想的方法是，首先加入财政激励手段。

更好的激励机制

如果激励机制失调，政府可以通过调整激励措施来解决，这不失为一种恰当的办法。实际上，尽管经济学者通常争论不休，但有一点是几乎所有经济学者一致认同的：如果认为自己排放了过多的温室气体（或者任何其他污染物），那么我们应该确保决策者面对恰当的成本，为他们的减排举措提供正确的激励。[12] 环境领域广泛提出的办法有两种。

第一种是对造成污染的主体征税或罚款，温室气体排放税就是个例子。第二种方式被称为"限额与交易体系"。这个体系为每个污染排放国规定（或者售卖）限定数额的"污染权"（限额），这种权利可以在特定市场上进行交易。污染方如果超出了限额，就等于违反了法律。每种方法都有其拥护者，我们不会说哪一种更胜一筹。这是个很难回答的问题，理性的人难免意见不一。这两种方法从不同的角度解决了同一个问题。

环境税

　　如果政府选择税收作为工具，就等于确立了一种价格，一种在政府看来比较恰当的代价，用来激励人们减少自身的排放量。有些预期的变化需要一些时间，假如汽油价格明天翻两番，人们不可能立刻改变自己工作生活的地点，很多人不可能立即改变自己的通勤方式。但是，昂贵的碳排放费用势必会改变企业的行为，使之改变生产方式和产品。和美国民众相比，欧洲民众更多地选择比较省油的小型汽车，部分原因是欧洲的燃油税比较高，而且这样的情形已经持续了几十年。使用税收手段进行激励还有一大优势，那就是可以为政府创造收入，要知道，各国政府在对抗经济萧条和新冠病毒感染疫情的过程中出现了巨额赤字。碳排放税还有一点独特的优势，它会激励创新，比如生产更廉价的能源，产生很少的碳排放，甚至不产生碳排放。在很多国家里，包括税收在内的激励措施已经激发了多个领域的创新，包括太阳能、风能和其他多种绿色能源形式，同时促进了电动汽车的兴起和普及。

　　关于碳排放税的构成，以及如何使用这一税收收入，我们姑且留给其他人决定。在这里，我们比较关心的问题是，应当如何建构碳排放税，才能确保这项税收不会对穷人产生负面影响。我们认为，为了确保渐进性，同时为了克服"损失规避"，碳排放税应该与经济帮扶"打包"实施，这是为了保证较低收入人群不至于成为这一税收的净损失者（至少平均算来不是）。例如，可以把碳排放税同一系列的低收入人群补助结合起来，帮助那些因该税收而蒙受损失的低收入群，还可以把它同政府项目支出结合起来，这些项目都是有利于低收入人群或者广受他们欢迎的，比如免费的高速互联网服务。因为富裕人群的行为通常会造成较高的排放，所以他们要支付的金额必然高于人均水平。我们也赞同对一部分碳排放税采用明确的累进制（比如，较大的房屋和较贵的汽车按照更高的单位税率缴税）。有些情况下的税率可以是负的，比如补贴。例如，美国政府正在为购买电动汽车和家庭太阳能系统的人提供补贴。这项税收会增加政府的收入，让政府有机会通过更富有创造力的方式使用这笔资金。税收手段确定了价格，市场对此做出反应，而排放总量仍是不确定的。随着时间的推移，如果排放迟迟没有达到适当的目标，或者如果气候危机变得更迫切（这完全是有可能的），我们可以随时调整这一税率。

有些环保人士对碳排放税深表怀疑。他们想要的是强硬的、立竿见影的减排，税收手段能否做到这一点？在我们看来，这些人的怀疑是毫无根据的。如果他们想要的是强硬的、立即见效的减排，税收一定能做到；一切事物都取决于其规模。税收越高，减排效果就越显著。考虑到问题的严重程度，仅凭较低税收或名义税收恐怕是不够的。尽管很多人和不少国家追求"净零"排放目标，还为此设定了明确的日期，但是整个世界不大可能，也不应该试图明年就把全球排放降为零。比如，人类并没有做好彻底告别交通工具和电能的准备（如果真的要迅速实现所谓的净零，这样的牺牲恐怕是不可避免的）。但是我们可以通过严格的税收大幅减少排放，而且这一税收会逐渐变得严格。这样一来，碳排放有望在未来的 10 年或 20 年里大幅下降。

这一税收在理论上等同于"碳排放的社会成本"，其数值的设定是为了定义每一吨碳排放造成的损害。当然，理性的人必然会对这一数值的计算方法提出不同的看法，只不过在做出一项估算之前我们难免会做出很多假设，而有些假设并不总能找到清晰的证据。2016 年，美国选定的碳排放社会成本约为 50 美元，这一数字影响了很多其他国家的评定。如今很多专家认为 50 美元太低了，考虑到新的科学发现、持续的不确定性以及发生巨灾的风险，世界各国应该选择一个更高的数值。本书并不适合深入讨论这一计算的细节。我们只想说，如果非要为碳中和的实现选择一个期限，我们可以通过设计一系列的税收政策来实现这个目标。

瑞典目前的碳排放费用是全球最高的，约为每吨 130 美元。[13]瑞典自 1991 年开始征收这项税费，当时约为每吨 28 美元，此后逐步增加到了现在的水平。同其他经济合作与发展组织成员国相比，瑞典在这一时期的实际国内生产总值增长了83%，排放量减少了27%。[14]虽然这些税收抬高了汽油价格，但它促成的行为变化远远高于单纯提高油价所能达到的程度。[15]由此，我们可以得出一条普遍适用的经验，如果把一项税收看作对某种严重问题的应对，人们就可能做出远远高于纯粹经济激励所能达到的反应。在类似的情况下，人们可能接收到这样一种信号，即减少温室气体排放是件好事——他们可能愿意做到这一点，即使这样做不符合他们自身的经济利益，我们普通人就是这样的。

关于瑞典的做法还有一点需要强调，不然大家可能会遗漏。从1991年到现在，瑞典的碳排放税几乎涨了5倍。从行为科学的角度来说，它的基本思路，也就是从较低水平开始征收碳排放税而后逐步提高是非常有道理的。包括德国在内的一些国家纷纷效仿瑞典的做法，或者至少给予了认真考虑。我们或许可以称它为"更绿色的明天"。为了避免现时偏误和损失规避的不利影响，政策制定者（和私营企业）也许会在今天或较近的未来征收较低的成本，同时承诺逐步提高这些成本。关于如何运用行为经济学对抗气候变化，黑尔佳·费尔－杜达和恩斯特·费尔发表过一篇启人心智、旁征博引的论文，他们在文中指出："今天实施一项政策，并把它的后果留给将来，这已经成了政治家惯用的基本原则，比如，在不损失选票的前提下延迟人们的退休年龄。"[16] 他们还补充说，这项原则可以用于很多领域，包括气候变化政策。有些国家的气候税遭到了政治上的严重反对，还有些国家热衷于比较低效的替代性方案，对这些国家来说，"更绿色的明天"也许可以成为最好的出路。

限额与交易

限额与交易系统恰好反其道而行之，它一开始就明确了排放水平的上限（限额），并由市场决定排放许可的交易价格。假如技术让清洁能源的生产价格变得更低，排放许可的价格就会下降。实际上，限额与交易的主要目标就是激励清洁能源的生产。

对限额与交易系统来说，最让人忧心的问题是最初的许可总量如何分配。一家常年冒黑烟的工厂应该分得最大的许可量，并通过出售许可的收入让自己的生产活动变得更清洁吗？一个担忧是，由于相关法律不可能立即获得通过，所以污染排放者会想方设法拖慢治理进度，希望分得更高的初始许可总量。再次强调，我们会避开这些问题不谈，这不是因为它们不重要，而是因为它们太过复杂，我们不想因为谈论它们而偏离主题。（读者的注意力是一种稀缺资源，就像洁净的空气一样。）

有些读者可能会问，记得在医疗保险的章节里，患者要通过免赔额和自费等方式承担一部分医疗费用，两位作者曾质疑了这种做法的弊端，为什么到了这个领域，作者反而如此重视和强调经济激励？我们确实认为，应当对医疗保健消费者给予激励以节约就医机会和处方药，这是非常重要的，我们对这一重要性感到矛盾，因为有证据表明，患者不太擅长做出权衡。在经济学者眼里，患者不懂得自己的健康"生产函数"。我们不希望心脏病患者因为上个月车坏了急需用钱，或者因为他们无法分辨高血压药物是否对自己有效，就因此降低正常的服药量。

从消费者层面来看，能源消费与行为之间的关系至少是更透明的。把恒温器的温度在夏天调高一点儿、在冬天调低一点儿能产生明显的作用。顺便提一句，这一点也可以做得更明显、更透明，我们会在下文讲到。在其他领域里，价格有助于在消费过程中标示出与气候变化的关系没那么明显的隐性排放。比如，饲养肉牛是温室气体排放最严重的食品生产方式之一。（牛的"排放物"对环境并不友好，用作牧场的土地本可以用于其他对环境更有利的用途。）如果牛肉的价格上涨，就算是美国的普通人也会少吃汉堡。

我们赞成用经济激励措施来应对气候问题，一个更重要的原因是，这里涉及的绝大多数行为，也就是大多数亟须改变的行为，都是由企业做出的。如果企业发现碳排放的价格高企，它们就会想方设法在每个可能的方面进行创新，从制造电动汽车到使用植物原料制成"不可能汉堡"。(它真的很美味,这太令人惊喜了。不信你也尝尝!)

能源矛盾

尽管所有这些观点都支持经济激励,但是,越来越多的经济学和心理学研究从行为科学的发现出发,指出监管法规可能也是解决环境问题的良好途径,其作用远远好于经济学家长期以来预想的水平。事实上,在美国和其他很多国家里,国家立法机构不愿意批准一项全面的碳排放税或限额与交易体系。这使得关心气候变化的立法机构转而诉诸其他途径。大多数经济学家都认为,这些途径都是明显的次优选择。也许是,但也许不是。

僵硬的法规怎么会优于激励措施呢?让我们从消费者购买汽车和家用电器说起,在购买这些产品时,人们可能不会充分考虑到省油的汽车或省电的电器能为他们节省多少钱。这就是人们常说的"能源矛盾"。[17]消费者都是普通人,他们通常不愿意多花 100 美元去购买一台节能洗衣机,虽然这台洗衣机能在短短几年里为他们省出更多的钱。如果消费者忽视了燃油经济性或节能的经济利益——这是他们自己的经济利益,那么法规的要求可以在总体上带来巨大的经济效益,会远远超过单纯减少外部效应本身所产生的效益。

确实如此，大量研究表明，消费者很少留意这些经济效益，一些政府机构开展的分析表明，燃油经济性和节能法规带来的节约是非常真实和巨大的。果真如此，我们就应当把消费者因此节省的钱算进温室气体减排和其他空气污染减排所产生的经济效益中。这样一来，积极的节能和节油要求所带来的总收益就会远远高于其成本。总体而言，这些法规的净收益实际上可能远远高于经济激励措施产生的收益，后者需要与各种各样的外部效应相抗衡，却不一定能为消费者节省成本。

你可能以为我们会说，既然消费者不够重视潜在的节约，我们就可以通过助推而不是强迫的手段帮助他们做到这一点。确实如此，很多国家已经在朝着这个方向不断前进了，具体的方法是通过强制性标签明示产品的经济节约性。有些国家采取的步骤深得行为科学的真谛，它们是专门为普通人（而不是经济人）设计的。我们为这些国家欢呼鼓掌（我们会在后面进一步谈到它们）。同时，我们也和很多分析者一样充满疑虑，这些分析者认为，虽然这些助推是有帮助的，但它们并不足以纠正消费者不够重视经济节约性这一错误做法。不过我们并不打算为这一立场做过多辩护，更没有毕其功于一役的打算。[18] 我们只是认为，人们有必要意识到，法规要求也有可能为消费者节省大量资金——同时起到保护地球的作用。建筑法规就是一个很有说服力的例子。如果房屋建筑商认为（他们可能是对的）消费者不肯为更节能的房子多掏腰包，他们就会少用绝缘隔热材料或者类似的材料。这些材料在房屋建造时并不算贵，可是，如果在房屋使用之后再添加它们，成本就高多了。

监管机构请注意这一点。（消费者们，请多多考虑这些节约问题。）

反馈与信息

我们强调过，应对环境问题最重要的措施是确定适宜的价格（也就是激励手段）。虽然我们希望世界各国最终都能认同这一点，但是我们也发现，在很多国家里，这是（并且很可能在相当长的时期里始终是）一剂难以下咽的政治苦药。至少在美国，总统候选人还不愿意在竞选活动中承诺提高汽油价格和水电气的价格。在2020年的总统选举中，乔·拜登说过，他支持征收碳排放税（他是唯一一位这样做的民主党总统候选人），这是个好征兆。不过，在包括美国在内的很多国家里，阻碍实施激励措施的一大拦路虎是，污染成本是隐性的，而汽油价格和水电气的价格是显而易见的。

因此，我们提出了一种"十八般兵器"式的气候变化对策。合理的监管规定会比助推走得更远，它们能在很多领域发挥作用。但是也有各种各样有用的干预措施，它们完全可以成为一种助推，成为环境保护工具包的一部分。这些措施本身无法消除环境变化的风险，但是它们可以发挥帮助作用。在面对超大型问题时，有些行动方案也许只能留下些许印记。每当谈到这些方案时，美国前总统奥巴马常常这样评价："比原来进步一点儿就很好。"

有一种明智的行动方案可以通过更优质的信息和披露方式改善消费者对其行动影响的反馈。这样的策略有助于同时改善市场和政府的运行，而且它们通常没那么昂贵。当然会有很多人担心披露本身不够有效，效果聊胜于无，这种看法常常是对的。但是有的时候，信息本身可以发挥强大惊人的激励作用。

说到披露要求，一个特别重要的成功案例是《应急规划和社区知情权法案》。1986 年，当位于印度博帕尔的一家美国化工厂发生了严重的工业化学事故后，美国国会颁布了这项法案。[19] 虽然这个法案貌不惊人，但它其实推行的是一种记账措施，旨在让美国国家环境保护局和本地社区了解潜在的不为人知的危险物质。这一法规最后发挥的作用远大于此。实际上，在所有环保相关的法律里，最成功的例子要数《有毒物质排放清单》。

为了建立《有毒物质排放清单》，企业和个人必须向国家政府上报储存或排放到环境中的潜在危险化学品的数量。美国国家环境保护局在自己的官方网站上保存这些信息，每个感兴趣的人随时可以查看它们。如今，披露化学品详细信息的机构数以万计，涉及数百种化学品，覆盖数十亿磅化学品的现场

（和场外）处置以及其他形式的排放。危险化学品的使用者还必须向所在地的消防部门备案，上报其储存化学品的位置、种类和数量。它们还必须披露这些物品对人类健康可能造成的不利影响。

令人称奇的是，该法案并未强制要求企业做出任何具体的改变，但它本身产生了有利的影响，促使全美有毒物质排放大幅减少。[20] 这一出人意料的结果表明，仅靠披露要求本身，有时也能带来可观的减排效果。从意大利海滨度假村的清洁与回收计划到瑞典城市推行的气候指数，披露要求还被广泛应用于数之不尽的其他环保国家和地区。

究竟为什么《有毒物质排放清单》具有如此大的效果？一个主要的原因是，忧心环境的人群和媒体要把人们的注意力引向严重违规者，建立一个"环保黑名单"。[21] 它其实是社会性助推的良好范例。没有哪家企业希望自己出现在"有毒物质排放清单"的显著位置。负面的媒体报道可能产生各种各样的危害，包括公司股价下跌。[22] 上榜企业势必会迫切地减少排放。更好的情况是，企业从一开始就会极力确保自己不上榜，这就带来了某种形式的竞争。企业会纷纷颁布更多更好的措施，避免自己成为有毒物质的主要制造者。如果能够以较低的成本减少排放，企业就会选择这么做，尽管它们的目的仅仅是避免负面新闻和随之而来的危害。

温室气体排放披露

考虑到这个例子，我们认为这里存在一种显而易见的助推，所有国家都应该采纳它，以应对气候变化问题。各国政府都应该建立"温室气体排放清单"（GGI），并要求所有的较大排放主体如实披露排放情况。人们可以随时查看这份清单，了解所在社区各种温室气体排放源的基本情况，也可以通过这份清单跟踪监测长期以来的变化情况。看到这样的清单，政府可能会考虑采取立法措施。包括媒体在内的利益集团一定会把人们的注意力吸引到最大排放者身上。当然，这种清单本身也许无法引发极大的变革，但是这样的助推也不会产生太高的成本，而且它几乎一定会有帮助。（与此同时，排放主体相关信息的搜集和整理也是各国推行经济激励必不可少的先决条件。）

这一方案已经取得初步进展。包括美国在内的多个国家强制要求类似 GGI 之类的清单。实际上，《巴黎协定》强制要求各成员国提供国家层面的 GGI。不过，早在《巴黎协定》提出这个要求之前的 2011 年，美国国家环境保护局就已经正式提出这一要求。美国国家环境保护局明确希望，这样的办法能助推较大的排放国切实减少自身的排放。同样的思想在私营领域的志愿项目中取得了长足进步，比如"碳排放信息披露项目"

（CDP）提供了一个标准化的全球信息披露平台，供投资人、企业、城市、州和地区使用，记录并管理它们的各项环境影响。截至目前，仅"碳排放信息披露项目"就披露了 8 400 多家企业和 800 多个城市的实际情况。[23]

我们并没有发现关于 GGI 实际影响的准确研究。至少在美国，该披露似乎并没有发挥出类似《有毒物质排放清单》的巨大作用，这也许是因为它对公众来说还不够明显，或者因为温室气体排放听上去不如"有毒"排放那么令人生畏。但是这一切似乎正在改变。就在我们撰写此书时，美国西海岸的很多地方正在经历可怕的山火和浓重的烟尘。澳大利亚也在经历类似的事情，人们不可能对这样的事情无动于衷。与此同时，大西洋的热带风暴数量创下了历史纪录，以至按照英文字母顺序为热带风暴命名的管理机构用完了英文字母，只能改用希腊字母，而且一口气用到了 iota，如果你已经忘了希腊字母表，我们可以告诉你，它是第九个希腊字母。[24] 极端气候事件正在变得越来越普遍，我们可以通过很多工作让人们关注排放趋势，包括哪些人造成了问题，哪些人正在制定解决方案。

自动式环保

如果我们的目标是让环境变得更清洁，最简单的办法就是**让绿色选项变得尽可能简单**。如果我们的目标是让它变得真正简单，那就把它变成自动的。

在很多国家里，人们的生活正在越来越多地伴随出现"绿色默认选项"，它们替换了很多比较不环保的选项。比如，如果房间里没人，运动探测器会自动关灯。这样一来，运动探测器相当于创造了一种"关闭"的默认选择。如果办公室里的恒温器默认设置能在夏天调高一点点，在冬天调低一点点，那就能创造可观的经济节约，有利于保护环境——不过默认设置不能让人感觉太不舒适，否则人们就会采取措施改变它。

政策和技术正在让这种绿色默认选项变得现成可用。我们都知道，惰性的力量极其强大。除此之外，绿色默认选项也是一种信号，它告诉人们什么是正确的事。当人们拒绝它时，他们可能会感到良心的刺痛——有证据表明，人们常常会这样。这里还存在一种广泛的经验。架构式解决方案，让事情变得简单或自动化，这些都能产生巨大的影响力——远远大于简单地要求人们去做正确的事。

现在思考一个更大的问题：在可选的情况下对公用事业供应商的选择。通常来说，默认选项也许并不环保，它甚至可以用煤炭来发电。要使用绿色能源（例如太阳能或风能），人们必须找到相关信息，并且做出肯定的选择（如果存在这样的选择）。大多数人都会嫌麻烦，但是，如果把环保的选择定为默认选项呢？这样一来，人们的选择就会自动变成绿色的，这会产生怎样的影响？事实清楚地证明，更多的人最终会选择绿色能源。即使它的价格稍高一些，人们也会保持这样的选择。

德国的一项随机对照试点项目为我们带来了鲜活的发现，它明确地验证了默认使用绿色能源的影响。[25] 这项研究覆盖了近 4.2 万个家庭，在为期四周半的实验中，这些家庭被随机分配参与两种选择方案中的任意一种。在第一种选择中，参与者会被问及是否愿意选择使用绿色能源；在第二种选择中，参与者会自动使用绿色能源，但他们会被问及是否希望放弃使用绿色能源。无论是哪种选择，绿色能源的价格都会稍贵一些。

结果显示，默认规则的影响力极大。同样使用能源合同进行购买，在选择加入的情况下，只有 7.2% 的合同是绿色环保的。然而，在选择退出的情况下，绿色合同达到了令人惊叹的 69.1%。值得注意的是，在选定合同服务质量、电力的基础价格和单位价格后，这一影响明显是强有力的。如今，整个德国的很多公用事业供应商已经帮助民众自动选择了绿色能源。[26] 现场证据（并非来自实验，而是来自现实）表明，助推真正发挥了作用（在德国、瑞士和其他一些地方）。总的来说，大多数人不会选择退出。这样做的结果是，空气变得更清新了，温室气体排放减少了。

规范与透明度

我们说过，人们通常不清楚自己使用了多少能源。他们可能也不清楚和自己的邻居比起来，自己的能源消耗是多还是少。Opower 是甲骨文公司的下属企业，它推出了"家庭能源报告"，让用户一目了然地看到自己的水电气账单与社区平均水平的对比情况，还给出了如何节约能源的建议。[27] 这真是一种生动活泼的助推。"家庭能源报告"如今得到了广泛的应用，我们因此可以一探它的实际效果。关于这一点，最出色的研究来自经济学家亨特·奥尔科特，他估计，发送这些报告大约减少了 2% 的能源消耗。[28] 这个数字是多还是少？2% 似乎不算什么，但是就像我们之前说的那样，一点一滴都是有帮助的，尤其是在能源使用方面，因为它意味着大量的排放（在美国大约是 20%）。[29] 除此之外，奥尔科特还发现，这一减少大约相当于临时提高价格 11%~20% 所能达到的效果。关键在于，这 2% 的减少几乎是在没有产生任何成本的情况下实现的，因为它需要的信息都写在用户平日收到的账单上。类似这样的低成本助推多多益善。

我们由此想到，可以设计志愿参与项目，帮助大中小型企业（而不是个人消费者）。在这些项目中，政府官员不会强制要求任何人做任何事。相反，他们会询问企业是否愿意遵循某种标准（这种标准能为环境带来有利影响）。这里的基本思想是，即使身处自由市场，企业也常常不会采用最新产品，政府有时可以帮助企业赚钱，同时减少环境污染。

在本书讨论的所有问题中，气候变化是最需要重视也是最难解决的一个。为什么人类尚未解决这个问题？我们已经给出了多种原因。对个人来说，气候变化问题的根源是所有"搭便车"的行为，再加上行为偏见，对国家来说也是一样。无论是贫穷国家还是富裕国家，大规模减排都势在必行，这为国际谈判人员带来了真正的挑战。为了实现减排，我们需要激发实现突破所需的技术创新，如果没有其他激发创新的原因，我们就要改革相关的激励措施。这种激励可以表现为多种形式，例如税收、补贴、目标日期和竞赛等等。与此同时，更好的选择架构和大量的助推也能发挥重要作用。我们希望并深信，世界的环保将越来越自动化——并在这个过程中防止大量悲剧的上演。

第五部分

意见反馈

第 14 章
有事生非

　　最初为本书联系出版社时，愿意接手的人屈指可数。人们大都觉得，一本讲述自由主义和温和家长制的书根本不会有人看。当然，作者的直系亲属除外。后来的结果远远超出我们的预料，也让出版社始料未及，它居然吸引了大批读者。我们也不太清楚这是怎么回事。《助推》这个书名当然有些帮助。（这个书名是一家出版社建议的，这家出版社当初很有礼貌地拒绝了我们。）当然，更多的读者意味着更多的质疑。我们的批评者遍布多个领域（包括经济学、心理学、哲学、政治学和法学等）和所有的政治谱系，从左到右，无一遗漏。

　　说到政治，有一种结论极具吸引力，如果同时惹恼了极左和极右两个派别，那就说明我们做对了。不过，这个结论本身也反映了一种自利性偏差。如果真的同时激怒了左右两派，更有可能的解释是：我们的观点很差劲、很邪恶、很不周全、很混乱，或者至少写得很糟糕！在这个新版本里，我们尽力修订了一些表达不够准确的例子，不过，对本章将要探讨的实质性反对意见来说，这样的澄清无法令人满意。我们想在这里强调：批评者的很多宝贵意见让我们受益颇多，他们的问题和质疑让本书变得更好。

对助推的反对意见不可谓不多，无论是概念性的、伦理性的，还是经验性的或者其他层面的，都可以轻松地写出一部专著，不过，我们在此力求简洁明快。[1] 要做到这一点，一种方法是避开语义争辩的泥淖——比如，自由意志家长制到底属于自由意志还是家长制？前文提到，我们使用"自由意志"这个说法，表达的是"保留选择"的含义。前文还提到，就现实而论，即使选择退出也可能是件难事，尤其是在涉及"胡推"的情况下。无论对谁来说，想要做出不一样的选择，理想的助推都是成本越低越好。2007 年，我们曾经考虑把本书的名字定为《一键式家长制》（ *One-Click Paternalism* ），这个想法大概持续了一两天。虽然我们最终抛弃了这个糟糕的书名，但它足以透露我们当时关于本书目标的想法。在我们看来，用 GPS 导航这件事堪称"助推"的绝佳例证。即使那个温柔而不失礼貌的声音建议我们在前方右转，如果我们决定继续直行，它也不会抱怨什么。当然，并非所有的助推和受到助推思想启发的政策都符合这一理想，如果它们不符合，我们会把它们看作"胡推"，并把它们纳入政策的成本效益分析。

我们使用"家长制"这个说法，包括通过引导人们在充分知情和没有行为偏差的情况下做出选择来保护人们免受自己所犯错误的影响。这是一种手段而非目的的家长制，总体而言，助推的设计宗旨是帮助人们找到实现自身目标的恰当手段。我们的意图当然不是把人们推向我们偏爱的选择。如果连自己都不认同，我们又怎么会这样去做？也许大家都知道，塞勒喜欢喝红酒，桑斯坦喜欢喝健怡可乐。塞勒喜欢长时间的夜宴，而桑斯坦避之唯恐不及。桑斯坦耽于哲学思辨，而塞勒不惜一切代价敬而远之。我想你明白我们的意思了，个人的喜好与优秀政策的形成无关。

最后，我们要开门见山地说明一点：我们并不认为"选择架构者"（无论来自公共领域还是私营领域）总是睿智博学的。我们当然也不会相信选择架构者的出发点永远是好的，或者他们必定会为那些内心受到其影响的人的最大利益着想。我们不会否定组织有序的利益集团的力量。专家也有犯错的时候，我们认同这一点。拜托！在过去的几十年里，我们一直在关注这个世界上发生的事情。我们发现，并不是每个国家的领导人都可以被称为稳健的天才。我们还注意到威权主义政府在一些地方抬头，这令人心忧。再说私营领域，那里存在大量的利己主义助推现象（本书多次指出了这一点）。在金融危机期间，我们一度发现，整个金融服务行业竟然没有一片净土，它的每个领域都充斥着行为失当的人。新冠病毒感染疫情暴发以来，很多人犯下了愚不可及的错误，很多人都只顾一己之私利。因此，我们要开诚布公地说，并非人人都把他人的福祉放在第一位。所有的选择架构者都有可能犯错，有些甚至是恶意的。

那么，这些显而易见的事实能为我们带来什么启发？选择架构和助推都是必然的，是不以人的意志为转移的。我们知道前文提到过这一点，但它被人们广泛地忽视了，所以我们认为很有必要再强调一遍。你可以反对香烟包装上关于癌症的警示图片，宁愿主动选择而不是接受默认规则，完全不相信卡路里标签的那一套，可以想方设法拆除 GPS 设备，或者拒不接受保持社交距离的指导原则。但是，反对助推本身就好比拒绝空气和水，是完全行不通的。我们无法躲开它们。形形色色的选择架构者也是人，人谁无过，而这正是我们需要助推的一个原因。只要还能自行其是地做选择，还可以轻松愉快地说一句"不需要，谢谢！"，人们就能极大地降低风险。如果让你忧心忡忡的是政府官员的动机和失误，那么你的第一目标应该是强制和法令，而不是助推。

不过，我们会不会担心坏人读完本书跑出去坑人，担心他们想出更有效的新招数来助推？当然了！就像我们在"胡推"那一章讲到的，我们当然会有这样的担心。但是坏人出现的年代远远早于本书的出版，虽然我们很清楚，对人们行为偏误的精确理解可以被用来（并且正在被用来）实现自私自利的目的，但是我们并不认为我们的书会沦为恶棍和骗子的工具。无论由谁来看，这样的风险都不足为惧。与其担心这一点，不如多关心一下气候变化问题。

讨论完这些初步问题，我们现在来谈谈最突出的批评意见。其中一些来自右翼批评者，他们绝大多数都是自由派。他们酷爱自由（我们也是），他们认为助推有损自由（我们无法苟同）。这些人的一些担忧不无道理，甚至很重要，但是我们有时觉得，自由派之所以批评我们，部分原因在于我们不仅未经允许借用了他们的法宝（即自由意志），而且把它同自由派最深恶痛绝的一个词（即家长制）放在一起使用。这实在让他们接受不了，这很像一群喜爱棒球的孩子借了颗板球，用它来打棒球（反过来说也可以）。这简直就是亵渎神明！我们承认，我们提出自由意志家长制这个说法就是要让它刺疼一些人的耳朵。不过时隔多年，我们也想对自由派的朋友们说一句：也许是时候该揭过这一页了。

很多人会说，我们要做的远远超出了助推的范围。他们认为助推仅仅是个小把戏，他们要的是惊天动地的变革，而助推无法帮助他们做到这一点。在他们看来，助推会分散注意力。他们中很多人担忧的是经济不平等、劳动人民的权利、垄断问题、警察暴力、种族和性别歧视等大问题，我们也一样。读到这里的人一定知道，在有些情况下，精心设计的选择架构能收获极大的成果，那远远不是一系列的微调所能完成的。全球的公职人员，包括那些"助推小组"里的公职人员在内，完成了大量工作，取得了很多成就。尽管如此，我们还是应当强调指出，法规、禁令和经济激励有时极为重要，即使对那些热爱选择自由的人来说。

光滑的斜坡

我们都知道，有些人的恐惧症非常古怪，而且这些恐惧症大多都有自己的名字。比如阴影恐惧症，有人害怕影子；甚至还有花生酱恐惧症，害怕花生酱会黏住自己的上颚。还有一种特别罕见的恐惧症，它好像格外容易出现在自由主义法律学者身上，那就是"斜坡恐惧症"。它指的是人们害怕自己从楼梯或斜坡上滚下去。我们怀疑，这种恐惧造成了一种对**光滑斜坡**的偏执。

明确一点，我们并不是说留神那些**真正**光滑的斜坡是一种愚蠢的做法，想想一场大雪之后的专业滑雪道，你会明白我们的意思。无论如何，请务必远离这种斜坡。事实上，所有又滑又陡的坡道至少都应该立上一块警示牌，它可以起到助推的作用。在某些极端情况下，甚至应该禁止进入（*该路段/街道临时封闭，开放时间另行通知*）。我们所说的光滑的斜坡得到了太多人的关注，它并不是物理意义上的坡道，而是一种比喻，用于一种特定类型的争吵。

滑坡谬误说的是，当我们做了一件事 X 后，它很可能产生一种倾向，这种倾向可能带来 Y 和 Z 等结果。尽管 X 本身是好的，甚至是极好的，但是 Y 和 Z 可能是相当可怕的。结论是，除非你愿意接受 Z，否则你不应该做 X。

滑坡谬误在美国反对枪支管制的人群中普遍存在。在这里，X 可能是对个人拥有枪支权利的任何限制（比如禁止拥有攻击性武器），Z 可能是政府查抄没收所有武器，包括牛排刀和小孩子的水枪。嗯，夸张了些，但相信你们都能明白其中的道理。

绝大多数滑坡谬误的问题在于，它们并不能拿出任何证据来证明"滑坡"的存在，也就是说，他们没有理由让人相信，只要做了 X，我们就更有可能而不是不可避免地得到 Y 和 Z。但这并没有阻止人们提出类似的高论。它们有的第一眼看上去就很值得怀疑，比如美国联邦最高法院曾经就《平价医疗法案》进行过一场辩论，辩论的焦点是，政府是否有权依据宪法强制要求民众购买医疗保险。大法官安东宁·斯卡利亚指出，如果法院判决这个要求合法，将来就没有什么能阻止政府要求人们必须吃西蓝花。[2] 说到恐吓战术，还是大法官厉害！

政治领域里的滑坡式预言并不十分出色。一位反对给予妇女选举权的人曾经预言，妇女获得投票权会产生"一批阳刚的女人和阴柔的男人，这两种人的结合繁育必然造成种群的退化"。[3] 另一位反对者预言，妇女人数超过了总人口的一半，如果给予她们投票权，那么将来政府里所有的领导都会是女性。[4] 声明一下，2021 年，女性在美国国会中仅占 26% 的席位。[5] 真希望这个斜坡再滑一些！

我们之所以搬出滑坡谬误，是因为批评者用它来攻击助推和自由意志家长制。"今天是助推，明天是猛推，后天就把你发射出去！"他们常常会这么说。（为什么呢？助推的全部意义就在于避免猛推，更不要提什么发射了。）有趣的是，有些说法会援引某种行为偏误作为自己的理论基础。比如一位名叫格伦·惠特曼的批评者的论证就基于"规避极端"的研究结论：人们通常喜欢中庸之道。

仅举一例，强制人们加入养老金储蓄计划（带有退出选择）是合法的。现在看来，这似乎算是个中间选项。但是，它一旦变成标准，就会变得自由放任。接下来，"多存钱，为明天"政策（带有退出选择）又会成为新的中间选项。它一旦得到采用，又会变成新的基准，与此同时，自动加入储蓄计划、可以自由选择投资，但是不可以选择退出的做法又会成为新的中间选项。照这样下去，一连串的小动作最后一定会把强制加入、限定最低金额、高度限制投资选择、无法选择退出的做法变成"合乎情理的中间选项"。[6]

真的吗？

准确地说，第一版《助推》上市的十多年来，自动登记制度和"多存钱、为明天"确实在世界范围内得到了日益普遍的采用。但是，我们并没有发现任何去除"选择退出权"的迹象或趋势。确实，如果一种选择看上去是一种比较恰当的中间选项，那么它可能会得到更加广泛的采用，这种可能性至少大于它被人们视为某种极端的可能性。也许这个坡度并没有那么陡？

社会趋势从来都是难以预测的。美国曾经批准宪法修正案（这是一个充满胡推的过程），禁止人们卖酒。这一做法有没有带来其他活动的禁止，比如吸烟和暴饮暴食？并没有。恰恰相反，几年后，美国政府发现了自己的错误，废除了这条禁令。如今，美国各州正在加速通过立法实现大麻销售的合法化，这样的斜坡恐怕没人能预测到。

我们尤其认为，没有理由担心助推会无边蔓延。再次强调，助推本身是必然的，是不可避免的，而且，从定义上说，助推是始终保有选择自由的。只要接受这些界限，只要这是我们想做的，我们就没有理由担心自己会在威逼利诱之下丧失底线。我们完全可以为含有虾的产品贴上警示标签（这样可以帮助对贝类过敏的人，比如桑斯坦），但没必要彻底禁止含虾的产品。我们可以把打印机默认设置为双面打印，但是没必要禁止人们选择单面打印。如果人们指控我们，说助推作为一项政策太有诱惑力了，因为它走的完全是中间路线，那么我们甘愿认罪。但是，请大家不妨按照助推本身的优缺点进行评判，而不是把自己的评价建立在某种假想风险的基础之上，尤其是这种假想恰好是斜坡恐惧症的一种症状。

自由与主动选择

一些批评者酷爱自由，他们的箭囊里还有一支箭，这更多地引起了我们的同情心。他们对自由和自由选择的担忧甚至超过了对福祉的关心（他们甚至怀疑我们会不会正确地衡量和评价福祉）。出于这个原因，他们强烈地推崇主动选择，反对设计良好的默认选项。他们认为，最多只需要为人们提供必要的信息，足够用来参考决策，接下来就应该由人们自主选择。瑞典政府请民众自选投资组合的政策恰好反映了这样的想法，我们在前文已经看到，这个策略实际上存在很多弊端。

主动选择也是一种选择架构，我们可以通过助推帮助人们主动选择。它有时不失为一种出色的想法，我们很同意这一点。但是，人们应该被强制要求做出选择吗？而且是普遍地、一直地如此要求？我们认为，强制的主动选择只适合极为简单的选项，比如选择加入还是选择退出。在比较复杂的情况下，比如从几百只共同基金中选出自己的投资组合，强制人们选择就成了一种靠不住的做法，而且这是非常家长作风的。为什么不能提供一种设计完善的默认选择，同时允许人们自由选择其他选项呢？人们经常会选择不做选择，我们应当尊重这样的选择。我们看到，过去10年进入劳动力市场的瑞典人绝大多数选择不做自己投资组合的管理者。我们从不指望人们成为自己的医生；如果有可信赖的专业人士，如果专业人士做得更好，而且人们可以随心所欲地选择和依靠专业人士，我们还有什么理由要求人们独自做出极端复杂的决定呢？是的，我们知道（我们也说过），凡是涉及提建议的事，"可信的"和"专业的"等这些词语都是值得三思的，不能想当然地轻信。

在器官捐献这件事上，我们支持的做法确实和主动选择模式比较接近。我们提倡提示性选择，而不是强制性选择，这是因为，当被强制要求回答问题时，人们可能会做出较差的反应，不过我们也发现，在这个领域里，推定同意的观念有些过头了。

强制选择的问题不仅在于它侵犯了人的自由，还在于在很多情况下它是完全不切实际的。当去餐厅吃饭时，你会选择所有的食材吗？当买一辆新车时，你难道不希望大灯的出厂设置是"光线亮时自动熄灭、光线暗时自动亮起"吗？如果你非要坚持改为手动开关（对，你因此获得了更多的自由！祝贺你），如果出发时天色尚暗，到达时天光大亮，你就很有可能忘记关灯（这会耗尽电池）。类似的情况还有几百种。让新车用户在接车的第一个小时里研究怎样调节显示屏的亮度，你觉得这是个更好的好主意吗？我们认为，在这种情况下，精心选择的默认选项更好，而且人们可以通过清晰的教程修改默认选项，尤其是那些无法做到整齐划一的设置，如调节座椅和后视镜等。

主动选择常常是好的，但是在很多领域，陈列和设计出色的默认选项同样堪称福音。我们不应该一心除之而后快。

不要助推，要提升

有人强调，在自由社会里，人们有权做错事。其实犯错可能对我们有所帮助，它是我们的学习方式，正所谓"吃一堑长一智"。我们完全赞同这样的想法，这也是我们一般赞同选择退出权的原因，只要这样做不会对他人造成伤害。如果有人真想把退休金投资组合里的一大块用来投资罗马尼亚的高科技股票，我们也没办法阻止人家（前提是他们有足够的信息）。但是对没那么精明的选择者来说，在过程中设置一些警示信息也没什么害处。我们要盛赞有些滑雪场为初学者和中级滑雪者竖立的警示牌："为了您的生命安全，请选择正确的滑雪道。"

有些批评者会强烈地倾向于教化，而不是助推。在他们看来，公共和私营机构应该教育民众，或者"提升"民众的能力，而不是使用选择架构。[7] 提到这一点的批评者不止一位，其中最不可爱的版本来自一位德国心理学家："助推和教育是对立的。要理解助推的有用之处，就不能脱离它诞生的具体政治环境。人们广泛认为，美国的公共教育系统是失灵的，美国政府想尽办法引导大部分民众，因为这些人基本上都不识字，也不会写字。然而，并不是每个国家都有那么多文盲。"[8]

我们会克制自己，不去理会这种民族主义的辱骂中伤。我们要反过来解决更实质性的问题，即我们是否应该为了教育，或者为了"提升"（一种据说以提高人们能力为宗旨的努力）而去克制助推？我们的第一反应是：为什么非要二选一？我们两位作者的"罪状"真不算少，但要说反对教育，恐怕真是"莫须有"了。我们支持提升，在有些情况下，它是非常有效的，我们非常认同这一点。而且我们两人的职业都是教师，很多助推的目的正是教育（也需要人们识字），信息披露、警示和提醒的设计都是为了让人们获取信息。即使如此，我们也希望能有精心挑选的选项供我们选择，能有思虑周全的默认选项让我们决定接受还是拒绝。无论如何，我们都要努力让民众拥有必要的知识和技能，能够在这世界上茁壮成长；提高人们的能力，帮助人们磨炼自身的才能是非常重要的，也是极富价值的。那些喜爱提升的人强调的统计素养尤其是件好事。但是，我们同样要做到脚踏实地。我们可以非常肯定地说，即使是德国最好的高中，恐怕也不可能提供相当于金融经济学博士学位的教育。

这一批评的出发点是对两位作者人性观的根本误解。我们并不认为人都是愚蠢的，相反，我们认为世道艰难。在我们认识的经济学家里，没有几个可以拍着胸脯说自己能从一大堆抵押贷款方案中选出最好的那个，也没有几个有把握准确无误地算出自己应该为退休生活存多少钱。我们认识的好多经济学家选择了特别糟糕的医保方案。假如生活中充满了个性化默认选择、方便对比的选项、精明的披露和好用的选择引擎，我们的日子会不会变得简单些？所以，这不是在助推和教育二选一的问题，而是兼容并包的问题！因为助推含有选择的自由，所以帮助人们在知情的前提下行使自由格外重要。

很多人热衷于训练高中生金融方面的常识，我们同样具备这样的热情。如果让我们来设计高中课程，我们一定会把三角学换成统计学和家庭理财。和正弦、余弦比起来，当然是复利和净现值更有用！更根本的是，要教会人们如何管理家庭预算，了解信用卡债务的风险。教育是有用的，有时甚至非常有用，但是，常识和实证研究都告诉我们，不要对教育的有益影响过度自信。你的常识反应应该建立在自己还记得多少高中化学知识的基础之上，或者还记得多少三角学知识。难道我们不应该想一想，多懂一点儿复利知识会更有吸引力吗？

实证结果证明了这一思想实验的直觉判断。一项关于金融素养培养功效的重要元分析为我们带来了3项关键结论。[9]第一项，培养时间越长，效果越突出。24小时课程的效果明显好于12小时课程的效果。第二项，培养效果中规中矩。金融天才的培养不可能一蹴而就。第三项，也是最重要的一项，无论培养会带来怎样的有益效果，都会随着时间的推移慢慢消失，并在大约两年之后完全消失。这项研究的作者得出结论，最有效的培养形式应该是"适时的"，也就是在预计发生的决策之前恰当地完成培养。比如，让高中的低年级和高年级学生了解各种"后高中"的教育形式及其回报，教会他们如何申请经济救助和学生贷款，怎样正确使用信用卡，等等，这些知识会在孩子们毕业之后立即派上用场。

但是，千万不要认为你现在教会了他们分辨固定利率和可变利率，就一定能帮助他们在 10 年后选择更好的抵押贷款方案。你可以等到他们准备买房时，再为他们提供免费讲座，讲讲可能存在的陷阱。（也许还可以简单地助推他们几下。）

助推是偷偷摸摸的吗？

有的人说，和助推相比，法规、禁令和税收有一个巨大的优势：人们都知道它们的存在，没有人会被愚弄。他们说，相比之下，助推显得很隐蔽，给人一种暗地里操纵的感觉，好像是一种阴谋诡计。[10] 助推会在人们毫不知情的情况下影响他们。

对绝大多数的助推来说，这种反对意见是无法理解的。标签、警示和提醒都不是密不示人的，如果是隐藏起来的，它们就不会起作用。默认规则应该是，并且通常是完全透明的。如果人们自动加入了绿色能源计划，他们应该（并且通常已经）被通知。在用人单位把员工自动加入储蓄计划时，员工可以选择退出，一切都是摆在明面上的。就算存在隐私行为，也是胡推造成的；人们选择退出的流程应该是完全明确的，而且最好点击一下按钮就能完成。

　　确实有些助推是在受其影响的人们没有关注，甚至没有考虑到它们的情况下发挥作用的。一个例子就是食堂把健康食品摆在更显眼、更好拿的位置上，用餐者的选择因此受到了影响。这可能是在人们没有发觉自己受到助推的情况下做到的。即使如此，食品摆放设计本身也不是秘不示人的，而是摆在人们眼前的，只不过这一摆法背后的原因没有明示罢了。其他很多形式的影响力都是如此。啤酒广告不会告诉观众，画面里那些衣着清凉的模特都是设计好的，那是为了吸引观众的注意力，最终目的是让他们多买酒。政治家在演讲时不会透露自己的演讲稿是经过专门设计（并测试过）的，那是为了最大限度地拉到选票。但是，会有人那么天真，不知道广告是为了销售产品、政治演讲是为了拉选票吗？餐厅当然不是广告，但它同样存在设计，而设计的选择一定是有原因的。

　　如果餐厅的设计是为了鼓励人们健康饮食，如果人们被自动加入某个项目，私营机构和（尤其是）公共机构不应该掩盖这一事实。如果把助推的原因公之于众，它的效果反而会更好。我们很快会讲到这一点。

　　有种稍微不同的观点认为，只有在人们不知道自己被助推的情况下，助推才能发挥作用。我们在多种情形下验证过这种说法，结果一再表明它是错的。现有研究发现，助推的公开透明并不会降低它的影响力。[11]事实上，它反而会产生相反的效果。

比如，我们完全可以告知人们，他们被自动加入了一项退休金计划，因为他们的雇主认为这是个很明智的选择，可以很好地利用单位缴存优势和税收优惠，这也许会让加入计划的人变多。餐厅可以让人们发现和注意到自己的健康设计，这实际上会增强这一设计的效果，因为它会传递出有价值的信息。[12]

助推是操纵性的吗？要回答这个问题，我们首先要明确"操纵"的定义。长话短说，哲学家和其他人普遍认同，如果一项行为没有充分尊重他人理性思考的能力，那就具有操纵性。[13]按照这个标准，绝大多数的助推都不带有操纵性。[14]提醒人们下周四去看医生，这算什么操纵？同样的道理，为人们提供食物热量信息，或者警告人们某种食物里含有贝类成分或坚果类成分，提醒人们过量服药的可能危害，这些都不能算操纵。如果设定了默认规则却不通知当事人，或者让当事人难以选择退出，那当然就是操纵性的。我们把这种做法称为胡推——胡推可能是一种操纵。

划清界限和宣传原则

几年前，桑斯坦带女儿参加 Lollapalooza 音乐节——芝加哥每年仲夏举办的著名摇滚音乐节，为期 3 天。星期五的晚上，巨大的电子屏幕上通常会显示接下来的节目单，还会在中间插播一条信息："多喝水。"这条信息的字号特别大，和它一同出现的还有另一条信息："热天多汗：你在流失水分。"

这条标语的用意何在？当时的芝加哥正在经历酷暑，音乐节的组织者明显想防止观众因脱水而导致的各种健康问题。这条标语是一种助推，没人强迫观众喝水，但是这条标语的作者仔细留意了观众的饮水方式。"多喝水"这一措辞也非常出色，如果只是简单粗暴地要求，效果可能要差很多，比如"要喝水"或"喝水"。指明观众在"流失水分"，可以引起不缺水观众的损失规避。（桑斯坦当时希望自己早些看到那条标语。演出正在进行，他口渴难耐，但是所有人都挤在一起，根本不可能跑出去找水喝。）

下面我们来对比一下可以想象的其他说法。假设我们不用"多喝水"这条醒目的标语，在节目单中间短时间地、无形地插入"下意识信息"，这里的下意识信息指的是一种不会被留意的刺激，但它仍有足够的影响，足以改变人们的观念和行为。可供使用的下意识信息有很多，比如"多喝水""你不渴吗？""喝酒不开车""毒品害人""支持你们的总统""堕胎就是谋杀""去买 10 本《助推》"等等。那么，下意识信息植入，包括付费广告在内，算不算某种形式的自由意志家长制？毕竟它们都在引导人们的选择，但是它们并没有代替人们做出选择。

即使下意识信息植入可以为我们想要的目标服务，我们也不赞同，也不把它算作自由意志家长制的做法。针对自由意志家长制，包括针对一部分助推在内的普遍反对意见是，它们都是深藏不露的——它们可能为政府提供帮助，操纵人们走向政府想要的方向，同时它们可能沦为政府官员的有力工具，实现其目的。我们可以把下意识信息同一种同样诡诈的事物进行比较：如果想让人们减肥，一种有效的手段是在餐厅里装上镜子。如果人们在吃饭时看到自己胖乎乎的样子，可能会少吃一点儿。这样做合适吗？如果装镜子可以接受，那么安装让人看起来偏胖的镜子可以吗？（我们好像每年都能遇到很多这样的镜子。）我们的老朋友卡罗琳可以在她管理的食堂里使用这种特别的镜子吗？如果卡罗琳可以这样用，我们又应该如何看待快餐店使用让人看起来偏瘦的镜子呢？

这些问题都很重要，以至两位作者中的一位专门为此写了两本书。[15] 为了在这种情况下解决这些问题，我们首先要回到自己的一项指导原则上去，那就是透明度。关于这一点，我们非常赞同哲学家约翰·罗尔斯提出的"公开原则"。[16] 就最简单的表现形式而言，公开原则指的是，无论是在私营领域还是在公共领域，选择架构者都必须能够且乐于公开地为自己采用的任何一项政策辩护。我们喜爱这项原则，原因有两个。第一，它的实用性。如果一家企业或政府采用的政策不方便制定者为其做出公开辩护，那么它将面对极大的难堪，如果这项政策及其依据被披露，情况甚至可能更糟。我们始终敦促我们的同事和学生，在自己的工作和生活中的所有重要选择中贯彻这一原则。第二，也是更重要的一点，涉及尊重问题。所有类型的组织都要尊重人，如果它们采用了自己无法公开为其辩护的政策，必然无法做到这份尊重。相反，它们会把民众当作自己利用或操纵的工具。

我们认为，公开原则是在公共和私营领域里约束和实施助推的一项很好的指导原则。美国政府的政策法规通常会在最终出台前征求公众的意见和建议，这里包括的很多做法都属于助推范畴。燃油经济性标签、营养成分表和香烟盒上的警示图片都是例子。助推是公开透明的，支持助推的道理也是堂堂正正的。

同样的结论也适用于法律默认规则。如果政府改变这些规则——为了鼓励器官捐献或环境保护，或者为了减少年龄歧视，它不应该为自己正在做的事情保密。它应当披露自己的行为，解释这一行为（更好的做法是提前邀请一部分民众代表参议此事）。教育性宣传活动有时会用到行为科学的结论，促成有用的助推。这样的宣传同样应当公开透明。政府官员使用措辞巧妙的标语来减少乱扔垃圾的现象，阻止盗窃，或者鼓励人们登记成为器官捐献者，他们应该大方地公开自己的做法和动机。很久以前，美国有这样一则广告，一颗鸡蛋摊在滚烫的平底锅里，滋滋作响，画外音是："这是你吸毒时的大脑。"设计者用这个鲜活的形象触发了人们对毒品的畏惧心理。无论这条广告算不算操纵，它都没有违背公开原则。

所以，明确地说，我们愿意为助推书写一个权利宣言，但这个宣言绝对不包括下意识宣传。[17]

关于法规和禁令：超越助推？

我们已经看到，自由主义者忧心忡忡，害怕我们从助推做起，慢慢变成了推操。还有一些批评者来自比较新潮的流派，他们的担心正好反过来，他们害怕我们停留在助推上，即使在需要更强有力的措施时依旧原地踏步。有些人甚至认为，政府一旦习惯了助推，就算明明知道助推是远远不够的，也不会去做别的。比如，监管者不去正视严重的气候变化问题，每天满足于摆弄能源效率标签之类的小把戏！

如果我们（或者任何人，就此而言）认为，世界上绝大多数的问题都可以通过蜻蜓点水般的干预来解决，那么这将成为真正值得担忧的事。谋杀、强奸、侵犯人身权利和盗窃都属于犯罪行为，应该使用雷霆万钧的威压手段来应对。有些问题，如环境污染，产生的原因是人们的行为对他人造成了伤害。正如我们在前文强调的，助推并不是解决这些问题的适当手段。不过，助推对这些问题的解决无疑会有所帮助。我们可以对汽油征税，通过助推鼓励人们购买更省油的汽车。可以帮助降低外部效应的助推还有很多。但是，就其本身而言，仅凭助推并不足以控制外部效应。

我们可以把助推看作一种类似瑞士军刀的工具，它们的设计兼具多项功能，有时非常有用，比如开罐头或拧紧螺丝等。如果时机合适，助推的成本就可能非常低。但是，就像我们不断强调的那样，税收、补贴、法规和禁令同样应该各尽其用。仅凭警示图片不可能让人们减少吸烟，改变默认规则也不会消除可移植器官的短缺问题。在谈到气候变化问题时，我们用了整整一章来强调为什么我们需要电钻和推土机，并在恰当时用瑞士军刀来帮忙。

　　至于说助推的使用可能会让政府官员不思进取，不想采取强有力的措施，我们对这种说法深表怀疑。（桑斯坦在美国政府里工作了4年，他从未见过这样的情况，一次都没见过。）一个国家可能会征收高额的酒精税，助推人们做到不要酒后驾车，并在此基础上对醉酒驾车者施以重罚。北欧国家同时做到了这三点。一个国家可能会助推人们购买省油的汽车，比如带有燃油经济性标签的汽车，同时征收极高的汽油税或者为电动汽车提供补贴。一个国家可以规定某种药物的使用是违法的，同时助推人们不要使用这种药物。认为助推的存在可能会妨碍更激进的工具的使用，这也许能让人显得很聪明。在世界历史上，这样的事情或许真的发生过——但是就现实而言，我们谈论这个话题有点儿像纸上谈兵或者举行大专辩论赛。这并不是一个多么严重的问题。

　　不过，理性的人肯定会对我们何时应该从助推转向禁令和法规（或者反过来）持不同意见。举个例子，我们的朋友兼同事戴维·莱布森和塞勒一起为一家基金组织设计过一种养老金储蓄方案。那个方案拥有设计精良、价格实惠的默认选项，还罗列了少数几种其他的投资选项。引起他们两人（比较温和的）分歧的问题是：是否允许热情的参与者获得"共同基金窗口"——很多其他的基金组织都提供这种窗口。他们都认为，使用这一选项的员工不太可能做出绝妙的投资决策，而且平均而言，员工长期操作的结果可能还不如不操作（这当然是他们的判断）。他们还一致认为（根据其他领域的经验证据），只有很小一部分员工会使用这一选项，尤其是在获得这一窗口的过程中出现胡推的情况下，例如警示标签等。莱布森希望去除这一选择，塞勒则希望允许它存在，但是他们都不确定自己是否正确。（在这个问题上，桑斯坦同意莱布森的意见。所以说，少数服从多数？）

这也是一种更普遍的困境的缩影。热心的家长制支持者，尤其在他们担心人们做出糟糕选择的时候，可能希望实施禁令和法规。如果普通人确实会犯错，为什么要坐视不理？为什么不去保护他们，阻止他们犯错？

当然，事实是，根本不存在明确的停止点。根据我们对自由意志家长制的定义，它包含的行动、规则和其他助推都是可以通过选择退出而轻易避开的。我们没有为"轻易避开"下定义，但是我们一直在推崇"一键式"的家长制管理或类似的管理方式，这是现有科技能做到的最接近的程度。（希望未来会出现"一念之间"或者"一眨眼"就搞定的先进科技。）在很多领域里，最好的办法是让人们各行其是，并在可能的范围内把成本保持在最低水平。当然，我们支持的一些政策，其成本远远高于一次轻轻的点击。要选择退出一项自动加入计划，员工可能需要填写上交一些表格——成本并不算高，但是肯定比轻轻点击一下鼠标高得多。非要提出一条僵硬的规则，规定自由宽松的政策会在成本高到什么程度时失效，这样的做法未免武断，甚至有些荒谬。其实，精确程度的问题并不重要。简言之，我们希望这些成本一直是低的。真正的问题在于，为了增加人们的福祉，我们应该在什么时候付出一些不小的，甚至是很高的成本。

想想那些要求"冷静期"的规定，其逻辑依据是，消费者在进行购买时可能会头脑发热，做出考虑不周或目光短浅的决定。其中的根本考虑仍是自我控制问题。1972 年，美国联邦贸易委员会规定，上门销售必须设立冷静期。[18] 这就是个很明显的例子。按照该委员会的规定，所有上门销售必须同时提供一纸书面声明，明确通知买家，他们有权在交易完成的 3 天内反悔。这条法律出台的原因是人们对高压销售策略和小字合同条款的投诉。我们仍然可以使用成本效益测试，也就是那些得到帮助的人获得的收益和那些没有得到帮助的人付出的代价，来决定何时出台这样的法律。有了这样的测试，监管者会考虑那些需要等上几天才能收到商品的人应该承担多大的政策力度，考虑购买者改变主意的频率有多高。如果成本足够低（有谁真的需要立即买到一套百科全书，虽然那时维基百科还没有上线？），如果人们经常改变主意，这种规定在我们看来就是合理的。

如果人们经常在冲动的情况下做出某些根本性的决策，类似的政策也许就是最恰当的。美国有些州会在人们申请离婚时强制规定等候期。[19] 要求人们在做出如此重大的决策之前先等一等、想一想，这看上去是个明智的主意。抛开非常极端的情况，我们实在想不出为什么有人非要立即改变自己的婚姻状况。（确实，有时一对夫妻真的会彼此憎恶，但情况真的那么糟糕吗？非要立即离婚，一刻都不能等吗？）我们会很容易地想到，可以为结婚的决定设置类似的限制，美国有些州正在朝着这个方向努力。[20] 监管者知道，人们的某些行事方式可能会让他们在将来后悔不迭，但他们并没有阻止人们做出这样的选择，而是确保人们有一段清醒的思考时间。需要注意的是，在两种情况下，这种强制冷静期是最合理的选择，应该强制实施：（1）人们很少做出类似的决定，因此严重缺乏经验；（2）人们当时可能情绪激动。在类似的情况下，人们尤其容易做出让自己后悔的决定。

冷静期是一种相对温和的干预方式。社会应该在什么时候更进一步，采用法规和禁令手段？理性的人可能再次出现意见不一的情况。我们的指导原则是人类的福祉，我们也认识到，理性的人对人类福祉的定义同样存在分歧。比如，同样是行为经济学者的尼克·蔡特和乔治·勒文施泰因指出，我们在本书中讨论过的固定缴存养老计划漏洞太多，容易出错，应该用固定存款利率的强制储蓄方案取而代之。[21]他们盛赞澳大利亚的做法，那是一种强制规定，而且不允许人们以存款为抵押进行借贷。

从定义本身来说，强制规定确实有利于做到百分之百遵守，至少对那些有正规工作的人来说是这样的。相比之下，英国的国家职业储蓄信托计划采用的是自动加入制度，它同样实现了 90% 以上的参与。它难道就明显更糟吗？合理的评判取决于选择自由的重视程度，以及那些选择退出的人要承担多大的损失。至少有可能，当选择退出时，人们是为了更好的结果，并且有充分的理由，一些证据已经证明了这种猜测。[22]比如，人们选择退出可能是因为眼前真的需要用钱，或者因为他们已有自己的养老金方案——这些可能性都可以解释为什么让人们自行其是往往是个好主意。

在某些情况下，法规和禁令当然是合理的。我们说过，如果人们选择的结果会伤害他人，也许就应该使用禁令（比如用来对付盗窃和人身攻击的法律），或者征收矫正性税收（比如温室气体排放）。但是，即使在这些情况下，助推也可以发挥重要的作用。

如果人们做出愚蠢、目光短浅或弄巧成拙的决定，我们就不会把强制工具搁置在一边。[23] 我们并不反对社会保障计划，反式脂肪禁令，能源效率的强制规定，要求骑摩托车佩戴头盔或开车系安全带的强制要求，也不反对政府要求人们在疫情期间进出公共场所时佩戴口罩。如果人们的选择对未来的自己构成了严重威胁（比如吸烟），我们可能希望走出助推的范围（我们支持对香烟征税，支持餐厅禁烟）。唯一的问题是，税收、法规和禁令会引发不同的问题和担忧。只要人们能对如何过自己的生活做出明智的决定，我们就倾向于支持这种倡导人性与尊重的态度——进而支持选择自由的假设。这种假设当然也保护你与我们看法不同的权利。

结　语

在我们撰写本书第一版时，一场全球金融危机刚刚爆发。而当我们推出它的终极版时，整个世界深陷新冠病毒感染疫情的苦海。中间这些年堪称跌宕起伏。我们见证了私营领域爆发的无与伦比的创造力，带来了巨型企业的加速增长，其规模和力量达到了前所未见的程度（比如谷歌、苹果、脸书、亚马逊等）。我们看到，有些国家在新冠病毒感染疫情的处置上取得了惊人的成功（包括一些极其睿智的助推手段的使用），不过也有些国家没有处置好。有些选举令我们欣喜，还有一些让我们充满了绝望。我们最喜欢的球队和运动员有输也有赢。事实上，他们通常输的时候比较多——除了纳达尔。在气候变化方面，我们几乎没有取得任何进步，虽然冰山在融化、山火在肆虐，但我们是天生的乐观派。我们关注的是杯子里还剩多少，而不是已经喝掉了多少。这也许是我们的性格使然，也许是一种行为偏差。（前者是我们的看法，后者是我们配偶的看法。）不管怎样，我们想用充满希望的音律结束本书，同时尽可能做到实事求是。

说到运用行为科学的工具解决全球最大的问题，人类已经取得了巨大的进步。世界上许多国家都能找到这样的例子，包括（但绝对不限于）美国、英国、爱尔兰、丹麦、澳大利亚、新西兰、印度、卡塔尔、阿联酋、荷兰、日本、法国和德国等。很多大型组织也完成了大量的工作，例如联合国、世界卫生组织和欧盟等。无论涉及的问题是新冠病毒感染疫情、气候变化、恐怖主义、戒烟、经济增长、性别平等还是职业安全，行为科学都被不断地派上用场，甚至被视为必然的做法。多年来，曾被视为大胆激进的想法慢慢演变，从新潮变得流行，再到司空见惯，甚至可能变得不再流行。我们有时恰恰希望如此。塞勒经常说，他希望行为经济学有一天不复存在，因为经济学者终将把普通人的存在纳入他们的分析，给予其恰如其分（甚至是最优先）的考虑。

把行为科学纳入公共政策或管理实践的想法开始成为一种常规，就像标准的成本效益分析或商业计划书一样。我们很高兴地看到，这一想法不再被局限于特定的助推小组——虽然我们非常喜爱助推小组。最重要的工作往往是由高层管理部门和各政府机构，或总统或总理办公室完成的。世界各地的领导者都很熟悉行为科学和助推，有些人甚至是个中高手。我们强调过，所有的政策都离不开某种选择架构，就像所有的产品都离不开某种设计一样。我们可以追求设计的卓越，但是不一定非要成为乔布斯那样的天才。这包括把用户体验放在自己关心的首位。如果让一群人负责事物的外观，让另外一群人负责它的功能，我们最后看到的只能是奇怪的门把手——你以为它是往里拉的，结果它是向外推的。我们会得到内生性的胡推。

如果将创建良好的选择架构作为每项政策分析和公司决策的核心，获得成功的机会就会大很多。创建瑞典额外投保养老金计划的人一开始并不想在系统里挂出几百只基金供人们选择，那是后来发生的事。他们只是把管理基金选项的工作委托给别人来做。结果这些管理者变成了欧盟的监管者，他们制定规则，规定谁可以运营这种类型的共同基金，以及基金本身的进入决策。当这一过程让可选基金增加到几百只时，一切为时已晚，来不及说哎哟，也来不及重新考虑了。

我们绝对不是说政策设计者可以或应该是无所不知的。但是，他们确实应该至少提前一步思考普通民众能想到或愿意想到的情况。更重要的是，他们要在看到改善机会时乐于修改现有制度。不幸的是，惰性的力量太过强大了。

把行为科学纳入公共政策，两位作者多少都有些经验。在这些经验的基础上，加上该领域日益增长的文献，我们认为，最大的突破机会可能来自在政策创造流程的最早期阶段纳入选择架构（或者行为科学的其他要素）。其他形式的架构为我们提供了有用的例证。

芝加哥大学布斯商学院决定建造一栋新楼，并在几家著名的建筑设计公司之间发起了一场概念方案竞赛。最终获胜的是拉斐尔·维诺里领导的来自乌拉圭的著名建筑设计公司。在赢得竞赛之后，正式着手建筑设计细节之前，维诺里和他的团队来到芝加哥大学。他们花了好几天的时间走访学生、教职员工，进一步了解人们是怎样在学校里使用时间的，以及人们希望这座大楼是什么样子的。结果非常完美，这个建筑设计外观漂亮，既向马路对面弗兰克·劳埃德·赖特设计的大楼表达了恰当的敬意，又出人意料地"好用"。

比如，维诺里得知教师们都很珍惜与其他教师偶遇的机会，或者至少与偶遇学生或院领导相比，他们更愿偶遇其他教师。所以他把教师办公室放在了那座大楼最上面的三层，并用开放式楼道把它们连接起来，这样有助于创造偶遇的机会。院领导和学生们被放到更低的楼层，他们同教师偶遇的机会主要局限在餐厅。提到餐厅的设计，我们非常高兴地发现，任何人想拿到汉堡，必须首先绕过沙拉自助台。

类似的做法也可以用于公共政策的设计。如果政策的目标是提升公共安全，无论是交通安全还是工作场所的安全，政策制定者都可以把最安全的选择变成最容易的选择。如果目标是减少贫困，立法者可以在设计项目时认真考虑人们真正的想法和行为方式，助推人们走向教育和就业（同时消除胡推）。如果目标是允许学生、教师、发明者、创业者和值得庇护的人来到你的国家，并在这里生活一段时间，你就应该让一切变得尽可能简单。如果目标是通过鼓励采取预防措施和疫苗接种来战胜疫情，政策制定者可以好好考虑一下方便性，设计上乘的警示语，并且有效发挥社会规范的力量。

这一切听上去可能像一个白日梦，但它并不是。它早已开始发生，尤其是在那些实际控制政策落实的人中间。声望卓著的大型企业都非常精通选择架构的艺术（当然，它们别的工作做得也很出色），这并非偶然。但是，要改善内嵌在（通常是隐性嵌入的）法律法规制定过程中的选择架构，人们还有很多工作要做。这项工作的幕后英雄是那些做背景研究的工作人员，他们往往也是最终文本的草拟者。如果你认识这样的人，请你把本书送给他们——如果你已经读完了。顺便帮忙写上我们的呼吁："助推为善。"这项呼吁正在逐渐被人们用来概括数之不尽的改革，它们正在世界各地发展和实施着。

致　谢

　　本书终极版的完成有点儿像冲刺，我们要感谢过去几个月里帮助过我们的很多人。尤其感谢我们出色的研究助理团队，包括莉娅·卡塔内奥、达斯廷·费尔、罗希特·戈亚尔、伊莱·纳赫曼尼和卢卡斯·罗思。特别感谢卢卡斯和莉娅在很多领域里的非凡工作，还要感谢莉娅在最后阶段堪称英勇的辛勤工作。这不仅体现在本书的内容上，还体现在成书的整个过程中。我们想说，如果没有你们，就不可能有这本书，如此轻巧的一句话实在不足以概括你们的贡献。

　　还有几位好友审阅过本书的初稿并给予我们宝贵的意见，包括罗布·格特纳、戴维·哈尔彭、亚历克丝·伊马斯和伊曼纽尔·罗曼等。这些朋友都是我们的宝贵财富。特别感谢亚历山德拉·格莱齐尔和埃里克·约翰逊与我们讨论器官捐献问题，这对我们帮助特别大。萨拉·查尔方特是我们智慧的源泉。约翰·西西利亚诺是我们卓越的编辑。最重要的是，感谢本书第一版的那么多读者，他们的评论、热情、关心和不同看法让本书变得更好。

参考文献

终极版序

1. Tara Golshan, "Donald Trump Has Supported Hillary Clinton for Longer Than He's Opposed Her," *Vox*, August 16, 2016, https://www.vox.com/2016/8/16/12452806/trump-praise-hillary-clinton-history.

前　言

1. "Adult Obesity Facts," Centers for Disease Control and Prevention, https://www.cdc.gov/obesity/data/adult.html.
2. "Obesity and Overweight," Centers for Disease Control and Prevention, https://www.cdc.gov/nchs/fastats/obesity-overweight.htm.
3. See, e.g., OECD, "Obesity Update 2017" (2017), https://www.oecd.org/els/health-systems/Obesity-Update-2017.pdf; Ben Tracy, "Battling American Samoa's 75-percent Obesity Rate," *CBS News*, July 7, 2013, https://www.cbsnews.com/news/battling-american-samoas-75-percent-obesity-rate/.

第 1 章　偏差与谬误

1. Roger Shepard, *Mind Sights: Original Visual Illusions, Ambiguities, and Other Anomalies, with a Commentary on the Play of Mind in Perception and Art* (New York: W. H. Freeman and Co., 1990).
2. Fritz Strack, Leonard L. Martin, and Norbert Schwarz, "Priming and Communication: Social Determinants of Information Use in Judgments of Life Satisfaction," *European Journal of Social Psychology* 18, no. 5 (1988): 429–42.
3. Kareem Haggag and Giovanni Paci, "Default Tips," *American Economic Journal: Applied Economics* 6, no. 3 (2014): 1–19.
4. Paul Slovic, Howard Kunreuther, and Gilbert White, "Decision Processes, Rationality and Adjustment to Natural Hazards," in *Natural Hazards: Local, National and Global*, ed. Gilbert White (New York: Oxford University Press, 1974), 187–205.

5. Howard Kunreuther et al., *Disaster Insurance Protection: Public Policy Lessons* (New York: John Wiley & Sons, 1978); see also Howard Kunreuther et al., "Flood Risk and the U.S. Housing Market" (working paper, Penn Institute for Urban Research and Wharton Risk Center, October 2018), https://riskcenter.wharton.upenn.edu/wp-content/uploads/2018/11/Flood_Risk_and_the_U.S_._Housing_Market_10-30_.pdf.

6. Amos Tversky and Daniel Kahneman, "Extensional Versus Intuitive Reasoning: The Conjunction Fallacy in Probability Judgment," *Psychological Review* 90, no. 4 (1983) 293–315.

7. Stephen Jay Gould, "The Streak of Streaks," *New York Review*, August 18, 1988, https://www.nybooks.com/articles/1988/08/18/the-streak-of-streaks.

8. Paul C. Price, "Are You as Good a Teacher as You Think?" *Thought & Action*, Fall 2006, http://ftp.arizonaea.org/assets/img/PubThoughtAndAction/TAA_06_02.pdf.

9. Heather Mahar, "Why Are There So Few Prenuptial Agreements?" (John M. Olin Center for Law, Economics, and Business discussion paper no. 436, September 2003), http://www.law.harvard.edu/programs/olin_center/papers/pdf/436.pdf.

10. Arnold C. Cooper, Carolyn Y. Woo, and William C. Dunkelberg, "Entrepreneurs' Perceived Chances for Success," *Journal of Business Venturing* 3, no. 2 (1988): 97–108.

11. For references for the central findings in this paragraph, see Cass R. Sunstein, Christine M. Jolls, and Richard H. Thaler, "A Behavioral Approach to Law and Economics," *Stanford Law Review* 50, no. 5 (1998): 1471–550.

12. Daniel Kahneman, Jack L. Knetsch, and Richard H. Thaler, "Anomalies: The Endowment Effect, Loss Aversion, and Status Quo Bias," *Journal of Economic Perspectives* 5, no. 1 (1991): 193–206.

13. Tatiana A. Homonoff, "Can Small Incentives Have Large Effects? The Impact of Taxes Versus Bonuses on Disposable Bag Use," *American Economic Journal: Economic Policy* 10, no. 4 (2018): 177–210.

14. William Samuelson and Richard Zeckhauser, "Status Quo Bias in Decision Making," *Journal of Risk and Uncertainty* 1, no. 1 (1988); 7–59.

15. Samuelson and Zeckhauser, "Status Quo Bias in Decision Making."

16. Amos Tversky and Daniel Kahneman, "The Framing of Decisions and the Psychology of Choice," *Science* 211, no. 4481 (1981): 453–8.

17. Daniel Kahneman, *Thinking, Fast and Slow* (New York: Farrar, Straus and Giroux, 2013).

18. Philip Lieberman, *Human Language and Our Reptilian Brain* (Cambridge, MA: Harvard University Press, 2002); Joseph LeDoux, "The Emotional Brain, Fear, and the Amygdala," *Cellular and Molecular Neurobiology* 23, no. 4–5 (2003): 727–38.

19. Drew Westen, *The Political Brain* (New York: PublicAffairs, 2007).

20. Alexander Todorov, Anesu N. Mandisodza, Amir Goren, and Crystal C. Hall, "Inferences of Competence from Faces Predict Election Outcomes," *Science* 308, no. 5728 (2005): 1623–6; Daniel Benjamin and Jesse Shapiro, "Thin-Slice Forecasts of Gubernatorial Elections," *Review of Economics and Statistics* 91, no. 3 (2009): 523–36.

21. Shane Frederick, "Cognitive Reflection and Decision Making," *Journal of Economic Perspectives* 19, no. 4 (2005): 25–42.

第 2 章 抵制诱惑

1. See Colin F. Camerer, "Neuroeconomics: Using Neuroscience to Make Economic Predictions," *Economic Journal* 117, no. 519 (2007): 26; Samuel M. McClure et al., "Neural Correlates of Behavioral Preference for Culturally Familiar Drinks," *Neuron* 44, no. 2 (2004): 379–87.
2. Nina Semczuk, "Should You Open a Christmas Account?" SmartAsset, https://smartasset.com/checking-account/christmas-club-accounts.
3. The famous exchange can be found at http://www.youtube.com/watch ?v=t96LNX6tkoU.
4. Richard H. Thaler and Eric J. Johnson, "Gambling with the House Money and Trying to Break Even: The Effects of Prior Outcomes on Risky Choice," *Management Science* 36, no. 6 (1990): 643–60.

第 3 章 从众

1. Chad R. Mortensen et al., "Trending Norms: A Lever for Encouraging Behaviors Performed by the Minority," *Social Psychological and Personality Science* 10, no. 2 (2019): 201–10.
2. George A. Akerlof, Janet L. Yellen, and Michael L. Katz, "An Analysis of Out-of-Wedlock Childbearing in the United States," *Quarterly Journal of Economics* 111, no. 2 (1996): 277–317.
3. Harold H. Gardner, Nathan L. Kleinman, and Richard J. Butler, "Workers' Compensation and Family and Medical Leave Act Claim Contagion," *Journal of Risk and Uncertainty* 20, no. 1 (2000): 89–112.
4. Robert Kennedy, "Strategy Fads and Strategic Positioning: An Empirical Test for Herd Behavior in Prime-Time Television Programming," *Journal of Industrial Economics* 50 (2002): 57–84.
5. See, e.g., Bruce L. Sacerdote, "Peer Effects with Random Assignment: Results for Dartmouth Roommates," *Quarterly Journal of Economics* 116, no. 2 (2001): 681–704; David J. Zimmerman, "Peer Effects in Academic Outcomes: Evidence from a Natural Experiment," *Review of Economics and Statistics* 85, no. 1 (2003): 9–23; Nirav Mehta, Ralph Stinebrickner, and Todd Stinebrickner, "Time-Use and Academic Peer Effects in College," *Economic Inquiry* 57, no. 1 (2019): 162–71.
6. See Akerlof, Yellen, and Katz, "An Analysis of Out-of-Wedlock Childbearing in the United States" (teenage pregnancy); Nicholas A. Christakis and James H. Fowler, "The Spread of Obesity in a Large Social Network over 32 Years," *New England Journal of Medicine* 357, no. 4 (2007): 370–9 (obesity); Sacerdote, "Peer Effects with Random Assignment" (college roommate assignment); and Cass R. Sunstein et al., *Are Judges Political? An Empirical Analysis of the Federal Judiciary* (Washington, DC: Brookings Institution Press, 2006) (judicial voting patterns).
7. Solomon E. Asch, "Studies of Independence and Conformity: I. A Minority of One Against a Unanimous Majority," *Psychological Monographs: General and Applied* 70, no. 9 (1956): 1–70.
8. Rod Bond and Peter Smith, "Culture and Conformity: A Meta-Analysis of Studies Using Asch's Line Judgment Task," *Psychological Bulletin* 119 (1996):

111–37. For an emphasis on cultural differences in general, and with respect to conformity in particular, see Joseph Heinrich, *The Weirdest People in the World* (New York: Farrar, Straus & Giroux, 2020), 198–204.

9. Micah Edelson et al., "Following the Crowd: Brain Substrates of Long-Term Memory Conformity," *Science* 333, no. 6038 (2011): 108–11.

10. Cass R. Sunstein, *Conformity: The Power of Social Influences* (New York: New York University Press, 2019).

11. Muzafer Sherif, "An Experimental Approach to the Study of Attitudes," *Sociometry* 1, no. 1/2 (1937): 90–8.

12. Lee Ross and Richard E. Nisbett, *The Person and the Situation: Perspectives of Social Psychology* (New York: McGraw-Hill, 1991): 29–30.

13. Robert C. Jacobs and Donald T. Campbell, "The Perpetuation of an Arbitrary Tradition Through Several Generations of a Laboratory Microculture," *Journal of Abnormal and Social Psychology* 62 (1961): 649–58.

14. Lindsey C. Levitan and Brad Verhulst, "Conformity in Groups: The Effects of Others' Views on Expressed Attitudes and Attitude Change," *Political Behavior* 38, no. 2 (2015): 277–315; Jing Chen et al., "ERP Correlates of Social Conformity in a Line Judgment," *BMC Neuroscience* 13 (2012): 43; Charity Brown and Alexandre Schaefer, "The Effects of Conformity on Recognition Judgements for Emotional Stimuli," *Acta Psychologica* 133, no. 1 (2010): 38–44.

15. H. Wesley Perkins, "Sober Lemmings," *New Republic*, April 13, 2003, https://newrepublic.com/article/64811/sober-lemmings.

16. Matthew J. Salganik, Peter Sheridan Dodds, and Duncan J. Watts, "Experimental Study of Inequality and Unpredictability in an Artificial Cultural Market," *Science* 311, no. 5762 (2006): 854–6.

17. Michael Macy et al., "Opinion Cascades and the Unpredictability of Partisan Polarization," *Science Advances* 5, no. 8 (2019): eaax0754.

18. Linton Weeks, "The Windshield-Pitting Mystery of 1954," National Public Radio, May 28, 2015, https://www.npr.org/sections/npr-history-dept/2015/05/28/410085713/the-windshield-pitting-mystery-of-1954.

19. Clarissa Simas et al., "HPV Vaccine Confidence and Cases of Mass Psychogenic Illness Following Immunization in Carmen De Bolivar, Colombia," *Human Vaccines and Immunotherapeutics* 15, no. 1 (2019): 163–6.

20. Katie Nodjimbadem, "The Trashy Beginnings of 'Don't Mess with Texas,'" *Smithsonian Magazine*, March 10, 2017, https://www.smithsonianmag.com/history/trashy-beginnings-dont-mess-texas-180962490/.

21. Timur Kuran, "Ethnic Norms and Their Transformation Through Reputational Cascades," *Journal of Legal Studies* 27, no. S2 (1998): 623–59.

22. Leonardo Bursztyn, Alessandra L. González, and David Yanagizawa-Drott, "Misperceived Social Norms: Women Working Outside the Home in Saudi Arabia," *American Economic Review* 110, no 10 (2020): 2997–3029, https://www.aeaweb.org/articles?id=10.1257%2Faer.20180975.

23. Stephen Coleman, *The Minnesota Income Tax Compliance Experiment: State Tax Results* (Munich Personal RePEc Archive, paper 4827, 1996).

24. Michael Hallsworth et al., "The Behavioralist as Tax Collector: Using Natural Field Experiments to Enhance Tax Compliance," *Journal of Public Economics* 148 (2017): 14–31.

25. Noah J. Goldstein, Robert B. Cialdini, and Vladas Griskevicius, "A Room with a Viewpoint: Using Social Norms to Motivate Environmental Conservation in Hotels," *Journal of Consumer Research* 35, no. 3 (2008): 472–82.

26. Josh Earnest, "President Obama Supports Same-Sex Marriage," *The White House President Obama* (blog), May 10, 2012, https://obamawhitehouse.ar chives.gov/blog/2012/05/10/obama-supports-same-sex-marriage.

27. Obergefell v. Hodges, 135 S. Ct. 2071 (2015).

28. "Same-Sex Marriage Around the World," Pew Research Center, October 28, 2019, https://www.pewforum.org/fact-sheet/gay-marriage-around-the -world/.

29. Adam Liptak, "Exhibit A for a Major Shift: Justices' Gay Clerks," *New York Times*, June 8, 2013, https://www.nytimes.com/2013/06/09/us/exhibit-a-for -a-major-shift-justices-gay-clerks.html.

30. Mortensen et al., "Trending Norms."

第 4 章　我们什么时候需要助推?

1. Colin F. Camerer, Samuel Issacharoff, George Loewenstein, Ted O'Donoghue, and Matthew Rabin, "Regulation for Conservatives: Behavioral Economics and the Case for 'Asymmetric Paternalism,'" *University of Pennsylvania Law Review* 151, no. 3 (2003): 1211–54.

2. Colin F. Camerer and Robin M. Hogarth, "The Effects of Financial Incentives in Experiments: A Review and Capital-Labor-Production Framework," *Journal of Risk and Uncertainty* 19, no. 1 (1999): 7–42.

第 5 章　选择架构

1. J. Ridley Stroop, "Studies of Interference in Serial Verbal Relations," *Journal of Experimental Psychology* 18 (1935): 643–2.

2. Kurt Lewin, *Field Theory in Social Science: Selected Theoretical Papers*, ed. Dorwin Cartwright (New York: Harper and Brothers, 1951).

3. Howard Leventhal, Robert Singer, and Susan Jones, "Effects of Fear and Specificity of Recommendation upon Attitudes and Behavior," *Journal of Personality and Social Psychology* 2, no. 1 (1965): 20–9.

4. Joel Gunter, "The Greek Referendum Question Makes (Almost) No Sense," *BBC News*, June 29, 2015, https://www.bbc.com/news/world-europe-33311422.

5. Zachary Brown et al., "Testing the Effects of Defaults on the Thermostat Settings of OECD Employees," *Energy Economics* 39 (2013): 128–34.

6. Gabriel Carroll et al., "Optimal Defaults and Active Decisions," *Quarterly Journal of Economics* 124, no. 4 (2009): 1639–74.

7. Michael D. Byrne and Susan Bovair, "A Working Memory Model of a Common Procedural Error," *Cognitive Science* 21, no. 1 (1997): 31–61.

8. Jeffrey B. Cooper et al., "Preventable Anesthesia Mishaps: A Study of Human Factors," *Anesthesiology* 49, no. 6 (1978): 399–406.

9. Michael O. Schroeder, "Death by Prescription," *U.S. News & World Report*, September 27, 2016, https://health.usnews.com/health-news/patient-advice /articles/2016-09-27/the-danger-in-taking-prescribed-medications.

10. John M. Jachimowicz et al., "Making Medications Stick: Improving Medication Adherence by Highlighting the Personal Health Costs of Non-Compliance," *Behavioural Public Policy* (2019), 1–21.

11. "Gmail Will Now Remind You to Respond," Google Workspace Updates, May 14, 2018, https://gsuiteupdates.googleblog.com/2018/05/gmail-remind-respond.html.

12. Steven B. Zeliadt et al., "Why Do Men Choose One Treatment over Another? A Review of Patient Decision Making for Localized Prostate Cancer," *Cancer* 106, no. 9 (2006): 1865–74.

13. Samuli Reijula and Ralph Hertwig, "Self-Nudging and the Citizen Choice Architect," *Behavioural Public Policy* (2020), 1–31.

14. Raj Chetty et al., "Active vs. Passive Decisions and Crowd-Out in Retirement Savings Accounts: Evidence from Denmark," *Quarterly Journal of Economics* 129, no. 3 (2014): 1141–219.

15. Whitney Afonso, "The Challenge of Transparency in Taxation," Mercatus Center, https://www.mercatus.org/publications/government-spending/challenge-transparency-taxation.

16. "Governor Ronald Reagan Opposes Withholding of State Income Tax," Seth Kaller Inc., https://www.sethkaller.com/item/1567-24387-Governor-Ronald-Reagan-Opposes-Withholding-of-State-Income-Tax.

17. "Volunteer and Job Opportunities," Mark Twain Boyhood Home and Museum, https://marktwainmuseum.org/volunteer-employment/.

18. "Speed Reduction Measures—Carrot or Stick?" ITS International, https://www.itsinternational.com/its2/feature/speed-reduction-measures-carrot-or-stick\.

19. Richard H. Thaler, "Making Good Citizenship Fun," *New York Times*, February 13, 2012, https://www.nytimes.com/2012/02/14/opinion/making-good-citizenship-fun.html.

20. Emily Haisley et al., "The Impact of Alternative Incentive Schemes on Completion of Health Risk Assessments," *American Journal of Health Promotion* 26, no. 3 (2012): 184–8.

21. Thaler, "Making Good Citizenship Fun."

第 6 章　精明披露

1. Maria Yagoda, "Singapore Hawker Stands with Michelin Stars," *Food & Wine*, August 20, 2018, https://www.foodandwine.com/travel/singapore-hawker-stands-michelin-stars-where.

2. Edna Ullmann-Margalit, *Normal Rationality: Decisions and Social Order*, ed. Avishai Margalit and Cass R. Sunstein (Oxford: Oxford University Press, 2017).

3. Richard P. Larrick and Jack B. Soll, "The MPG Illusion," *Science* 320, no. 5883 (2008): 1593–4.

4. Memorandum from Cass R. Sunstein, Administrator, Office of Information and Regulatory Affairs, Office of Management and Budget, "Informing Consumers Through Smart Disclosure," to Heads of Executive Departments and Agencies, September 8, 2011, https://obamawhitehouse.archives.gov/sites/default/files/omb/inforeg/for-agencies/informing-consumers-through-smart-disclosure.pdf.

5. Sebastien Bradley and Naomi E. Feldman, "Hidden Baggage: Behavioral Responses to Changes in Airline Ticket Tax Disclosure," *American Economic Journal: Economic Policy* 12, no. 4 (2020): 58–87.

6. "Food Allergies: What You Need to Know," FDA, https://www.fda.gov /food/buy-store-serve-safe-food/food-allergies-what-you-need-know.

第 7 章　# 胡推

1. *Oxford Dictionary*, s.v. "sludge," accessed November 12, 2020, https:// en.oxforddictionaries.com/definition/sludge.

2. Cait Lamberton and Benjamin Castleman, "Nudging in a Sludge-Filled World," *Huffington Post*, September 30, 2016, https://www.huffpost.com /entry/nudging-in-a-sludgefilled_b_12087688?guccounter=1&guce _referrer=aHR0cHM6Ly93d3cuZ29vZ2xlLmNvbS88&guce_referrer_sig =AQAAAMYs-ouJGASCdY_xY8PGX3Ni2BfUI9Zvr5dx8gDkgOleohBZ3Hl hYnpX6-lbZvflXt8CucilXVeGpfLFNN9DakYYw6vHYrbwOVhte7AoFVZTb m42GbvPjHxZjS0-sVwARNkU9hpCe4d0fptGvmevun9LW9Okl0M dgFRZrRS-hpAe.

3. Cal. Bus. & Prof. Code § 17602(c); N.Y. Gen. Bus. Law § 527 (McKinney 2020).

4. Joshua Tasoff and Robert Letzler, "Everyone Believes in Redemption: Nudges and Overoptimism in Costly Task Completion," *Journal of Economic Behavior and Organization* 107 (2014): 107–22.

5. Xavier Gabaix and David Laibson, "Shrouded Attributes, Consumer Myopia, and Information Suppression in Competitive Markets," *Quarterly Journal of Economics* 121, no. 2 (2006): 505–40.

6. David M. Cutler and Dan P. Ly, "The (Paper) Work of Medicine: Understanding International Medical Costs," *Journal of Economic Perspectives* 25, no. 2 (2011): 3–25.

7. Reed Hastings and Erin Meyer, *No Rules Rules* (New York: Penguin Press, 2020).

8. Hastings and Meyer, *No Rules Rules*, 70.

9. Susan Dynarski et al., "Closing the Gap: The Effect of a Targeted, Tuition-Free Promise on College Choices of High-Achieving, Low-Income Students" (National Bureau of Economic Research working paper no. 25349, 2018).

10. "Admissions Decisions," University of Texas at Austin Office of Admissions, https://admissions.utexas.edu/apply/decisions.

11. Cass R. Sunstein, "Automatic Enrollment in College Helps Fight Inequality," *Bloomberg*, June 19, 2020, https://www.bloomberg.com/opinion/articles /2020-06-19/college-automatic-enrollment-addresses-inequality.

12. Bart Jansen, "TSA Gets Boost in Funding, Including Testing 3D Scanners, Without Fee Hike Trump Proposed," *USA Today*, March 21, 2018, https:// www.usatoday.com/story/news/2018/03/21/tsa-spending-3-d-scanners /447410002/.

13. Christine Utz et al., "(Un)informed Consent: Studying GDPR Consent Notices in the Field," in 2019 ACM SIGSAC Conference on Computer and Communications Security (CCS '19), November 11–15, 2019, London, UK (2019), https://arxiv.org/pdf/1909.02638.pdf.

14. "1040 and 1040-SR Instructions: Tax Year 2019," Internal Revenue Service (2020), https://www.irs.gov/pub/irs-pdf/i1040gi.pdf; Demian Brady, "Tax Complexity 2016: The Increasing Compliance Burdens of the Tax Code," National Taxpayers Union Foundation, https://perma.cc/BT3X-VHFY.

15. Glenn Kessler, "Claims About the Cost and Time It Takes to File Taxes," *Washington Post*, April 15, 2013, https://perma.cc/C7FJ-L7LM; Brady, "Tax Complexity 2016." Note: Thirteen hours is for all taxpayers; for nonbusiness filers it's eight hours. These are IRS estimates that include record keeping, tax planning, and form filling.

16. T. R. Reid, *A Fine Mess* (New York: Penguin Press, 2017).

17. Austan Goolsbee, "The Simple Return: Reducing America's Tax Burden Through Return-Free Filing," Brookings Institution, https://www.brookings.edu/research/the-simple-return-reducing-americas-tax-burden-through-return-free-filing/.

18. Scott Eastman, "How Many Taxpayers Itemize Under Current Law?" Tax Foundation, https://taxfoundation.org/standard-deduction-itemized-deductions-current-law-2019/.

19. John Paul Tasker, "Feds Promise Free, Automatic Tax Returns—A Change That Could Send Benefits to Thousands," CBC, September 27, 2020, https://www.cbc.ca/news/politics/free-automatic-tax-returns-benefits-1.5739678.

20. "Earned Income Tax Credit Overview," National Conference of State Legislatures, https://www.ncsl.org/research/labor-and-employment/earned-income-tax-credits-for-working-families.aspx.

21. "Wealth Tax TL;DR," Warren Democrats, https://elizabethwarren.com/wealth-gap.

22. Elizabeth Aubrey, "The World's Last Remaining Blockbuster Store Still Open Despite Coronavirus Pandemic," *NME*, May 14, 2020, https://www.nme.com/news/the-worlds-last-remaining-blockbuster-store-still-open-despite-coronavirus-pandemic-2668617.

第 8 章　多存钱，为明天

1. "Otto von Bismarck," Social Security, https://www.ssa.gov/history/ottob.html.

2. James Choi et al., "Defined Contribution Pensions: Plan Rules, Participant Choices, and the Path of Least Resistance," *Tax Policy and the Economy* 16, no. 1 (2002): 67.

3. Richard H. Thaler, "Psychology and Savings Policies," *American Economic Review* 84, no. 2 (1994): 186–92.

4. Sana Siwolop, "When Saving for Retirement Comes with the Job," *New York Times*, May 18, 1997, https://www.nytimes.com/1997/05/18/business/when-saving-for-retirement-comes-with-the-job.html.

5. See, e.g., IRS Revenue Ruling 98-30; IRS Revenue Ruling 2000-8; IRS Revenue Ruling 2000-35; IRS Revenue Ruling 2000-33; and IRS Announcement 2000-60.

6. Brigitte C. Madrian and Dennis F. Shea, "The Power of Suggestion: Inertia in 401(k) Participation and Savings Behavior," *Quarterly Journal of Economics* 116, no. 4 (2001): 1149–87.

7. Jeffrey W. Clark and Jean A. Young, *Automatic Enrollment: The Power of the Default* (Valley Forge, PA: Vanguard Research, 2018).

8. Richard H. Thaler and Shlomo Benartzi, "Save More Tomorrow™: Using Behavioral Economics to Increase Employee Saving," *Journal of Political Economy* 112, no. S1 (2004): S164.

9. U.S. Department of Labor Employee Benefits Security Administration, "Regulation Relating to Qualified Default Investment Alternatives in Participant-Directed Individual Account Plans," https://www.dol.gov/sites /dolgov/files/EBSA/about-ebsa/our-activities/resource-center/fact-sheets /final-rule-qdia-in-participant-directed-account-plans.pdf.

10. Raj Chetty et al., "Active vs. Passive Decisions and Crowd-Out in Retirement Savings Accounts: Evidence from Denmark," *Quarterly Journal of Economics* 129, no. 3 (2014): 1141–219.

11. John Beshears et al., "Borrowing to Save? The Impact of Automatic Enrollment on Debt," *Journal of Finance* (forthcoming), https://www.nber.org /papers/w25876.

12. See, e.g., "Americans Without a Retirement Plan, by State," AARP, https://www.aarp.org/politics-society/advocacy/financial-security/info -2014/americans-without-retirement-plan.html.

13. Chris Arnold, "Why Is It So Hard to Save? U.K. Shows It Doesn't Have to Be," NPR, October 23, 2015, https://www.npr.org/2015/10/23/445337261 /why-is-it-so-hard-to-save-u-k-shows-it-doesnt-have-to-be.

第 9 章　助推会天长地久吗？也许在瑞典可以

1. For a discussion of required active choosing, see Gabriel Carroll et al., "Optimal Defaults and Active Decisions," *Quarterly Journal of Economics* 124, no. 4 (2009): 1639–74.

2. Kenneth R. French and James M. Poterba, "Investor Diversification and International Equity Markets," *American Economic Review* 81, no. 2 (1991): 222–6.

3. Shlomo Benartzi, Richard H. Thaler, Stephen P. Utkus, and Cass R. Sunstein, "The Law and Economics of Company Stock in 401(k) Plans," *Journal of Law and Economics* 50, no. 1 (2007): 45–79.

4. Henrik Cronqvist, "Advertising and Portfolio Choice" (Ph.D. diss., University of Chicago Graduate School of Business, 2006), https://citeseerx. ist.psu.edu/viewdoc/download?doi=10.1.1.423.3760&rep=rep1&type=pdf.

5. Hunt Allcott and Todd Rogers, "The Short-Run and Long-Run Effects of Behavioral Interventions: Experimental Evidence from Energy Conservation," *American Economic Review* 104, no. 10 (2014): 3003–37.

6. William Samuelson and Richard Zeckhauser, "Status Quo Bias in Decision Making," *Journal of Risk and Uncertainty* 1, no. 1 (1988): 7–59.

7. Henrik Cronqvist, Richard H. Thaler, and Frank Yu, "When Nudges Are Forever: Inertia in the Swedish Premium Pension Plan," *AEA Papers and Proceedings* 108 (2018): 153–8.

8. Anders Anderson and David T. Robinson, "Who Feels the Nudge? Knowledge, Self-Awareness and Retirement Savings Decisions" (National Bureau of Economic Research working paper no. 25061, 2018), https://ideas. repec.org/p/nbr/nberwo/25061.html.

第 10 章　今天多借一点儿：抵押贷款与信用卡

1. Kathleen Howley, "U.S. Mortgage Debt Hits a Record $15.8 Trillion," *Housing-Wire*, January 9, 2020, https://www.housingwire.com/articles/u-s-mortgage-debt-hits-a-record-15-8-trillion/.
2. Xavier Gabaix and David Laibson, "Shrouded Attributes, Consumer Myopia, and Information Suppression in Competitive Markets," *Quarterly Journal of Economics* 121, no. 2 (2006): 505–40.
3. Susan E. Woodward, *A Study of Closing Costs for FHA Mortgages* (Washington, DC: Urban Institute, 2008).
4. Hamilton Project, "An Opt-Out Home Mortgage System" (policy brief no. 2008-14, 2008), https://www.hamiltonproject.org/assets/legacy/files/downloads_and_links/An_Opt-Out_Home_Mortgage_System_Brief.pdf.
5. Fiona Scott Morton, Florian Zettelmeyer, and Jorge Silva-Risso, "Consumer Information and Discrimination: Does the Internet Affect the Pricing of New Cars to Women and Minorities?" *Quantitative Marketing and Economics* 1 (2003): 65–92.
6. Bureau of Consumer Financial Protection, *The Consumer Credit Card Market* (2019), https://files.consumerfinance.gov/f/documents/cfpb_consumer-credit-card-market-report_2019.pdf.
7. Drazen Prelec and Duncan Simester, "Always Leave Home Without It: A Further Investigation of the Credit-Card Effect on Willingness to Pay," *Marketing Letters* 12, no. 1 (2001): 5–12.
8. Sumit Agarwal et al., "Regulating Consumer Financial Products: Evidence from Credit Cards," *Quarterly Journal of Economics* 130, no. 1 (2015): 111–64.
9. Lauren E. Willis, "When Nudges Fail: Slippery Defaults," *University of Chicago Law Review* 80 (2013): 1155.
10. John Gathergood et al., "How Do Individuals Repay Their Debt? The Balance-Matching Heuristic," *American Economic Review* 109, no. 3 (2019): 844–75.
11. David B. Gross and Nicholas Souleles, "Do Liquidity Constraints and Interest Rates Matter for Consumer Behavior? Evidence from Credit Card Data," *Quarterly Journal of Economics* 117, no. 1 (2002): 149–85.
12. Bureau of Consumer Financial Protection, *The Consumer Credit Card Market*, 51.
13. Tally, http://www.meettally.com/.
14. Bureau of Consumer Financial Protection, *The Consumer Credit Card Market*, 68.

第 11 章　保险：别为小事烦忧

1. Solomon Huebner, "The Development and Present Status of Marine Insurance in the United States," *Annals of the American Academy of Political and Social Science* 26 (1905): 241–72.
2. James Read, "How the Great Fire of London Created Insurance," Museum of London, https://www.museumoflondon.org.uk/discover/how-great-fire-london-created-insurance.

3. Justin Sydnor, "(Over)insuring Modest Risks," *American Economic Journal: Applied Economics* 2, no. 4 (2010): 177–99.
4. Saurabh Bhargava, George Loewenstein, and Justin Sydnor, "Choose to Lose: Health Plan Choices from a Menu with Dominated Option," *Quarterly Journal of Economics* 132, no. 3 (2017): 1319–72.
5. Chenyuan Liu and Justin R. Sydnor, "Dominated Options in Health-Insurance Plans" (National Bureau of Econonic Research working paper no. 24392, 2018), https://www.nber.org/papers/w24392.
6. "Health Insurance Deductible: How It Works," CZ, https://www.cz.nl/en/health-insurance/deductible.
7. Benjamin R. Handel et al., "The Social Determinants of Choice Quality: Evidence from Health Insurance in the Netherlands" (National Bureau of Econonic Research working paper no. 27785, 2020), https://www.nber.org/papers/w27785.
8. Handel et al., "The Social Determinants of Choice Quality."
9. Katherine Baicker, Sendhil Mullainathan, and Joshua Schwartzstein, "Behavioral Hazard in Health Insurance" (National Bureau of Econonic Research working paper no. 18468, 2012), https://www.nber.org/papers/w18468.
10. Niteesh K. Choudhry et al., "Full Coverage for Preventive Medications After Myocardial Infarction," *New England Journal of Medicine* 365 no. 22 (2011): 2088–97.
11. Amitabh Chandra, Evan Flack and Ziad Obermeyer, "The Health Costs of Cost-Sharing," (National Bureau of Economic Research working paper no. 28439), https://www.nber.org/papers/w28439.

第 12 章　器官捐献：默认解决方案的迷思

1. Eric J. Johnson and Daniel G. Goldstein, "Defaults and Donation Decisions," *Transplantation* 78, no. 12 (2004): 1713–6.
2. "National Data: Transplants by Donor Type (January 1, 1988–July 31, 2020)," Organ Procurement and Transplantation Network, https://optn.transplant.hrsa.gov/data/view-data-reports/national-data/#.
3. "National Data: Overall by Organ, Current U.S. Waiting List," Organ Procurement and Transplantation Network, https://optn.transplant.hrsa.gov/data/view-data-reports/national-data/#.
4. "Organ Donation Statistics," Health Resources and Services Administration, https://www.organdonor.gov/statistics-stories/statistics.html.
5. Ali Seifi, John V. Lacci, and Daniel Godoy, "Incidence of Brain Death in the United States," *Clinical Neurology and Neurosurgery* 195 (2020): 105885.
6. Alvin E. Roth, Tayfun Sönmez, and M. Utku Ünverd, "Pairwise Kidney Exchange," *Journal of Economic Theory* 125, no. (2005): 151–88; see also Scott Simon, "Opinion: Kidney Transplant Chain Is a Touching Act of Kindness," National Public Radio, October 31, 2020, https://www.npr.org/2020/10/31/929802669/opinion-kidney-transplant-chain-is-a-touching-act-of-kindness.

7. Gary S. Becker and Julio Jorge Elías, "Introducing Incentives in the Market for Live and Cadaveric Organ Donations," *Journal of Economic Perspectives* 21, no. 3 (2007): 3–24.

8. Janet Radcliffe Richards, *The Ethics of Transplants* (New York: Oxford University Press, 2012).

9. Shashank Bengali and Ramin Mostaghim, "'Kidney for Sale': Iran Has a Legal Market for the Organs, but the System Doesn't Always Work," *Los Angeles Times*, October 15, 2017, https://www.latimes.com/world/middlee ast/la-fg-iran-kidney-20171015-story.html.

10. Alvin E. Roth, "Repugnance as a Constraint on Markets," *Journal of Economic Perspectives* 21, no. 3 (2007): 37–58.

11. "Organ Donation Statistics," Health Resources and Services Administration, https://www.organdonor.gov/statistics-stories/statistics.html#:~:text =One%20Donor%20Can%20Save%20Eight,up%20to%208%20lifesav ing%20organs.

12. James F. Childress and Catharyn T. Liverman, eds., *Organ Donation: Opportunities for Action* (Washington, DC: National Academies Press, 2006), 241.

13. Health Resources and Services Administration, *National Survey of Organ Donation Attitudes and Practices, 2019* (Rockville, MD: U.S. Department of Health and Human Services, 2020).

14. Donate Life America, "Stronger Together: 2020 Annual Update" (2020).

15. "Become an Organ Donor," New York State, https://www.ny.gov/services /become-organ-donor.

16. Daimy Van den Eede, "Gigantisch Succes: Meer Dan 26.000 Registraties voor Orgaandonatie in heel Vlaanderen" (Gigantic Success: More Than 26,000 Registrations for Organ Donation in Flanders), *Het Laatste Nieuws*, October 27, 2018, https://www.hln.be/nieuws/binnenland/gigantisch-suc ces-meer-dan-26-000-registraties-voor-orgaandonatie-in-heel-vlaanderen ~af353bba/.

17. Section Belgian Transplant Coordinators, "Donor & Transplant Statistics 2018" (2018), https://www.transplant.be/assets/bts_-_donor_and_trans plant_statistics_2018.

18. Gina Kolata, "Families Are Barriers to Many Organ Donations, Study Finds," *New York Times*, July 7, 1995, https://www.nytimes.com/1995/07 /07/us/families-are-barriers-to-many-organ-donations-study-finds.html.

19. Ann C. Klassen and David K. Klassen, "Who Are the Donors in Organ Donation? The Family's Perspective in Mandated Choice," *Annals of Internal Medicine* 125, no. 1 (1996): 70–3.

20. Judd B. Kessler and Alvin E. Roth, "Don't Take 'No' for an Answer: An Experiment with Actual Organ Donor Registrations" (National Bureau of Economic Research working paper no. w20378, 2014), https://ssrn.com /abstract=2482141.

21. Jacob Lavee et al., "Preliminary Marked Increase in the National Organ Donation Rate in Israel Following Implementation of a New Organ Transplantation Law," *American Journal of Transplantation* 13, no. 3 (2012): 780–5.

22. "Donazione dopo la Morte" (Donation After Death), Ministero Della Salute (Ministry of Health), http://www.trapianti.salute.gov.it/trapianti /dettaglioContenutiCnt.jsp?lingua=italiano&area=cnt&menu=cittadini &sottomenu=diventare&id=245.

23. Alexandra K. Glazier, "Organ Donation and the Principles of Gift Law," *Clinical Journal of the American Society of Nephrology* 13, no. 8 (2018): 1283–4.

24. Rafael Matesanz and Beatriz Domínguez-Gil, "Opt-Out Legislations: The Mysterious Viability of the False," *Kidney International* 95, no. 6 (2019): 1301–3.

25. Rafael Matesanz et al., "Spanish Experience as a Leading Country: What Kind of Measures Were Taken?" *Transplant International* 24, no. 4 (2011): 333–43; Rafael Matesanz, "A Decade of Continuous Improvement in Cadaveric Organ Donation: The Spanish Model," *Nefrología* 21, no. S5 (2001): 59.

26. "Statistics About Organ Donation," NHS, https://www.organdonation.nhs.uk/helping-you-to-decide/about-organ-donation/statistics-about-organ-donation/.

27. Alexandra Glazier and Thomas Mone, "Success of Opt-in Organ Donation Policy in the United States," *JAMA* 322, no. 8 (2019): 719–20.

28. Health Resources and Services Administration, *National Survey of Organ Donation Attitudes and Practices, 2019.*

29. "Find Your Local Organ Procurement Organization," Health Resources and Services Administration, https://www.organdonor.gov/awareness/organizations/local-opo.html.

第 13 章　拯救地球

1. Michael Burger, Jessica Wentz, and Radley Horton, "The Law and Science of Climate Change Attribution," *Columbia Journal of Environmental Law* 45 (2020): 57; see also Rebecca Hersher, "Climate Change Was the Engine That Powered Hurricane Maria's Devastating Rains," National Public Radio, April 17, 2019, https://www.npr.org/2019/04/17/714098828/climate-change-was-the-engine-that-powered-hurricane-marias-devastating-rains.

2. Richard J. Lazarus, "Super Wicked Problems and Climate Change: Restraining the Present to Liberate the Future," *Cornell Law Review* 94, no. 5 (2009): 1153–234.

3. Edna Ullmann-Margalit, *The Emergence of Norms* (Oxford: Clarendon Press, 1977).

4. Garrett Hardin, "The Tragedy of the Commons," *Science* 162, no. 3859 (1968): 1243–8.

5. Paul A. Samuelson, "The Pure Theory of Public Expenditure," *Review of Economics and Statistics* 36, no. 4 (1954): 387–9.

6. Robyn M. Dawes, Jeanne McTavish, and Harriet Shaklee, "Behavior, Communication, and Assumptions About Other People's Behavior in a Commons Dilemma Situation," *Journal of Personality and Social Psychology* 35, no. 1 (1977): 1–11; R. Mark Isaac and James M. Walker, "Communication and Free-Riding Behavior: The Voluntary Contribution Mechanism," *Economic Inquiry* 26, no. 4 (1988): 585–608.

7. James Hansen et al., "Assessing 'Dangerous Climate Change': Required Reduction of Carbon Emissions to Protect Young People, Future Generations and Nature," *PloS One* 8, no. 12 (2013): e81648.

8. "China's Environmental Abuses Fact Sheet," U.S. Embassy and Consulates in Brazil, https://br.usembassy.gov/chinas-environmental-abuses-fact-sheet.

9. Linda Babcock and George Loewenstein, "Explaining Bargaining Impasse: The Role of Self-Serving Biases," *Journal of Economic Perspectives* 11, no. 1 (1997): 109–26.

10. Ernst Fehr and Simon Gächter, "Cooperation and Punishment in Public Goods Experiments," *American Economic Review* 90, no. 4 (2000): 980–94.

11. William Nordhaus, "Climate Clubs: Overcoming Free-Riding in International Climate Policy," *American Economic Review* 105, no. 4 (2015): 1339–70.

12. "Carbon Taxes II," Initiative on Global Markets, http://www.igmchicago. org/surveys/carbon-taxes-ii/.

13. "Carbon Taxation in Sweden," Government Offices of Sweden, Ministry of Finance (2020), https://www.government.se/government-policy/taxes -and-tariffs/swedens-carbon-tax/.

14. "Carbon Taxation in Sweden," Government Offices of Sweden.

15. Julius Andersson, "Cars, Carbon Taxes and CO2 Emissions" (Centre for Climate Change Economics and Policy working paper no. 238, Grantham Research Institute on Climate Change and the Environment working paper no. 212, 2017), https://www.cccep.ac.uk/wp-content/uploads/2017 /03/Working-paper-212-Andersson_update_March2017.pdf.

16. Helga Fehr-Duda and Ernst Fehr, "Sustainability: Game Human Nature," *Nature* 530 (2016): 413–5.

17. Robert N. Stavins, "Assessing the Energy Paradox," *Environmental Forum* 32 (2015): 14, https://scholar.harvard.edu/files/stavins/files/column_67.pdf.

18. Hunt Allcott and Michael Greenstone, "Is There an Energy Efficiency Gap?" *Journal of Economic Perspectives* 26, no. 1 (2012): 3–28; Hunt Allcott and Cass R. Sunstein, "Regulating Internalities," *Journal of Policy Analysis and Management* 34, no. 3 (2015): 698–705; Renate Schubert and Marcel Stadelmann, "Energy-Using Durables—Why Consumers Refrain from Economically Optimal Choices," *Frontiers in Energy Research* 3 (2015), https:// www.frontiersin.org/articles/10.3389/fenrg.2015.00007/full.

19. Congressional Budget Office, "Homeland Security and the Private Sector" (2004), https://www.cbo.gov/sites/default/files/108th-congress-2003-2004 /reports/12-20-homelandsecurity.pdf.

20. "EPCRA Milestones Through the Years," United States Environmental Protection Agency, https://www.epa.gov/epcra/epcra-milestones-through -years.

21. Archon Fung and Dara O'Rourke, "Reinventing Environmental Regulation from the Grassroots Up: Explaining and Expanding the Success of the Toxics Release Inventory," *Environmental Management* 25 (2000): 115–27.

22. James T. Hamilton, *Regulation Through Revelation* (New York: Cambridge University Press, 2005).

23. "What We Do," CDP, https://www.cdp.net/en/info/about-us/what-we-do.

24. "With #Alpha, 2020 Atlantic Tropical Storm Names Go Greek," National Oceanic and Atmospheric Administration, https://www.noaa.gov/news /with-alpha-2020-atlantic-tropical-storm-names-go-greek#:~:text=Hav ing%20reached%20the%20end%20of,by%20the%20World%20Meteoro logical%20Organization.

25. Felix Ebeling and Sebastian Lotz, "Domestic Uptake of Green Energy Promoted by Opt-Out Tariffs," *Nature Climate Change* 5 (2015): 868–71.

26. Micha Kaiser et al., "The Power of Green Defaults: The Impact of Regional Variation of Opt-Out Tariffs on Green Energy Demand in Germany," *Ecological Economics* 174 (2020): 106685.

27. Robert Walton, "Home Energy Reports: Still the 'Biggest, Baddest Way' to Drive Customer Behavior," *Utility Dive*, July 10, 2019, https://www.utilitydive.com/news/home-energy-reports-still-the-biggest-baddest-way-to-drive-customer-beh/558166/.

28. Hunt Allcott and Todd Rogers, "The Short-Run and Long-Run Effects of Behavioral Interventions: Experimental Evidence from Energy Conservation," *American Economic Review* 104, no. 10 (2014): 3003–37.

29. Benjamin Goldstein, Dimitrios Gounaridis, and Joshua P. Newell, "The Carbon Footprint of Household Energy Use in the United States," *Proceedings of the National Academy of Sciences* 117, no. 32 (2020): 19122–30.

第 14 章　有事生非

1. Some of the criticisms are also addressed in Richard H. Thaler, *Misbehaving* (2015); Cass R. Sunstein, *Why Nudge?* (2014); and Cass R. Sunstein, *How Change Happens* (2019).

2. James B. Stewart, "How Broccoli Landed on Supreme Court Menu," *New York Times*, June 13, 2012, https://www.nytimes.com/2012/06/14/business/how-broccoli-became-a-symbol-in-the-health-care-debate.html.

3. Richard H. Thaler, "Slippery-Slope Logic, Applied to Health Care," *New York Times*, May 12, 2012, https://www.nytimes.com/2012/05/13/business/economy/slippery-slope-logic-vs-health-care-law-economic-view.html; see also Henry L. Tischler, *Introduction to Sociology*, 11th ed. (Boston: Cengage Learning, 2013), 261.

4. Thaler, "Slippery-Slope Logic, Applied to Health Care."

5. "Women in the U.S. Congress 2020," Center for American Women and Politics, https://cawp.rutgers.edu/women-us-congress-2020.

6. Glen Whitman, "The Rise of the New Paternalism," Cato Unbound, https://www.cato-unbound.org/2010/04/05/glen-whitman/rise-new-paternalism.

7. Ralph Hertwig and Till Grüne-Yanoff, "Nudging and Boosting: Steering or Empowering Good Decisions," *Perspectives on Psychology Science* 12, no. 6 (2017): 973–86.

8. Gerd Gigerenzer, "On the Supposed Evidence for Libertarian Paternalism," *Review of Philosophy and Psychology* 6, no. 3 (2015): 361–83.

9. Daniel Fernandes, John G. Lynch, and Richard G. Netemeyer, "Financial Literacy, Financial Education, and Downstream Financial Behaviors," *Management Science* 60, no. 8 (2014): 1861.

10. Edward Glaeser, "Paternalism and Psychology" *University of Chicago Law Review* 73, no. 1 (2006): 133–56.

11. Hendrik Bruns et al., "Can Nudges Be Transparent and Yet Effective?" *Journal of Economic Psychology* 65 (2018): 41–59, https://papers.ssrn.com/sol3/papers.cfm?abstract_id=2816227; George Loewenstein et al., "Warning: You Are About to Be Nudged," *Behavioral Science and Policy Association* 1, no. 1 (2015): 35–42.

12. Craig R. M. McKenzie, Michael J. Liersch, and Stacey R. Finkelstein, "Recommendations Implicit in Policy Defaults," *Psychological Science* 17, no. 5 (2006): 414–20.

13. Anne Barnhill, "What Is Manipulation?" in *Manipulation: Theory and Practice*, ed. Christian Coons and Michael Weber (New York: Oxford University Press, 2014): 51–72. Barnhill's own account is more subtle.

14. Cass R. Sunstein, *The Ethics of Influence* (New York: Cambridge University Press, 2016).

15. See Cass R. Sunstein, *The Ethics of Influence*; and Cass R. Sunstein and Lucia Reisch, *Trusting Nudges* (New York: Routledge, 2019).

16. John Rawls, *A Theory of Justice* (Cambridge, MA: Harvard University Press, 1971).

17. See Sunstein and Reisch, *Trusting Nudges*.

18. Cooling-Off Period for Door-to-Door Sales, 37 Fed. Reg. 22934 (October 26, 1972; to be codified at 16 CFR 425).

19. See, e.g., Cal. Fam. Code §2339(a) (requiring a six-month waiting period before a divorce decree becomes final); Conn. Gen. Stat. §46b-67(a) (requiring a ninety-day waiting period before the court may proceed on a divorce complaint). For a general discussion, see Elizabeth S. Scott, "Rational Decision Making About Marriage and Divorce," *Virginia Law Review* 76 (1992): 9–94.

20. Camerer et al., "Regulation for Conservatives."

21. George Loewenstein and Nick Chater, "Putting Nudges in Perspective," *Behavioural Public Policy* 1, no. 1 (2017): 26–53.

22. John Chalmers, Olivia S. Mitchell, Jonathan Reuter, and Mingli Zhong, "Auto-Enrollment Retirement Plans for the People: Choices and Outcomes in OregonSaves" (National Bureau of Economic Research working paper no. w28469, 2021), https://www.nber.org/papers/w28469.

23. One of us discusses these issues in detail in Cass R. Sunstein, "Behavioral Welfare Economics," *Journal of Benefit-Cost Analysis* 11, no. 2 (2020): 196–220.